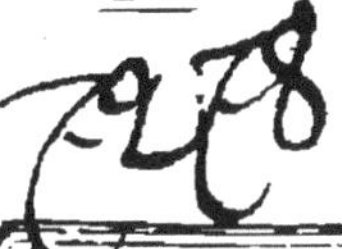

DICTÉES ET LECTURES

Notions élémentaires
sur l'agriculture, l'industrie, l'économie domestique,
les inventions et les découvertes, les sciences et les arts,
les institutions de bienfaisance, etc.,
données aux enfants au moyen de dictées et de lectures,

Par G. BELEZE

ANCIEN CHEF D'INSTITUTION A PARIS.

QUATRIÈME ÉDITION.

PARIS.

IMPRIMERIE ET LIBRAIRIE CLASSIQUES

De JULES DELALAIN et FILS

RUE DES ÉCOLES, VIS-A-VIS DE LA SORBONNE.

NOUVEAU COURS

D'ENSEIGNEMENT ÉLÉMENTAIRE.

DICTÉES ET LECTURES.

DICTÉES ET LECTURES

Notions élémentaires
sur l'agriculture, l'industrie, l'économie domestique,
les inventions et les découvertes, les sciences et les arts,
les institutions de bienfaisance, etc.,
données aux enfants au moyen de dictées et de lectures,

Par G. BELEZE

ANCIEN CHEF D'INSTITUTION A PARIS.

QUATRIÈME ÉDITION.

PARIS.

IMPRIMERIE ET LIBRAIRIE CLASSIQUES

De JULES DELALAIN et FILS

RUE DES ÉCOLES, VIS-A-VIS DE LA SORBONNE.

M DCCC LXIX.

AVANT-PROPOS.

Il y a certaines connaissances qui ont été jusqu'ici un peu négligées, qui sont cependant très-dignes d'intérêt, et dont il serait utile de donner au moins quelque idée aux élèves des classes élémentaires des lycées et des colléges ainsi qu'aux élèves des pensionnats et des écoles primaires. Combien de jeunes gens, après avoir achevé le cours de leurs études, quittent le lycée ou l'école sans rien connaître de l'origine des sciences et des arts, des découvertes et des inventions les plus importantes; sans avoir reçu des notions simples et précises sur les procédés si nombreux et si variés de l'agriculture et de l'industrie; sans savoir, en un mot, comment on fabrique le pain, le vin, l'huile, le savon, le cuir, les vêtements, les vitres et une multitude d'autres objets dont nous faisons usage tous les jours. Et cependant, il serait facile de donner aux enfants ces connaissances aussi utiles qu'intéressantes, en en faisant l'objet de dictées ou de lectures quotidiennes, et sans rien prendre sur le temps consacré à des études plus sérieuses.

Ces motifs nous ont déterminé à réunir ces diverses connaissances dans un volume qui fait partie de notre cours d'enseignement, et à les présenter sous une forme qui fût accessible à toutes les intelligences. Ce livre, qui a pour titre *Dictées et Lectures*, comprend cinq parties distinctes et renferme des notions : 1° sur l'agriculture, ses procédés et ses productions ; 2° sur l'industrie, ses procédés et ses produits; 3° sur les principales inventions et découvertes; 4° sur les sciences et les beaux-arts; 5° enfin, sur les établissements et les institutions de bienfaisance. Nous avons donné plus d'étendue aux deux premières parties, parce qu'elles ont une plus grande importance pour les élèves à qui ce livre est destiné, et les cinq parties réunies comprennent cent soixante dictées ou lectures, nombre suffisant pour le cours d'études d'une année. Chacune de ces dictées n'a que deux pages, et cependant elle offre un tout complet et forme une leçon distincte et séparée.

Les notions diverses renfermées dans ce volume peuvent être transmises aux élèves, soit au moyen de lectures, soit au moyen de dictées. Pour la lecture, les élèves d'une même classe ou d'une même division, réunis sous la surveillance de leur maître, ont tous entre les mains le livre, qu'ils tiennent ouvert à la page indiquée pour la leçon du jour. Ils lisent à haute voix et à tour de rôle, selon que le maître désigne l'un ou l'autre, deux ou trois phrases de cette leçon, l'attention de tous étant constamment tenue en éveil. La lecture se poursuit ainsi jusqu'à la fin de la leçon, dont le maître aura déterminé le nombre de pages, et, afin que les faits se gravent mieux dans la mémoire des enfants, on fera une seconde fois cette lecture de la même manière. Après ces deux lectures consécutives de la même leçon, les livres sont fermés, et le maître, à l'aide des questionnaires placés à la fin du volume, interroge les élèves, adressant une question tantôt à celui-ci, tantôt à celui-là : ces interrogations fréquentes, faites avec soin, les habituent de bonne heure à rendre compte de leurs idées et à s'exprimer facilement.

Il nous reste à dire comment les maîtres peuvent retirer tout le fruit possible de la méthode des dictées. Les élèves d'une même classe ou d'une même division, en nombre plus ou moins considérable, et toujours réunis sous la surveillance du maître, sont assis à leurs bancs, et ils ont devant eux, sur leurs tables ou leurs pupitres, tout ce qui leur est nécessaire pour écrire. Le maître dicte le premier mot ou les premiers mots de la leçon qu'il a choisie dans le livre, et le premier élève du premier banc répète ces mots à haute voix pendant qu'il les écrit et que tous les élèves de la classe les écrivent en même temps. Le second élève du premier banc fait de même pour le mot ou les mots qui sont dictés immédiatement après, et tous les mots suivants, que le maître dicte toujours lentement, que les élèves écrivent lentement aussi, sont répétés par ceux-ci à tour de rôle, suivant le rang que chacun d'eux occupe dans la classe. La dictée se poursuit ainsi jusqu'à la fin de la leçon, avec une attention constamment soutenue de la part des élèves, et dès lors la surveillance devient facile pour le maître, qui peut aller de l'un à l'autre examiner le travail de chacun, donner un conseil en passant, relever une faute, corriger une écriture défectueuse, et maintenir en même temps le silence et le bon ordre. La dictée achevée, le maître la fera lire à haute voix par un ou plusieurs élèves, en ayant soin que dans cette lecture les divers signes de ponctuation soient exactement indiqués. Après cette lecture, le maître se servira du questionnaire pour interroger les élèves et s'assurer, par leurs réponses, qu'ils ont bien compris ce qu'ils viennent d'écrire.

Des dictées ainsi faites régulièrement, écrites avec soin par les élèves, ne sont pas seulement pour eux de véritables leçons d'écriture : elles ont encore l'avantage de leur faire acquérir des connaissances intéressantes et utiles.

DICTÉES ET LECTURES.

1.

De l'agriculture.

L'agriculture, c'est-à-dire la culture des champs ou l'art de cultiver la terre, est aussi ancienne que le monde. L'Écriture sainte nous apprend que Caïn, le premier enfant d'Adam et d'Ève, s'appliqua à l'agriculture, et que son frère Abel fut pasteur de brebis. Les patriarches, dont la Bible nous dépeint avec tant de charme les mœurs simples et pures, faisaient leur occupation principale des soins qu'ils donnaient à leurs champs et à leurs nombreux troupeaux. Chez les peuples de l'antiquité, tant que l'agriculture fut en honneur, on vit régner la sobriété, la modération dans les désirs, l'amour sincère de la patrie; dans les premiers siècles de la république romaine, les personnages les plus considérables de l'État, des sénateurs, des consuls, se faisaient gloire de se livrer aux travaux des champs, et souvent, après avoir commandé les armées et triomphé des ennemis, ils retournaient à leur charrue.

Les bons princes ont toujours protégé et encouragé l'agriculture, qui est regardée avec raison comme la source la plus féconde de la prospérité et de la richesse des peuples. Henri IV, qui fut un de nos meilleurs rois, voulait que chaque paysan de son royaume pût mettre la poule au pot tous les dimanches. Il était bien secondé dans ses pensées généreuses par Sully, son ministre et son ami le plus fidèle et le plus dévoué. « Le labourage et le pâturage, disait Sully, voilà les deux mamelles dont la France est alimentée, les vraies mines du Pérou. » En effet, les biens que donne la terre sont les seules richesses inépuisables, et tout fleurit dans un État où fleurit l'agriculture.

Comparativement aux autres professions, l'agriculture a l'avantage d'assurer à ceux qui s'y livrent une meilleure santé, une constitution plus robuste; elle procure des jouissances plus pures, plus variées, plus douces; elle inspire le besoin de la tranquillité, de l'ordre, de la stabilité, et par conséquent l'attachement aux institutions du pays; elle affermit et élève les sentiments religieux par la vue constante des merveilles de la création et des dons du créateur de toutes choses. Enfin, les grands écrivains qui ont parlé de l'agriculture l'ont représentée comme étant, entre toutes les sources de gain, la meilleure, la plus excellente, la plus digne de l'homme.

2.

Des différentes sortes de terres. Des principales espèces de sols.

Toutes les terres ne sont pas naturellement fertiles au même degré, toutes ne sont pas également propres aux mêmes cultures; mais presque toutes les terres peuvent être améliorées par les soins de l'homme et par des moyens que la science et l'industrie font connaître.

On désigne sous le nom de *sol arable* ou de *terre végétale* la portion du sol qui est propre à la culture, et que le travail peut rendre productive. La terre végétale est d'autant plus fertile qu'elle contient en plus grande quantité une substance particulière appelée *humus* ou *terreau*. Cette substance, de couleur noirâtre, onctueuse au toucher, est le résultat de la destruction des matières animales et végétales qui, sous la triple influence de l'air, de l'eau et de la chaleur, se sont peu à peu décomposées et mêlées à la terre. L'humus est sans cesse renouvelé par les fumiers et les autres engrais que le cultivateur enfouit dans le sol. L'épaisseur de la couche superficielle dans laquelle les plantes peuvent se développer varie à l'infini, depuis quelques centimètres seulement dans les mauvais sols jusqu'à un mètre et plus dans les sols de bonne qualité. Tout ce qui est au-dessous du sol arable se nomme *sous-sol*. Le sous-sol n'est donc autre chose que la roche minérale dont la surface a été convertie peu à peu en terre végétale ou arable.

Trois élémens principaux ou trois sortes de terre d'une nature différente concourent, avec l'humus, à composer le sol arable; ce sont : l'argile ou glaise, le sable ou la silice, le calcaire ou carbonate de chaux. Ces matières, mélangées en différentes proportions, forment la variété des sols, et, selon que l'une ou l'autre des trois premières substances prédomine dans la masse de la terre arable, il en résulte trois principales espèces de sols, qu'on désigne par les noms de ***sols argileux***, *sols sableux* ou *siliceux*, *sols calcaires*. Les sols argileux sont plus ou moins colorés en brun, en jaune ou en rouge; ils sont très-compactes et adhèrent fortement aux pieds et aux instruments aratoires; ils se couvrent d'eau pendant les pluies, et présentent de larges crevasses durant les sécheresses. Les sols sableux ont des caractères absolument opposés à ceux des sols argileux. Les sols calcaires ont une couleur blanchâtre et sont généralement secs et arides : leur couleur blanche reflète les rayons solaires, qui ne peuvent pénétrer dans la masse du sol, d'où résulte à la surface une réverbération brûlante, double effet également nuisible à la végétation.

3.

Des moyens d'améliorer les terres. Des labours.

Il est bien rare que, dans l'état ordinaire des choses, les sols arables réunissent les conditions essentielles sans lesquelles il n'y a point de bonnes cultures. Il faut donc, par des procédés convenables, faire acquérir à ces terres, telles qu'elles existent, les qualités qui doivent les rendre aussi fécondes que possible. Les trois moyens généraux d'améliorer les terres sont les labours, les amendements et les engrais.

Le labour comprend toutes les opérations mécaniques au moyen desquelles on ameublit le sol, c'est-à-dire on le remue, on le divise, pour livrer passage aux racines, à l'eau pluviale, à l'air, et pour faciliter l'action de la chaleur et de la lumière. Les labours se font de trois manières : avec la bêche, avec la houe ou avec la charrue. On se sert principalement de la bêche pour cultiver les jardins. La houe est un instrument de forme triangulaire, carrée ou fourchue, qui est employé par les vignerons et par les cultivateurs qui n'ont pas d'attelage. La charrue est une machine composée de plusieurs parties, et plus ou moins compliquée selon l'usage auquel elle est destinée; elle exige la force des chevaux, des bœufs, et elle est seule employée dans les grandes cultures.

Les parties principales d'une charrue sont le *coutre*, le *soc* et le *versoir*. Le coutre est une espèce de grand couteau en fer, aigu et tranchant, destiné à fendre la terre verticalement, à couper les racines et les mauvaises herbes; le soc, également en fer, continuant l'action commencée par le coutre, tranche la terre par-dessous et horizontalement : du soc, la tranche de terre, détachée, s'élève sur le versoir, qui, achevant l'action, retourne et dépose cette tranche sur le côté, suivant l'inclinaison qu'elle doit conserver. Le versoir est fait d'un bois très-dur, et susceptible de se bien polir, afin qu'il puisse glisser facilement dans le sillon tracé par la charrue.

La forme des charrues a été variée de beaucoup de manières, selon la nature des terres qu'elles sont destinées à couper, à diviser, à renverser. Il y en a qui ont un avant-train, avec une ou deux roues, et on en fait principalement usage pour labourer les terres fortes; d'autres n'ont point d'avant-train : on les appelle araires ou charrues simples. Pour faire les labours avec avantage, on choisit le moment où les terres ont été humectées par les pluies, sans être cependant trop détrempées. On laboure à *plat*, lorsque la terre, toujours jetée du même côté, remplit successivement chaque raie que trace la charrue; par *billons*, lorsque la charrue trace des sillons creux entre lesquels la terre est élevée.

4.

Des hersages, des semis et des sarclages.

Après avoir labouré la terre, il est souvent indispensable de la herser : cette opération se fait à l'aide d'un instrument appelé *herse*, qui est d'une forme triangulaire ou quadrangulaire, formé de barres assemblées et armé de dents de fer ou de bois. On attelle un cheval à la herse, et on la fait passer sur les terres labourées ou nouvellement ensemencées : car le hersage a pour but non-seulement de briser et d'ameublir les mottes de terre que la charrue a soulevées, d'enlever les racines et les herbes nuisibles, mais aussi de recouvrir et d'enfouir les graines que l'on vient de semer. Il importe que la herse soit animée d'une vitesse qui ajoute à l'énergie de ses chocs, surtout quand il s'agit de briser les mottes : aussi les chevaux, à cause de leur marche plus rapide, conviennent mieux généralement que les bœufs pour ce genre de travail.

Souvent pour briser les mottes de terre qui ont échappé à la double action de la charrue et de la herse, pour niveler et raffermir le sol, on emploie les roulages, c'est-à-dire qu'on fait passer sur les terres un rouleau de bois, de pierre ou de fonte, traîné par les animaux d'attelage.

Les grands semis des champs se font le plus

ordinairement à la volée. Le semeur emplit de grains un sac peu profond qu'il porte attaché autour de ses reins, et, parcourant un sillon à pas comptés, il puise par poignées dans le sac et lance la semence du côté gauche. Il convient que le temps soit calme, pour que la graine se disperse également. Il faut se garder de semer trop épais dans quelque espèce de terre que ce soit; les plantes ne trouveraient plus assez d'espace pour se développer en toute liberté, et ne puiseraient au sein de la terre qu'une nourriture insuffisante. On sème plus épais dans les terres légères que dans les terres fortes, parce que celles-ci conservent mieux leurs semences.

Le sarclage est une opération qui consiste à arracher, soit avec la main, soit à l'aide d'un petit instrument appelé sarcloir, les herbes qui nuisent aux plantes cultivées. Ces herbes, telles que l'ivraie, la nielle, les pavots, les chardons, viennent naturellement, poussent avec plus de rapidité que les céréales et les divers semis, tendent à les étouffer, et leur enlèvent la plus grande partie des sucs de la terre. Le sarclage a pour but non-seulement de rendre aux tiges et aux feuilles des plantes cultivées l'influence de l'air et de la lumière, et d'assurer à leurs racines des sucs nourriciers abondants, mais encore d'empêcher la maturation des graines des herbes nuisibles, qui, mêlées aux céréales, en diminueraient la valeur.

5.

Des amendements.

On désigne sous le nom d'*amendements* les améliorations qui s'exercent sur le sol pour en modifier les qualités, par exemple, pour augmenter l'humidité des terres trop sèches, diminuer celle des terres trop humides, accroître la ténacité des terres légères, affaiblir celle des terres fortes. Il est facile de comprendre que les amendements doivent varier de nature suivant celle des terrains, et les principales matières qu'on emploie à cet effet sont le sable, l'argile, la marne et la chaux. On peut amender un sol argileux en y mélangeant du sable, et un sol sablonneux ou calcaire en y mélangeant de l'argile; mais ces opérations ne sont pas toujours suivies de succès, parce que le sable s'incorpore difficilement avec les terres argileuses tenaces, et que l'argile, qui est d'une nature compacte, ne peut s'unir intimement avec les terres sablonneuses qu'autant qu'elle est divisée et à peu près réduite en poudre. On y supplée par la marne, dont l'action est plus énergique et l'emploi plus facile.

La marne est un mélange de diverses sortes de terres, variant à l'infini dans la proportion des matières qui la composent : tantôt, c'est la craie ou le calcaire qui domine dans ce mélange; tantôt, l'argile, le limon; d'autres fois, le sable, le gravier. La marne se trouve en beaucoup d'endroits, à une profondeur plus ou moins grande, au-dessous de la couche végétale. Inféconde par elle-même et impropre à la culture, elle renferme un principe très-fécondant, et le marnage, quand il est fait avec intelligence, produit les meilleurs résultats. L'agriculteur doit étudier et choisir la qualité de marne réclamée par les terres qu'il veut amender : si ces terres sont argileuses et fortes, la marne où domine le calcaire, et qui est légèrement sablonneuse, sera la meilleure; si ces terres sont maigres, légères, une marne grasse et riche en parties argileuses devra être préférée. C'est en automne ou au commencement de l'hiver que se pratique le marnage: on dépose la marne en petits tas sur le sol, et lorsqu'elle est réduite en poudre on la répand aussi également que possible, et on l'enterre par un labour peu profond.

La chaux, qui est une sorte de pierre qu'on a fait cuire dans des fours, s'emploie en guise de marne, et elle exerce sur le sol et la végétation des effets bien plus puissants que cette dernière substance; mais elle ne convient pas à toutes les terres. On chaule efficacement les terres nouvellement défrichées et mises en culture pour la première fois.

6.

Des engrais.

On comprend sous le nom d'*engrais* toutes les matières, de quelque nature qu'elles soient, qui sont destinées à entretenir la fertilité du sol et à nourrir les plantes. Chaque récolte enlève à la terre une partie de ses sucs nourriciers, et celle-ci serait bientôt épuisée si l'on ne réparait pas, à l'aide des engrais, les pertes qu'elle éprouve. C'est ce qu'on appelle fumer les terres.

L'engrais le plus généralement employé, le meilleur et le plus facile à se procurer partout où l'on nourrit des bestiaux, est le fumier, c'est-à-dire les pailles qui ont servi de litière aux animaux domestiques, tels que les chevaux, les bœufs, les moutons. Le fumier des fermes est ordinairement un mélange de toutes les litières et des excréments des divers animaux qu'on y nourrit ; quelquefois on n'opère pas ce mélange, et on applique à chaque nature de terre le fumier qui lui convient le mieux ; celui des bêtes à cornes, qui est plus onctueux, plus frais, aux sols sablonneux, légers et secs ; celui des chevaux et des moutons, qui est plus chaud, plus actif, aux sols froids et humides.

Le fumier des bêtes à laine est plus souvent appliqué directement à la terre au moyen du parcage. On appelle ainsi la méthode de fumer le terrain en y faisant passer la nuit à des moutons qu'on enferme dans une enceinte mobile de claies. On donne à l'enceinte du parc des dimensions telles que chaque bête n'ait qu'un mètre carré d'espace, surface qu'un mouton peut fumer dans une nuit.

On appelle *engrais verts* certaines plantes, telles que les pois, les féveroles, le colza, le trèfle, le sarrasin, qu'on sème plus épais qu'à l'ordinaire, et qu'on enfouit dans la terre lorsque la récolte est en fleur. Les engrais verts conviennent surtout aux climats chauds, et par la même raison ils conviennent mieux aux terres sèches qu'aux terres humides.

Les cendres, surtout celles qui ont servi à la lessive, produisent de bons effets, et comme engrais et comme amendement, sur les terres argileuses, compactes et humides.

Le plâtre ou sulfate de chaux, dont l'usage en agriculture ne date que du dix-huitième siècle, est un des plus précieux engrais que l'on puisse employer pour les plantes des prairies artificielles, la luzerne, le trèfle, le sainfoin. Le plâtre est réduit en poudre fine et semé à la main sur la végétation déjà commencée, lorsque les fourrages ont douze ou quinze centimètres de hauteur. On le répand le soir ou le matin, à la rosée, par un temps calme et couvert, avant ou après une petite pluie. C'est au printemps que se fait cette opération.

7.

Des céréales. Du blé ou froment.

Les plantes connues sous le nom de céréales[1], telles que le blé ou froment, le seigle, l'orge, l'avoine, le sarrasin, le riz, le maïs, nous donnent sans contredit les produits les plus importants. Ce sont des plantes annuelles : leur végétation s'accomplit souvent en quelques mois ; jamais elle ne dépasse la révolution d'une année entière. La tige des céréales, appelée chaume, est utilisée pour plusieurs emplois, et spécialement pour l'entretien des animaux domestiques. Leur grain, réduit en farine, constitue l'aliment principal des peuples civilisés. Par un bienfait de la divine providence, presque toutes les régions du globe sont propres à la culture de quelques céréales : quelques-unes de ces plantes se plaisent sous le ciel brûlant des tropiques ; d'autres, et c'est le plus grand nombre, préfèrent nos climats tempérés, et ne redoutent pas les longs hivers du nord de l'Europe.

Parmi toutes les céréales, le blé ou le froment tient le premier rang par son importance et son utilité. La prospérité matérielle, le repos, et l'on

1. Le mot *céréales* est dérivé du mot latin *Ceres*, par lequel les anciens désignaient non-seulement la déesse des moissons, mais aussi la moisson même et le blé.

pourrait presque dire l'existence des sociétés civilisées dépendent de la culture de cette plante précieuse. C'est avec la farine de froment que se fait le meilleur pain. Le son, séparé de la farine, est avantageusement employé pour la nourriture des animaux domestiques, et surtout pour les oiseaux de basse-cour. La paille sert tout à la fois d'aliment et de litière pour les bestiaux. Le blé prospère assez bien dans tous les sols; mais les terres qui lui conviennent le mieux sont celles qui renferment en plus grande proportion l'argile ou le calcaire. Il exige aussi une terre bien labourée et bien fumée.

Le blé se sème en automne, vers le mois d'octobre, et passe l'hiver en terre; on le moissonne aux mois de juillet et d'août. Quelques variétés de froment, connues sous le nom de blés de mars, se sèment au printemps et ne restent en terre que trois ou quatre mois.

Le blé est fréquemment affecté d'une maladie, nommée carie, nielle, rouille, qui compromet le succès des récoltes. Pour le préserver, autant que possible, de cette maladie, on est dans l'usage de chauler les grains avant de les semer, c'est-à-dire qu'on les fait tremper pendant quelques heures dans de l'eau de chaux, ou bien, après les avoir lavés dans une lessive de cendres, on les saupoudre de chaux.

8.

Du seigle, de l'orge, de l'avoine, etc.

Le seigle est, après le blé, la plus importante des céréales de nos pays : ses tiges fournissent aux bestiaux un des meilleurs fourrages verts, une litière excellente, et servent à la confection de la plupart des ouvrages de paille. Son grain est pour la volaille un très-bon aliment; réduit en farine, il donne un pain justement estimé pour son goût agréable et la propriété qu'il a de rester long-temps frais. Le seigle ne craint pas les froids les plus rigoureux, et tous les sols lui conviennent, pourvu qu'ils soient bien nets, bien ameublis, et qu'ils ne contiennent pas une humidité surabondante ; il préfère cependant les terres légères aux terres fortes et argileuses. Le seigle se sème à l'automne, avant le blé, et plus le climat est froid, plus le semis doit se faire de bonne heure. On le moissonne dans le commencement de juillet. Il y a des variétés de seigle qui, comme celles de blé, se sèment au printemps.

L'orge vient après le froment et le seigle pour l'importance : son grain est une excellente nourriture pour les animaux domestiques ; mélangé avec celui du froment ou du seigle, il peut fournir un assez bon pain, mais on l'emploie beaucoup plus à l'état de gruau, dans la préparation de la bière et dans la distillerie. La paille est généralement estimée comme fourrage sec. L'orge se sème quelquefois en hiver, plus souvent au printemps ; en trois mois elle est mûre, et on la coupe dès la fin de juin : presque tous les sols lui conviennent, pourvu que la terre soit bien ameublie.

L'avoine sert à la nourriture de quelques animaux domestiques : dépouillée de son écorce et réduite en gruau, elle fournit une nourriture très-saine. Les décoctions de gruau d'avoine sont fréquemment employées comme remède adoucissant. L'avoine se sème généralement au printemps, comme l'orge, et se coupe un peu plus tard que celle-ci : elle réussit dans presque tous les terrains, et n'exige pas les mêmes soins que les autres céréales.

Le sarrasin, vulgairement connu sous le nom de *blé noir*, sert principalement à la nourriture de la volaille. Le grain, réduit en farine, ne donne qu'un pain grossier. Quelquefois on cultive le sarrasin pour le faire servir d'engrais ; alors on le sème plus serré, et on l'enfouit dans la terre au moment de la floraison.

Le millet ou mil n'a pas l'importance des autres céréales. La graine de millet, réduite en farine, sert à faire des bouillies, des gâteaux qui sont un bon aliment ; les oiseaux domestiques sont très-avides de ces grains, qui les engraissent. Le millet peut aussi se cultiver comme fourrage.

9.

De la récolte des céréales et du battage des épis.

Lorsque les grains sont mûrs, on coupe les tiges, et l'expérience seule indique le moment favorable pour faire cette opération, qui, appliquée aux céréales, est particulièrement désignée sous le nom de *moisson*. Les moissonneurs, pour couper les tiges, se servent soit d'une faux, soit d'une faucille. La faux est une grande lame d'acier, large et un peu courbée, attachée au bout d'un long manche; le moissonneur, tenant ce manche des deux mains, passe vivement la lame au ras du sol, et, lorsqu'il ramène la lame du côté droit, il jette sur la terre ce qu'il a coupé. Les tiges se trouvent ainsi disposées en lignes nommées *andains*. On les rassemble ensuite en petits tas appelés *javelles*. Souvent la faux est munie d'une espèce de claie ou de râteau qui recueille les plantes coupées et les dépose avec soin sur l'andain, lequel forme ainsi une javelle continue.

La faucille est un instrument composé d'un manche très-court, en bois bien poli, et d'une lame en forme de croissant ordinairement dentelée comme une scie. Le moissonneur tient l'instrument de la main droite; de la main gauche il saisit une poignée de tiges, y engage la lame de la faucille, et, la tirant vivement vers lui, il coupe les tiges : c'est ce qu'on appelle scier le grain.

Les petits tas ou faisceaux d'épis liés ensemble forment des gerbes, que le cultivateur transporte dans un endroit couvert, dans les granges, sous des hangars; ou bien on réunit les gerbes en grands amas, nommés *meules*, qu'on établit au milieu du champ, et qu'on met à l'abri de la pluie au moyen d'une toiture en paille.

Pour séparer les grains de leurs enveloppes, on bat les épis avec un fléau, instrument qui se compose de deux bâtons de bois durs attachés l'un au bout de l'autre par des courroies, et dont l'un sert de manche. Ce travail exige beaucoup de force de la part des ouvriers qui s'y livrent. Dans certaines contrées, on ne bat pas les épis, on les dépique, c'est-à-dire qu'on fait courir en cercle des chevaux sur les épis étalés en plein air sur un sol ferme et dur qu'on appelle *aire*. Le battage se fait aussi à l'aide de machines qui, en soulageant les cultivateurs dans un travail très-fatigant, leur permettent de faire cette opération à couvert et au moment qui leur convient le mieux.

On vanne les grains, c'est-à-dire qu'on les débarrasse des menues pailles et qu'on les sépare des mauvaises graines et des petites pierres, en les agitant et les secouant dans une espèce de grand panier d'osier appelé *van*. Cette opération se fait aussi au moyen de machines qui expédient plus vite la besogne.

10.

Du riz.

Le riz est le grain d'une plante qui appartient, dans l'histoire naturelle, à la même famille que le blé et la canne à sucre, à la famille des graminées. Il est la base de la nourriture de plus de la moitié des habitants du globe : d'une conservation facile, il se mange cuit à l'eau, souvent sans autre apprêt, avec un peu de sel ou de sucre ; c'est ainsi que se nourrissent les peuples de l'Inde, les nègres des colonies.

La plante qui produit le riz, originaire des Indes ou de la Chine, est cultivée en Asie, en Afrique, en Amérique, et dans les parties méridionales de l'Europe, en Espagne, en Italie et principalement dans le Piémont. Cette plante ne se plaît et ne prospère que dans les marécages, dans les terres humides ou qu'il faut inonder, et souvent les plantations de riz, nommées *rizières,* sont des marais infects d'où s'échappent des exhalaisons qui sont la cause de maladies dangereuses et pour ceux qui se livrent à ce genre de culture et pour ceux qui habitent dans le voisinage des rizières.

Le terrain destiné à la culture du riz doit être d'abord parfaitement nivelé : on divise le champ en carrés de médiocre étendue pour rendre cette opération plus facile, et on entoure les carrés d'une levée de terre destinée à retenir les eaux; enfin on prépare le sol par un léger labour. Les semailles se font du mois d'avril au mois de juin, suivant les localités, dans des terres toujours ramollies par des arrosements, et on a le soin de mouiller d'abord le grain afin qu'il se gonfle et qu'il subisse un commencement de germination. Au lieu de herser, on promène sur le semis une planche chargée que traîne un cheval. Dans le courant de la végétation on inonde plusieurs fois le champ, et l'on fait écouler l'eau pour sarcler, c'est-à-dire pour arracher les mauvaises herbes; enfin, quelques jours avant la récolte, on dessèche la terre, et c'est ordinairement vers la fin du mois d'août que se fait la moisson. Les indices de la maturité sont la couleur jaune de l'épi et la consistance de la paille. Une rizière produit trois ou quatre ans de suite, sans engrais ni repos.

Le riz est battu au fléau ou séparé de la paille par l'action des pieds des chevaux : mais cette opération ne le débarrasse pas de sa pellicule ou enveloppe; on se sert pour cela de mortiers en bois et de pilons mis en mouvement par un moulin. Le riz, comme aliment, se prépare d'un grand nombre de manières, en potages, en gâteaux, et aussi mêlé à la plupart des viandes. Comme médicament, il a des propriétés adoucissantes, et on l'emploie avec succès pour combattre certaines affections.

12.

Du maïs ou blé de Turquie.

Le maïs, vulgairement appelé *blé de Turquie*, quoiqu'il soit originaire de l'Amérique méridionale, est une plante qui appartient, comme le riz, à la famille des graminées. Le maïs a des tiges fortes et élevées, de grandes feuilles, des épis formant une masse charnue, longue et arrondie : c'est une des plantes les plus utiles, soit par son grain qu'on réduit en farine, soit par l'excellent fourrage vert qu'il fournit aux animaux ; c'est en même temps une des plantes les plus productives, puisqu'une seule graine semée en produit quelquefois cinq ou six cents et même plus.

Le maïs est essentiellement une plante d'été ; il craint le froid à toutes les époques de l'année : aussi ne le sème-t-on qu'au mois d'avril, au moment où les gelées ne sont plus à redouter. Un bon labour d'hiver doit précéder les semailles, et le terrain doit être engraissé par de fortes fumures. La taille élevée des tiges de maïs, qui dépassent souvent deux mètres de hauteur, l'abondance et l'amplitude de son feuillage, qui tiennent la terre à l'abri des rayons du soleil, indiquent assez que les plants de maïs doivent être fortement espacés dans les champs. On place les graines dans des sillons écartés l'un de l'autre de 60 centimètres, on met trois ou quatre semences ensemble dans un trou, et tous ces petits tas sont espacés d'environ un mètre. Quand les plantes sont sorties de terre et ont pris une certaine croissance, on les éclaircit pour ne laisser subsister que les tiges qu'on veut conserver, et c'est ordinairement le cinquième ou le sixième mois après les semailles que se fait la récolte des épis. Les épis sont enlevés à la main, et les tiges laissées sur pied pour être coupées à loisir lorsque le moment est venu de labourer de nouveau le champ. En général on fait sécher les épis après la moisson, et souvent il faut avoir recours à la chaleur artificielle des fours et des étuves. Quand on cultive le maïs pour employer les jeunes tiges comme fourrage vert, on sème à la volée, et on fauche les tiges dès que les premières fleurs apparaissent.

La farine de maïs sert à faire des pains, des gâteaux, et elle est d'une grande ressource pour les habitants des contrées méridionales. Les bestiaux, la volaille, mangent le maïs avec plaisir. Les feuilles des tiges servent à faire des paillasses. Enfin cette plante jouit d'un avantage que ne possède aucune autre plante de la même famille : elle nettoie le sol sur lequel on la cultive et le prépare merveilleusement pour les cultures qui doivent suivre. Elle remplace la jachère, tout en donnant par elle-même des produits importants.

12.

Des racines fourragères. Des pommes de terre.

Certaines plantes, telles que les pommes de terre, les betteraves, les carottes, les navets, qui n'étaient autrefois cultivées que dans les jardins pour la nourriture de l'homme, sont aujourd'hui l'objet de grandes cultures en plein champ, et servent non-seulement à fournir des aliments excellents aux animaux domestiques, mais encore à améliorer le sol qui les produit. On ne les sème pas à la volée comme les céréales ; on les sème ou on les plante par rangées ou en lignes. On les appelle cultures sarclées, parce qu'elles exigent des sarclages plus fréquents que les autres plantes cultivées : aussi en ameublissant le sol, en le purgeant des herbes nuisibles, elles le mettent dans le meilleur état possible pour les cultures suivantes.

Originaire de l'Amérique, la pomme de terre fut apportée en Europe vers le milieu du seizième siècle. Des préjugés absurdes s'opposèrent longtemps à la culture d'une plante si utile. Vers la fin du dix-huitième siècle, Parmentier, un des agronomes les plus distingués dont s'honore la France, eut la gloire, par ses travaux et ses écrits, de triompher de ces préjugés et de faire apprécier à sa juste valeur cette précieuse conquête.

Quoique les pommes de terre puissent prospérer dans tous les terrains, elles préfèrent cependant un sol sec, léger et peu fumé. Le sol doit être préparé par des labours profonds. Les grands semis de pommes de terre en plein champ se font ordinairement à l'époque où la terre est déjà attiédie par les premières chaleurs du printemps. On ouvre des tranchées et on y dépose à la main les pommes de terre, entières si elles sont de grosseur moyenne, coupées par morceaux si elles sont trop grosses. On les espace dans le sillon à distances à peu près égales. Le sillon suivant que trace la charrue recouvre le premier. Après la plantation vient le hersage, qui achève de diviser et d'ameublir la terre. Quand les tiges sont poussées, on sarcle pour les débarrasser des mauvaises herbes et on butte plusieurs fois, c'est-à-dire on accumule la terre autour du pied de chaque tige. La récolte se fait en automne ou vers la fin de l'été.

Les pommes de terre sont d'une immense ressource pour les hommes, à qui elles fournissent un aliment substantiel et agréable; mais la culture de cette plante précieuse n'est pas moins utile pour l'entretien et la nourriture des animaux domestiques, tels que le bœuf, la vache, le mouton, la chèvre.

13.

Des betteraves, des carottes, des navets, etc.

Les betteraves sont remarquables par la grosseur et la saveur sucrée de leurs racines. On sème la graine au printemps, et on arrache les plantes à l'automne, quand elles ont pris tout leur développement. Les racines sont nettoyées et placées dans un lieu sec, à l'abri des gelées : c'est un des meilleurs aliments pour les bestiaux pendant l'hiver ; les feuilles sont également mangées par eux, mais il faut qu'elles soient fraîches. Ces feuilles, enfouies dans la terre après la récolte, donnent un excellent engrais.

Les carottes, considérées comme fourrage, sont une bonne provision d'hiver et une excellente nourriture pour les animaux domestiques. Les chevaux, les bœufs, les moutons et même la volaille en sont très-avides, et ces racines, données dans une proportion convenable, sont très-salutaires à leur santé. On sème les carottes au printemps pour les récolter avant les premiers froids.

Les navets qu'on cultive en grand sont connus sous le nom de gros navets ou turneps. On les arrache pour les conserver comme provision d'hiver, ou on les fait manger sur place par les animaux.

Dans certaines contrées de la France, les choux

sont cultivés en grand comme plantes fourragères et donnent des produits très-abondants. On les sème ordinairement au mois de mars, pour les transplanter en mai ou en juin, et on commence à effeuiller les plantes lorsqu'elles ont atteint les deux tiers de leur développement. Le rutabaga est une espèce de chou-navet qui croît rapidement et résiste aux plus grands froids. Les féveroles ou fèves des champs sont surtout cultivées pour la nourriture des chevaux.

Le topinambour nous vient de l'Amérique, comme la pomme de terre; c'est une belle plante qui ressemble au soleil des jardins. Ses tubercules, comme ceux des pommes de terre, peuvent servir à la nourriture de l'homme, mais ils offrent surtout de précieuses ressources pour l'entretien du bétail. Les feuilles et la jeune extrémité des tiges produisent un bon fourrage. La récolte des feuilles se fait vers la fin de l'été, lorsqu'elles ont atteint tout leur développement. Quant aux tubercules, on les arrache en automne, ou bien, comme ils craignent peu les gelées, on les laisse en terre pendant l'hiver pour ne les faire consommer qu'au moment où les autres racines fourragères commencent à s'épuiser.

Les pois gris, nommés aussi bisaille, et le lupin ou fève de loup sont encore des plantes qu'on cultive en grand comme les plantes sarclées.

14.

Des plantes fourragères. Des prairies naturelles.

On désigne sous le nom de *fourrages* ou de *plantes fourragères* les plantes dont les tiges et les feuilles servent à la nourriture des bestiaux.

Les prairies sont des terres qui se couvrent d'herbes assez abondantes et assez hautes pour pouvoir être fauchées et converties en fourrages. Il y a des herbages qu'on ne fauche pas, et qui sont consommés sur place par les animaux; on les nomme *pacages* ou *pâturages*. Les herbages très-riches servent à l'engraissement des bœufs et des vaches, et s'appellent *herbages d'embouche* : les plus célèbres sont ceux du pays d'Auge et de plusieurs autres localités dans le département du Calvados, ainsi que ceux du Cotentin, dans le département de la Manche. Les bons herbages des montagnes de l'Auvergne, du Jura, des Vosges, des Alpes, nourrissent principalement des vaches laitières; les pâturages plus pauvres sont réservés pour les bêtes à laine.

On distingue deux espèces de prairies, les prairies naturelles et les prairies artificielles.

Les prairies naturelles sont celles qui se forment naturellement, et où croissent ensemble diverses sortes de plantes mélangées. L'herbe qu'elles produisent, après avoir été fauchée et desséchée, prend le nom de foin. Les prairies élevées ou sèches, qu'on appelle aussi *préaux*, donnent un excellent foin, mais en petite quantité, excepté dans les années humides et dans les terrains frais. Les prairies marécageuses rendent souvent beaucoup, mais leur produit est de mauvaise qualité. Les meilleures prairies sont celles qui sont situées dans les vallées, dans les plaines peu élevées, au bord des cours d'eau qui leur communiquent une fraîcheur convenable.

Les soins qu'exigent les prairies naturelles consistent surtout à détruire les mauvaises plantes, à favoriser la croissance des bonnes, à amener de l'humidité dans les places et aux époques où elle manque et à l'éloigner là où elle est surabondante. Le produit des prairies se récoltant au moyen de la faux, il est indispensable que la surface en soit parfaitement unie. On doit donc avoir le soin de détruire les taupinières, c'est-à-dire de disperser et d'épandre les petits monceaux de terre que forment les taupes pour construire leur habitation souterraine. Il faut aussi enlever la mousse qui étoufferait les bonnes herbes.

Lorsque les prairies sont remplies d'une grande quantité de plantes nuisibles dont il est difficile de se débarrasser, elles doivent être défrichées, cultivées pendant quelque temps, et ensuite semées de nouveau en bonnes graines de prés.

15.

Des prairies artificielles. De la fenaison.

On appelle prairies artificielles celles qui sont dues à la culture : ce sont des champs dans lesquels on sème une plante fourragère qui y subsiste un temps plus ou moins long, et qui est ensuite remplacée par une autre culture. Les plantes qui composent les prairies artificielles varient selon la nature des terrains : ce sont le plus souvent la luzerne, le sainfoin et le trèfle, plantes fourragères par excellence. On les sème ordinairement au printemps, quelquefois seules, plus souvent dans une terre qu'on vient de semer en orge ou en avoine : ces céréales protégent les jeunes pousses des plantes contre les ardeurs du soleil, et donnent une récolte qui paye le travail de la terre. Les prairies artificielles se sèment aussi à l'automne avec le blé ou le seigle.

La luzerne est une plante vivace, très-productive, qui exige une terre riche, profonde, bien ameublie, exempte d'humidité. Elle peut donner trois et même quatre coupes par an, et dure de quatre à douze ans. Le sainfoin est une plante précieuse qui fournit le meilleur fourrage, résiste aux longues sécheresses, et réussit dans des sols pierreux, pourvu qu'ils soient profonds, meubles et exempts d'humidité. Il dure un peu moins que la luzerne, et ne donne guère qu'une coupe par an, rarement deux. Le trèfle se sème toujours dans une autre récolte, soit une céréale, soit du lin ou du colza, et donne deux ou trois coupes. Le trèfle, comme le sainfoin et la luzerne, ne doit revenir que tous les six ou huit ans dans le même terrain. Lorsqu'après la culture de ces plantes on défriche la terre pour y semer des céréales, celles-ci y prospèrent parfaitement.

On désigne sous le nom de *fenaison* non pas seulement la saison où l'on coupe les fourrages, mais aussi l'ensemble des travaux qui ont pour objet de convertir les fourrages en foin. On fauche les prairies aussitôt qu'elles sont en pleine fleur : la première coupe se fait au mois de mai ou de juin, les autres quand les pluies ont fait repousser les tiges; ces dernières coupes s'appellent *regains*. On fane ensuite ces herbes, c'est-à-dire qu'on les expose à l'air, en les retournant à diverses reprises avec des fourches, pour les faire sécher. Quand le foin est fait, on le réunit en gros tas appelés *meules*, et on le laisse ainsi amoncelé quelques jours afin qu'il sue, c'est-à-dire qu'il achève de jeter son eau. Après toutes ces opérations, on le rentre et on le lie en bottes qui ont toutes un poids déterminé.

16.

Des assolements et des jachères.

Il y a lontemps qu'on a dit que la terre se plaît dans le changement des semences, et cela est vrai. Si l'on veut obtenir constamment de belles récoltes, il ne faut pas semer plusieurs fois de suite la même nature de plante dans le même terrain. Il y a des plantes, telles que le blé et les autres céréales, qui sont par elles-mêmes très-épuisantes, et le sol le plus fertile dans lequel on sèmerait ces plantes pendant plusieurs années de suite ne donnerait que de bien faibles produits. De même les pois, le trèfle, le lin, le colza, les pommes de terre, ne peuvent revenir avec avantage sur le même sol qu'après un intervalle plus ou moins long. Il faut donc varier les objets de culture, et l'ordre dans lequel se succèdent les diverses productions d'un même terrain se nomme *assolement*. Ainsi, ensemencer successivement et toujours dans le même ordre, la première année, du blé ou du seigle; l'année suivante, de l'avoine ou de l'orge; la troisième année, du trèfle ou des pommes de terre, c'est un assolement; on l'appelle *triennal* ou de trois ans, parce que la même production revient sur le même champ au bout de trois ans.

Il y a des pays où l'on est persuadé que la

terre doit se reposer après qu'elle a produit : on y fait des jachères, c'est-à-dire qu'on laisse pendant une année entière le terrain improductif. Ainsi, dans certaines localités on fait produire à la terre les deux premières années, et on la laisse reposer la troisième : c'est encore un assolement triennal. Dans d'autres, la moitié des terres est ensemencée en céréales, l'autre moitié reste en jachère; c'est alors un assolement biennal ou de deux ans. Cette pratique peut être utile et même nécessaire là où le bétail est peu nombreux et où manquent les engrais; cependant on peut dire en général que la terre n'a pas besoin de repos; elle ne cessera pas de produire, si on lui donne les soins qu'elle réclame et si on ne lui demande que ce qu'elle peut produire. C'est pour cela qu'en supprimant l'usage des jachères, et en ne laissant jamais la terre improductive, il faut faire alterner les productions; il faut faire succéder à la culture des céréales, qui épuisent le sol, celle des plantes fourragères, qui le fécondent, puis celle des racines ou des plantes légumineuses, qui l'ameublissent par les sarclages fréquents qu'elles exigent. Ce système d'assolement a reçu le nom d'*assolement par rotation* ou d'*assolement alterne*, et il varie beaucoup dans ses combinaisons suivant la nature du sol, l'influence du climat et les besoins de la contrée où il se pratique.

13.

Des bois et des forêts.

Les bois et les forêts sont formés, soit au moyen de semis, soit au moyen de plantations. Les semis sont généralement préférés lorsqu'il s'agit de convertir en bois de grandes surfaces de terrain, parce que ce procédé est moins coûteux que la plantation. Les graines, qu'on choisit suivant la nature du sol auquel elles sont destinées, doivent être semées dans une terre convenablement préparée par des labours. Les bois semés sur les terrains complétement découverts ont besoin d'être abrités pendant leur première jeunesse, soit des rayons brûlants du soleil, soit des vents glacés de l'hiver. On atteint facilement ce résultat en plantant sur la surface du terrain semé une certaine quantité de jeunes plants de bois blanc, tels que des trembles, des bouleaux, dont la végétation est prompte, ou bien encore en mêlant aux semences des bois une demi-semence de céréales dont les chaumes coupés seulement à la moitié de leur hauteur forment un excellent abri.

La formation des bois et des forêts au moyen des plantations réussit généralement mieux que les ensemencements, et donne des résultats presque toujours plus prompts. Les jeunes plants élevés dans les pépinières[1] doivent être préférés à ceux qu'on peut se procurer dans les forêts, parce que les premiers sont plus sains, plus vigoureux et pourvus d'un plus grand nombre de racines qui facilitent leur reprise.

Le terrain destiné à recevoir les jeunes plants est cultivé par bandes larges d'un peu moins d'un mètre, séparées par des bandes incultes de même largeur. On plante ensuite les arbres au milieu des bandes cultivées. Les jeunes plantations doivent recevoir, au moins pendant les deux premières années, deux binages, l'un au printemps, l'autre vers le milieu de l'été. Ces opérations ont pour but de détruire les plantes nuisibles et d'empêcher l'action de la sécheresse du sol. Il faut avoir aussi le soin de remplir les vides laissés dans la plantation par les jeunes arbres qui n'auraient pas repris. Enfin on doit enlever les ronces, les épines et les bois de mauvaise qualité qui épuisent inutilement la terre et nuisent à l'accroissement des espèces qui font l'objet de la culture. Les bois et les forêts, une fois établis, sont sans cesse régénérés au moyen des graines répandues sur le sol par les arbres.

1. On appelle *pépinière* (du mot *pepin*) un terrain spécial dans lequel toutes les espèces d'arbres sont multipliées et élevées, pour être ensuite plantées à demeure dans le sol qui les nourrira pendant toute leur vie.

18.

Des arbres forestiers. Le chêne, le hêtre, l'orme, etc.

Les principales espèces d'arbres forestiers sont le chêne, le hêtre, l'orme, le charme, le frêne, l'érable, l'acacia, le châtaignier. Presque tous ces arbres se plaisent dans les terrains secs.

De tous les arbres des forêts, le chêne est sans contredit le plus précieux et le plus utile. Son bois est généralement employé pour le chauffage, et préféré à tous les autres, soit pour la construction des maisons et des vaisseaux, soit pour les arts mécaniques. Son écorce, avec laquelle on fait le tan, sert à la préparation des cuirs. Le chêne est multiplié au moyen de ses semences ou fruits, appelés glands, qui sont une excellente nourriture pour les porcs et la volaille. Il y a une espèce de chêne vert, appelé chêne-liége, dont l'épiderme ou sur-écorce est le liége, avec lequel on fait des bouchons.

Le hêtre est, comme le chêne, l'un des plus beaux arbres des forêts, et on le multiplie, comme lui, au moyen de ses semences. Son bois est d'une grande utilité dans certaines industries, et surtout très-estimé pour le chauffage. On extrait de son fruit, nommé faîne, une huile bonne à manger et qui peut également servir à l'éclairage.

L'orme est le meilleur de tous les bois pour le chauffage. Une de ses variétés, connue sous le nom d'*orme tortillard*, est très-recherchée pour le charronnage, à cause de la dureté et de l'élasticité de son bois.

Le charme, dont le bois est blanc, dur et d'un grain serré, est excellent pour les pièces de charronnage qui exigent de la force ; mais on ne doit l'employer que lorsqu'il est très-sec, parce qu'il se retire beaucoup en perdant son humidité. C'est un des meilleurs bois de chauffage.

Le frêne des forêts est un arbre de première grandeur, dont le bois, assez dur et très-élastique, convient surtout à la fabrication des brancards et des timons de voiture et à un grand nombre d'ouvrages de tourneur.

L'érable, dont une variété connue sous le nom d'*érable sycomore* est remarquable par son port et son beau feuillage, a un bois dur et susceptible de recevoir un beau poli.

L'acacia ou robinier est un des arbres les plus beaux et les plus utiles. Son bois a toutes les qualités qui le rendent propre aux ouvrages de menuiserie et d'ébénisterie.

Le châtaignier est un arbre de première grandeur aussi recherché pour les qualités de son bois que précieux par l'abondance et la bonté de ses fruits.

19.

Suite des arbres forestiers.

Il y a des arbres forestiers qui se plaisent et prospèrent dans les terrains humides : ce sont le platane, le peuplier, le saule et l'aune.

Le platane, originaire de l'Amérique septentrionale, et introduit en Europe vers 1640, se fait remarquer par l'ampleur de son feuillage et son port majestueux. Il se plaît surtout dans le voisinage des eaux courantes, sur le bord des rivières. Son bois est d'un tissu serré, et peut servir dans l'industrie à peu près aux mêmes usages que celui du hêtre.

Le peuplier, dont les espèces les plus remarquables sont le peuplier blanc de Hollande, le peuplier suisse et le peuplier d'Italie ou peuplier pyramidal, pousse avec rapidité et acquiert souvent une grande élévation. Le bois de cet arbre est blanc, léger, susceptible de prendre un beau poli, mais il est peu solide. Les ébénistes l'emploient pour faire les carcasses des meubles qui sont ensuite plaqués en acajou ; les menuisiers et les layetiers en font aussi un fréquent usage. Comme bois de chauffage, il est recherché pour les fours de boulangers.

Le saule se plaît surtout au bord des cours d'eau, dans les prairies humides. Mais ordinairement on ne laisse pas croître le tronc de cet arbre, on le taille en tête, et tous les trois ou quatre ans on coupe toutes les branches, dont on fait des perches, des treillages, des fagots pour le chauffage. Il y a plusieurs espèces de saules qui, sous le nom d'osier, sont d'une grande utilité dans la vie agricole et pour une foule d'usages économiques. Avec les pousses de ces arbres, coupées tous les ans, on lie les vignes, les cercles des tonneaux ; on attache les espaliers, les treillages ; enfin on en fait des paniers, des corbeilles et d'autres ouvrages.

L'aune est un des arbres les plus aquatiques de l'Europe ; il prospère dans les terrains trop humides pour que les peupliers et les saules puissent y croître. Son bois est employé pour le chauffage des fours ; il sert également à faire des gaules et des échalas.

On désigne sous le nom d'*arbres résineux* certains arbres qui donnent une matière grasse et inflammable appelée *résine ;* cette matière, qui découle du tronc des arbres par des incisions qu'on y pratique, sert à préparer la poix, le goudron. Parmi les arbres résineux on peut citer le cèdre, dont le bois passe pour être incorruptible ; le mélèze, très-estimé pour la charpente ; le pin du Nord, dont le bois est si précieux pour les constructions navales, et le pin maritime, dont les fruits appelés *cônes* sont employés pour le chauffage sous le nom vulgaire de *pommes de pin*.

20.

Des défrichements. Des desséchements.

Les défrichements ont pour but de rendre propres à la culture, et principalement à la culture des céréales et des prairies, certaines terres jusque-là couvertes d'arbres, d'arbustes, de pierres, de plantes herbacées de mauvaise nature. On défriche soit les terrains boisés, soit les terrains vagues, incultes, connus sous les noms de landes et de bruyères. Les desséchements s'appliquent spécialement aux terrains exposés à l'action des eaux nuisibles.

S'il est utile, avantageux même de défricher les bois là où le sol est fertile, dans les vallées où la charrue et la bêche peuvent facilement fonctionner, cette opération, appliquée aux régions montagneuses, aux terrains dont la pente est rapide, peut être sans profit et même nuisible. Les eaux pluviales ne s'infiltrant plus, comme par le passé, au sein d'un sol consolidé par de profondes racines et ombragé d'un épais feuillage, courent à la surface, entraînent la terre végétale, sillonnent les flancs escarpés du coteau ou de la montagne, y creusent des ravins, et forment des torrents qui vont répandre la dévastation dans les vallées inférieures.

Pour défricher des landes, des bruyères et

d'autres terres incultes, on commence ordinairement par détruire au moyen du feu les arbustes et les plantes de toute nature qui encombrent le terrain ; la charrue vient ensuite, et par des labours successifs ameublit et divise le sol. Dans les terrains rocheux et pierreux, il faut procéder à l'épierrement, c'est-à-dire extirper les pierres, soit à l'aide de pioches et de leviers, soit même par le moyen de la poudre à canon, lorsque les rochers sont très-gros.

Dans les terres de bruyère, dans les terrains argileux, on emploie fréquemment l'*écobuage*, opération qui consiste à brûler la croûte du sol, qu'on enlève par tranches ou plaques au moyen des instruments aratoires. Ces plaques, qu'on laisse bien sécher, sont arrangées sur le sol en forme de fourneaux dont l'intérieur est garni de broussailles; on y met le feu, et quand la terre est carbonisée et que le fourneau s'affaisse, on répand cette terre sur le sol.

L'art des dessèchements consiste à débarrasser le sol de toutes les eaux nuisibles, permanentes ou temporaires, qui le pénètrent. On assainit, on dessèche les champs, soit au moyen de fossés qui reçoivent les eaux surabondantes, soit au moyen de rigoles garnies de pierres et couvertes de terre, ou bien encore de tuyaux en terre cuite qu'on place au fond des fossés destinés à l'écoulement des eaux, et c'est ce qu'on appelle *drainage*.

21.

Des arbres fruitiers. De la greffe.

On élève les *arbres fruitiers*, soit en plantant de jeunes arbres qu'on choisit dans les pépinières, soit en semant des pepins, des noyaux, selon les diverses espèces qu'on veut cultiver; mais par ce dernier procédé on n'obtient que des sauvageons, c'est-à-dire des arbres qui ont besoin d'être greffés, si l'on veut qu'ils portent de bons fruits.

On appelle *greffe* une portion vivante d'un végétal qui, unie à un autre végétal qu'on nomme *sujet*, s'identifie avec lui et y croît comme sur son pied naturel. La condition indispensable pour que cette opération réussisse, c'est que le sujet et la greffe appartiennent à des arbres de la même espèce ou d'une espèce à peu près semblable. Il y a une infinité de manières de greffer les arbres; les plus usitées sont la greffe en fente, la greffe par approche et la greffe en écusson.

Dans la greffe en fente, on détache d'un bon arbre à fruit un petit rameau, garni de trois ou quatre yeux ou boutons, et on taille le bout inférieur en lame de couteau; ce petit rameau ainsi préparé est la greffe. On coupe alors la tête du sauvageon ou du sujet, et après avoir bien uni la plaie avec un instrument tranchant, on pratique sur la tige une fente qu'on maintient entr'ouverte avec un petit coin en bois pendant qu'on y place la greffe : on dispose celle-ci de manière que son écorce soit parfaitement en contact avec celle du sujet. Pour garantir la plaie de la greffe du contact de l'air, on la couvre d'argile ou d'un mastic préparé à cet effet, et on enveloppe le tout avec du linge.

Dans la greffe par approche, on rapproche, au printemps, la tige du sauvageon de la branche qui doit servir de greffe; on fait sur l'une et sur l'autre une entaille dans le sens de la longueur des fibres et jusqu'à la moelle, et on couvre ces deux plaies l'une par l'autre, de manière que les écorces soient en contact.

Pour greffer en écusson, on choisit, sur l'arbre dont on veut multiplier les fruits, des bourgeons présentant des boutons bien formés; on détache sur le bourgeon qui doit servir de greffe un bouton entouré d'une petite plaque d'écorce ayant la forme d'un écusson d'armoiries. Alors, après avoir pratiqué sur la tige du jeune sujet une incision en forme de T, on soulève l'écorce de chaque côté de l'incision, on y place l'écusson et on ligature le tout avec de la laine.

Quand l'opération de la greffe a été bien faite, les écorces se soudent, les boutons de la greffe se développent, et, en supprimant toutes les pousses sauvages, on obtient l'arbre qui doit rapporter les mêmes fruits que celui où l'on a pris la greffe.

22.

Des arbres fruitiers en plein vent et en espalier.

Les arbres fruitiers sont cultivés soit au milieu des champs avec d'autres plantes, soit dans un espace clos, appelé verger, soit enfin dans un terrain spécial, nommé jardin, consacré aux fruits et aux légumes ou aux fruits seulement. On distingue les arbres en plein vent ou à haute tige et les arbres en espalier.

Les arbres en plein vent, après qu'ils ont été plantés, sont abandonnés à leur croissance naturelle et n'exigent pas des soins très-assidus. Il faut veiller cependant à ce que les herbes ne poussent pas au pied des arbres fruitiers; il faut également couper les branches mortes, enlever la mousse qui s'attache à l'écorce, et détruire autant que possible les chenilles, les limaces et les autres insectes nuisibles.

Les arbres en espalier sont plantés à l'appui d'un mur garni d'un treillage contre lequel on attache les branches à l'aide de liens de jonc ou d'osier : c'est ce qu'on appelle palisser. Les arbres qui réussissent le mieux en espalier sont les pêchers, les abricotiers, les poiriers et la vigne. Ainsi cultivés, ils sont plus à l'abri des gelées tardives et de la grêle; exposés à une température plus élevée, ils produisent des récoltes plus sûres; leurs fruits, plus gros, plus précoces, acquièrent une maturité parfaite et une qualité qui varie peu d'une année à l'autre : tels sont les avantages qu'ils ont sur les arbres cultivés en plein vent; mais aussi ils exigent des soins plus assidus et plus éclairés : la taille surtout est une opération délicate et difficile.

Les principales espèces de fruits sont les fruits à enveloppe dure, tels que les châtaignes, les noix, les amandes; les fruits à noyaux, c'est-à-dire les pêches, les abricots, les prunes, les cerises; les fruits à pepins, tels que les pommes et les poires; enfin les fruits qui n'ont aucun de ces caractères, comme les figues, les raisins, les groseilles, les framboises, les fraises.

Certains fruits ne doivent être cueillis qu'au moment de leur maturité complète, et sont consommés aussitôt qu'ils ont été cueillis; d'autres, tels que les fruits à noyaux et les fruits à pepins, sont détachés de l'arbre quelques jours avant leur maturité absolue. Il y a des fruits qu'on *gaule*, c'est-à-dire qu'on abat avec des bâtons : ce sont les noix, les châtaignes, et aussi les pommes et les poires qui sont destinées à la fabrication des boissons fermentées qu'on appelle *cidre* et *poiré*. La meilleure manière de cueillir tous les autres fruits de table consiste à les détacher un à un et à la main. Quant aux fruits qui peuvent être conservés pour l'hiver, on les place en un lieu sec, à l'abri du froid, sur une petite couche de mousse.

23.

Des plantes potagères.

On donne le nom de *plantes potagères* ou de *légumes* à toutes les plantes herbacées qui, à l'exception des céréales, servent à la nourriture de l'homme. Le terrain ou le jardin consacré à la culture des légumes s'appelle potager, et dans quelques localités où ces jardins sont établis sur d'anciens marais desséchés, on les nomme *marais* ou *jardins maraîchers*.

Les conditions nécessaires pour l'établissement d'un potager productif sont une exposition convenable, au levant ou au midi, des eaux abondantes et faciles à distribuer, une terre meuble et profonde. Au moment de la mise en culture, le terrain est partagé en un certain nombre de grands carrés, lesquels sont eux-mêmes divisés en planches parallèles d'une longueur variable, mais toujours assez étroites pour que les semis, les sarclages, les labours et les arrosages puissent s'exécuter facilement. Certaines plantes, telles que le persil, le cerfeuil, le fraisier, placées en bordure, fixent la terre autour des carrés; si l'on entoure ceux-ci d'une plate-bande, ces semis se font au bord extérieur de la plate-bande, qui peut être alors garnie d'arbres fruitiers nains, mais toujours tenus à une distance et à une hauteur qui n'empêchent pas le libre accès de l'air et de la lumière.

Le nombre des plantes potagères est considérable, et chaque espèce renferme plusieurs variétés. Parmi les plantes dont on mange les racines ou la partie charnue, on peut nommer la pomme de terre, les carottes, les navets, les salsifis, les oignons; parmi celles dont on mange les fleurs, les artichauts et les choux-fleurs. Il y a des plantes dont on mange les fruits, telles que le fraisier, le melon, le potiron, les tomates; quelques-unes dont on mange les graines, les fèves, les haricots, les lentilles, les pois; d'autres dont on mange la jeune tige ou les feuilles, les asperges, les épinards, la chicorée, la laitue, le cardon. Enfin il y a des plantes qui sont employées comme assaisonnement, le persil, le cerfeuil, l'estragon.

Toutes les plantes cultivées dans les jardins potagers exigent les soins les plus assidus. La terre doit être toujours tenue dans un état parfait de propreté, fréquemment ameublie par des labours, améliorée par le fumier et le terreau. Il faut garantir les plantes contre les effets de la gelée au moyen de paillassons, favoriser la maturation de quelques-unes en les plaçant sous des châssis, sous des cloches de verre. Enfin, les ensemencements doivent se succéder de manière que les nouveaux produits arrivent au moment où les premiers sont épuisés.

21.

Culture de quelques plantes potagères.

La culture de certaines plantes potagères mérite quelques détails particuliers.

Les asperges sont un des produits les plus recherchés d'un jardin potager. Leur fruit est une petite boule rouge contenant plusieurs graines; leurs racines sont de longs filets, appelés *griffes* ou *pattes*. Pour obtenir des asperges, quelquefois on sème sur place, mais le plus souvent on emploie un autre procédé. On prend des griffes ou racines provenant d'un semis de deux ans, et on les plante dans des fosses profondes de 50 centimètres : il faut que la terre soit riche, bien ameublie et exempte d'humidité. Le fond des fosses est garni d'une couche de fumier qui lui-même est recouvert d'une couche de bonne terre. Lorsque les griffes ont été placées à une distance convenable les unes des autres, on recouvre le plant d'une couche de terre. Cette plantation se fait en automne et au printemps. Chaque année, pendant trois ans, on donne un binage, on sarcle et on ajoute une couche nouvelle de terre mêlée de terreau ou d'excellent fumier. La quatrième année, on commence à couper une partie des tiges pour les manger; la cinquième année, le plant d'asperges est en plein rapport, et, s'il est dirigé avec des soins intelligents, il peut donner de bons produits pendant douze, quinze et même vingt années.

La plante qui produit les artichauts a une grande analogie avec celle qui produit les chardons. La culture a su multiplier et perfectionner les diverses espèces d'artichauts, qui nous fournissent une nourriture très-saine. La partie que l'on mange est la fleur non développée. On sème rarement la graine pour multiplier les artichauts. Le procédé qu'on emploie consiste à détacher des œilletons ou de jeunes rameaux du pied de la plante qui a déjà produit et à les planter au mois d'avril dans une bonne terre. Ces plantes, si on les arrose abondamment, peuvent donner des fruits dès l'automne suivant; elles ne durent guère que trois ans.

Le cardon est une variété d'artichaut dont les feuilles acquièrent des dimensions considérables. C'est la côte charnue de ces feuilles qu'on fait cuire et qu'on mange.

Les salades, telles que la laitue, la chicorée, sont d'abord semées; ensuite les jeunes plantes sont mises en place dans les planches du jardin. Avant de couper la plante pour la manger, on lie les feuilles en bottes avec des brins de paille, pour les priver d'air, de lumière et d'eau : c'est ainsi qu'on arrête leur croissance, qu'elles blanchissent et qu'elles deviennent tendres.

25.

Des vignes.

La *vigne* est un arbrisseau sarmenteux dont les fleurs, réunies en forme de grappes, produisent des fruits appelés *raisins*. Le cep est le tronc ou la tige de la vigne, les sarments sont les rameaux allongés et flexibles qui poussent de la tige.

Les terrains secs et légers sont ceux qui conviennent le mieux pour la culture de la vigne. Voici les procédés qu'on emploie généralement pour la plantation de cet arbrisseau. Lorsque le sol a été convenablement préparé par des labours, on se procure des sarments de l'année ou brins de bois bien mûrs, qu'on appelle *crossettes*, parce qu'ils portent au bas une crosse, c'est-à-dire un morceau du bois de la pousse précédente : on fait des trous de trois ou quatre décimètres de profondeur, et dans chacun de ces trous on plante un sarment : ou bien on trace un sillon, c'est-à-dire une longue tranchée, et on y couche les crosses.

Après la plantation, la vigne exige des soins assidus pendant quelques années. La première année, les travaux consistent en des binages qui ont pour but de tenir la terre propre et de la purger des mauvaises herbes ; ensuite on coupe toutes les pousses, excepté une qu'on destine à servir de souche, et qu'on taille sur un ou deux yeux, suivant sa force. La taille de la vigne est plus simple que celle des autres arbres, parce que, les fruits ne venant que sur les bourgeons de l'année, il suffit, pour bien faire cette opération, de se rappeler que les boutons inférieurs sont ceux qui donnent des fruits. La deuxième année, il faut donner trois façons ou trois légers labours, ordinairement au moyen de la houe. On a le soin aussi d'ébourgeonner, c'est-à-dire de couper tous les sarments qui ne portent pas de fruits. Tous ces travaux, les binages, la taille, les labours, se continuent chaque année, et au bout de cinq ans la vigne est en plein rapport.

Les plants qui n'ont pas réussi sont remplacés au moyen d'une opération qu'on appelle *provignage*. Elle consiste à coucher dans une petite fosse pratiquée à cet effet un cep avec tous ses sarments, qui étant relevés contre la terre de la petite fosse prennent racine et forment de nouveaux ceps. Les vignes bien conduites peuvent durer un très-long espace de temps.

La vigne est une des principales richesses de la France, qui compte sur presque toutes les parties de son territoire une foule de cépages différents, c'est-à-dire de nombreuses espèces de vignes qui produisent des fruits excellents pour la fabrication des vins [1].

1. Voir les procédés employés pour la fabrication du vin à l'article *vin*, dans l'industrie.

26.

De l'olivier.

L'*olivier* est sans contredit un des arbres les plus utiles aux hommes. C'est de son fruit, appelé olive, qu'on extrait l'huile la meilleure et la plus délicate. L'olivier est un arbre au feuillage pâle, qui est très-sensible aux gelées et qui ne peut croître et prospérer que dans les pays où les froids sont peu rigoureux. On le cultive principalement en Italie, en Espagne, en Grèce et dans la partie méridionale de la France, en Provence, en Languedoc. Il peut être multiplié de toutes les manières, mais surtout de rejetons et de boutures, et on le greffe en fente ou en écusson. Les jeunes plants sont placés à demeure au milieu des champs, à dix mètres environ les uns des autres. Les oliviers doivent être élagués avec soin, et cette opération est destinée à maintenir une égale vigueur dans les diverses parties de la tête de l'arbre.

L'olivier est un des arbres dont la végétation est la plus lente et dont la durée est la plus longue : aussi ses premiers produits se font-ils attendre longtemps. Il fleurit au mois d'avril ; à la fleur succède un petit fruit vert, de forme ovale, et doué d'une saveur très-acerbe ; ce fruit prend une couleur noirâtre à mesure qu'il mûrit.

Les olives ont terminé leur maturité vers la fin du mois de novembre. C'est le moment de les récolter lorsqu'on les destine à l'extraction de l'huile[1]. Celles qu'on réserve pour être mangées, et auxquelles on fait subir diverses préparations, doivent être cueillies avant leur maturité, c'est-à-dire au commencement d'octobre. La récolte se fait, soit en détachant les fruits à la main, soit en frappant sur les branches avec des gaules légères. Le premier procédé, quoique plus long, doit être préféré, parce qu'il n'a pas l'inconvénient de mutiler les arbres.

L'olivier est originaire de la Syrie et de la Perse, contrées de l'Asie, d'où il passa en Égypte; on croit aussi que Cécrops l'apporta de l'Égypte dans la Grèce lorsqu'il fonda la ville d'Athènes. Cet arbre précieux fut introduit dans notre patrie par une colonie de Phocéens qui fondèrent Marseille environ 600 ans avant l'ère chrétienne. Chez les peuples de l'antiquité, l'olivier était le symbole de la paix, et les Grecs attachaient une si grande importance à la culture de cet arbre, que des inspecteurs étaient chargés de surveiller les plantations. Enfin l'olivier remonte à la plus haute antiquité : l'histoire sainte nous apprend que c'est un rameau vert d'olivier rapporté dans l'arche par la colombe qui annonça à Noé la fin du déluge.

1. Voir les procédés employés pour extraire l'huile des olives à l'article *huile*, dans l'industrie.

27.

Insectes nuisibles aux plantes et aux récoltes.

On compte un grand nombre d'insectes qui sont nuisibles aux arbres, aux plantes et surtout aux céréales. Les uns détruisent les épis au milieu des champs, les autres dévorent les grains dans les greniers; ceux-ci s'attaquent aux vignes et aux oliviers; ceux-là dépouillent des bois entiers de leurs feuilles, rongent l'écorce des arbres et souvent les font périr. Parmi les insectes les plus nuisibles on peut citer le charançon, l'alucite, la pyrale.

Le charançon, nommé aussi calandre du blé, est un petit insecte dont les ravages sont tels dans les greniers que tout le blé qui y est contenu est quelquefois dévoré, et qu'il ne reste plus que l'enveloppe extérieure ou le son. Au printemps, le charançon femelle pond une immense quantité d'œufs, fait un trou à chaque grain de blé et y dépose un œuf; cet œuf ne tarde pas à éclore, et il en provient un petit ver qui consomme la farine du grain et qui reste dans cette demeure jusqu'à ce qu'après avoir accompli ses métamorphoses, il en sorte sous la forme de charançon pour perpétuer sa race destructive. Comme on a remarqué que l'agitation, le grand air et la lumière font fuir ces insectes, que de plus il faut une température assez élevée pour que leurs œufs puissent éclore, on a pensé que les meilleurs moyens pour se débarrasser de ces terribles ennemis, ou du moins pour atténuer leurs ravages, étaient de remuer fréquemment avec des pelles de bois les blés conservés dans les greniers et d'entretenir la plus basse température possible au moyen de ventilations.

L'alucite et l'aiguillonnier sont presque aussi redoutables que le charançon. L'alucite est un petit papillon nocturne dont la chenille dévore la partie farineuse des grains de blé. L'aiguillonnier est un insecte à longues cornes qui paraît dans les champs quand les blés sont en fleur. Le ver qui provient des œufs pondus par cet insecte ronge l'intérieur des tiges près de l'épi. Toutes les tiges ainsi atteintes tombent au moindre souffle de vent.

Les vignes ne sont pas moins attaquées que les céréales par les insectes nuisibles. Tantôt c'est la pyrale, espèce de papillon qui en France étend quelquefois ses ravages à des départements entiers; tantôt c'est l'altise, insecte qui s'attache aux feuilles, les ronge et donne aux vignes une couleur rougeâtre, comme si le feu y avait passé. Enfin il y a des insectes qui s'attaquent aux oliviers : les uns, en suçant les feuilles et les jeunes rameaux de l'arbre, le rendent improductif; les autres rongent le fruit, qui est l'olive.

28.

Des plantes oléagineuses et des plantes textiles.

On appelle *plantes oléagineuses* celles qui produisent des graines dont on extrait de l'huile, et *plantes textiles* celles dont les tiges fournissent une filasse propre à se convertir en fil. Il y a des plantes qui sont tout à la fois oléagineuses et textiles : ce sont le chanvre et le lin.

Le colza et la navette[1] sont des espèces de choux qu'on cultive en grand dans le nord de la France, et qu'on sème, soit au printemps, soit vers le milieu de l'été. Le colza demande une terre bien ameublie et bien fumée; la navette se contente d'un sol d'une qualité inférieure. L'un et l'autre sont des cultures très-productives par l'huile qu'on retire de leurs graines et par le fourrage vert qu'elles produisent. On doit récolter la graine de colza au moment où la majeure partie des siliques, c'est-à-dire des enveloppes qui la contiennent, est mûre. Un jour de retard peut occasionner de grandes pertes, parce que les siliques, arrivées à leur maturité parfaite, s'ouvrent d'elles-mêmes et laissent échapper leurs graines. Le marc qui reste après que celles-ci ont été broyées et exprimées est un bon aliment pour les

1. Voir les usages de l'huile que donnent ces plantes à l'article *huile*, dans l'industrie.

animaux et un puissant engrais pour les terres et les prairies.

Le chanvre est une plante annuelle, qui est originaire d'Asie : ses semences, connues sous le nom de *chènevis*, servent à nourrir la volaille et donnent de l'huile; les tiges produisent la filasse, qui est le principal objet de la culture du chanvre, et le bois, nommé *chènevotte*, sert à faire des allumettes. Le chanvre se sème au printemps dans une terre riche d'engrais et ameublie par de fréquents et profonds labours. Toutes les tiges ne se récoltent pas en même temps : les unes ne portent pas de graines et sont appelées chanvre mâle; elles jaunissent ou mûrissent les premières, et sont récoltées un mois ou six semaines avant les tiges qui portent de la graine : on reconnaît que celles-ci sont mûres lorsque les feuilles se fanent et s'inclinent, et que les graines ont pris une couleur brune.

Le lin est cultivé, comme le chanvre, et pour ses graines, qui donnent une huile estimée, et pour ses tiges, qui produisent une filasse d'une qualité supérieure à celle du chanvre. Cette plante se sème à deux époques différentes de l'année : à l'automne et au printemps. On reconnaît que le lin approche de sa maturité lorsque les tiges jaunissent et que les capsules qui renferment les graines commencent à s'entr'ouvrir [1].

1. Voir l'article *chanvre* et *lin*, dans l'industrie.

29.

Des plantes tinctoriales.

On désigne sous le nom de *plantes tinctoriales* certaines plantes qui renferment une substance colorante propre à teindre les étoffes. Les unes, comme l'indigotier, donnent une couleur bleue; les autres, comme la garance, une couleur rouge; d'autres enfin, telles que la gaude et la graine d'Avignon, une couleur jaune.

Les indigotiers sont des arbrisseaux qu'on cultive aux Antilles et dans d'autres contrées chaudes de l'Amérique. Ce sont les feuilles qui contiennent la matière colorante, si riche et si belle, connue sous le nom d'indigo : on les soumet à la fermentation dans des cuves pleines d'eau pour développer cette matière ou fécule, et, quand elle a acquis une certaine solidité, on la coupe en petits blocs carrés qu'on fait sécher. Il n'existe pas de substance qui fournisse à la teinture des couleurs aussi inaltérables que celles que peut donner l'indigo bien préparé : il s'applique également sur les étoffes de laine, de soie, de coton et de fil.

La garance[1] est une plante vivace qui n'atteint son développement complet qu'au bout de trois ans. Quoique le principe colorant se trouve dans toutes les parties de la plante, c'est seulement dans

1. Dans le commerce, la racine entière est connue sous le nom d'*alizari;* réduite en poudre, elle porte le nom spécial de garance.

ses racines qu'il s'accumule et qu'il acquiert les qualités nécessaires à l'art du teinturier. Aussi le cultivateur met-il ses soins à donner aux racines tout le développement qu'elles peuvent atteindre, en approfondissant par des labours et de riches engrais la couche végétale du sol. En France, c'est surtout près d'Avignon, dans le département de Vaucluse, que la culture de la garance a atteint le plus haut degré de perfection. Les racines, après avoir été récoltées, sont lavées à l'eau froide et pulvérisées; ensuite c'est par des procédés fort simples qu'on en extrait la matière colorante rouge, d'une solidité inaltérable, qui sert à teindre la laine, le coton et le lin[1].

La gaude est une espèce de réséda qu'on cultive en grand dans le midi de la France. C'est sans contredit la substance tinctoriale jaune qui offre le plus de ressources pour la teinture de la soie, de la laine et du coton. C'est principalement dans les feuilles supérieures de la plante et dans les enveloppes du fruit que réside le principe colorant. On désigne sous le nom de graines d'Avignon certains petits fruits verts que produisent des arbrisseaux appelés nerpruns : on en extrait une couleur jaune employée surtout dans les fabriques d'indiennes.

1. On donne le nom de *garancine* à une poudre qui provient de la carbonisation de la garance par l'acide sulfurique.

30.

Des plantes médicinales.

Il y a un nombre assez considérable de plantes dont les diverses parties, telles que les feuilles, les fleurs, les racines, l'écorce, les graines, fournissent des remèdes : on les appelle *plantes médicinales*. Voici celles dont l'usage est le plus ordinaire.

Les mauves, les guimauves, la pariétaire, employées comme émollients ; la bardane, la fumeterre, la patience, la gentiane, la petite centaurée, dont les tiges ou les racines sont amères, sont des plantes qui presque toutes croissent naturellement dans les terrains incultes. Les fleurs de violette et de bouillon blanc sont pectorales, et on en fait un fréquent usage, ainsi que de la bourrache. Avec la réglisse on prépare une tisane adoucissante, avec les fleurs du tilleul et les feuilles de l'oranger des infusions légèrement excitantes. La farine de graine de lin est un des émollients le plus souvent employés en médecine.

Les principales plantes qui fournissent des remèdes purgatifs sont la rhubarbe, le ricin et la manne. La rhubarbe est la racine d'une plante qui croît en Chine et en Russie. Le ricin est une huile qu'on extrait des graines d'un bel arbre de l'Inde et de l'Amérique, auquel ses feuilles larges et palmées ont fait donner le nom de *palma-christi*.

La manne est une substance qui découle d'elle-même ou par incision de certaines espèces de frênes, arbres de la Calabre et de la Sicile, dans l'Italie méridionale. Le quinquina est le fébrifuge[1] le plus puissant que l'on connaisse : ce remède précieux, l'une des plus importantes conquêtes de la médecine, est fourni par l'écorce d'un arbre du Pérou, contrée de l'Amérique méridionale.

La gomme est une substance qui suinte de quelques arbres et se durcit à l'air ; elle est transparente et se dissout dans l'eau, et elle est employée, comme adoucissant, en médecine. Les pruniers, les cerisiers, les pêchers et d'autres arbres de nos contrées produisent de la gomme commune; mais celle qui est appelée gomme arabique est la plus estimée : elle découle de plusieurs espèces d'acacias d'Égypte, du Sénégal, d'Arabie.

Enfin il y a des plantes qui sont vénéneuses par elles-mêmes, c'est-à-dire qui contiennent du poison, mais dont la science de la médecine sait extraire des remèdes. Telles sont la ciguë et la jusquiame; telle est aussi la belladone, dont les fruits semblables à des cerises sont un poison violent. On extrait de plusieurs espèces de pavots, et principalement du pavot d'Orient, un suc connu sous le nom d'*opium*, dont la médecine fait un fréquent usage.

1. On appelle ainsi un remède qui guérit la fièvre.

31.

De la culture des fleurs.

Dieu ne nous a pas donné seulement les arbres des forêts dont le bois est précieux pour les divers usages de la vie, les arbres fruitiers dont les branches se chargent pour nous de récoltes si abondantes, les plantes si nombreuses dont les graines ou les racines servent à nourrir les hommes et les animaux ; il nous a encore donné les fleurs qui charment nos regards par l'éclat de leurs couleurs et nous attirent par la suavité de leurs parfums. La culture des fleurs est un délassement qui convient à tous les âges, une étude qui donne des jouissances toujours nouvelles, toujours pures.

Objets de tous les soins des horticulteurs, qui cherchent à multiplier, à perfectionner les espèces, les fleurs font l'ornement des jardins, soit par la beauté de leurs formes, soit par la variété infinie de leurs nuances. L'art de l'horticulteur consiste à donner aux plantes le sol, le climat qui leur conviennent le mieux, à les placer dans les meilleures conditions de réussite, lorsqu'il les confie à la terre. Souvent les graines ne fructifient pas, souvent aussi elles n'ont pas la propriété de reproduire exactement le végétal sur lequel elles ont pris naissance ; l'horticulteur a d'autres moyens de multiplication. Toutes les parties vivantes d'un végétal, si petites qu'elles soient, contiennent la puissance nécessaire pour former un nouveau végétal complet : les racines, les tiges, les yeux ou jeunes rameaux, les feuilles entières ou divisées, peuvent être isolés de la plante mère et servir à sa reproduction. Ces divers procédés artificiels appliqués à la multiplication des fleurs sont connus sous les noms de bouture, de marcotte, de greffe.

On peut sans beaucoup de dépenses et de soins cultiver pour son agrément un assez grand nombre de fleurs, dont les unes sont vivaces, c'est-à-dire durent plusieurs années, et dont les autres sont annuelles, c'est-à-dire ne durent qu'un an. Parmi les plantes vivaces on peut citer : la pensée, aux belles couleurs veloutées ; la violette, dont l'odeur est si agréable ; la primevère, qui annonce le retour du printemps ; le muguet, aux fleurs blanches ; le lis et le dahlia, fleurs magnifiques qui font l'ornement des parterres. Parmi les plantes annuelles, on peut nommer la reine-marguerite, aux couleurs si variés ; la balsamine, la giroflée, le réséda si odorant. Les principaux arbustes qui peuvent être cultivés pour leurs fleurs sont le chèvre-feuille, le jasmin, les lilas, et surtout les rosiers, qui produisent une innombrable variété de roses aussi remarquables par l'éclat et la diversité de leurs nuances que par l'odeur qu'elles exhalent.

32.

Du mûrier. Du houblon. Du tabac.

Le mûrier est un arbre précieux, parce qu'il offre dans ses feuilles la seule nourriture qui puisse faire prospérer le ver à soie, qui est la chenille particulière à cet arbre. Il y a des mûriers à fruits blancs et des mûriers à fruits rouges; généralement on préfère les mûriers blancs pour l'éducation des vers à soie. Le mûrier peut être cultivé dans tous les climats : il résiste aux froids du Nord et aux chaleurs du Midi; il préfère les terres légères, profondes, qui laissent facilement passer l'eau. Le sol doit être ameubli avec beaucoup de soin. On plante quelquefois le mûrier à l'automne, mais c'est presque toujours à la fin de l'hiver que se fait cette opération; on les espace à sept, huit et dix mètres, suivant la qualité du sol. Il ne faut commencer à récolter la feuille que lorsque les mûriers sont bien formés : on commence par les arbres les plus jeunes et par ceux qui donnent habituellement du fruit. On arrache la feuille en passant la main sur les rameaux de bas en haut. Les feuilles récoltées sont emportées dans des sacs mouillés : on les conserve, étendues en couches peu épaisses, dans des lieux frais, tels que les caves ou les celliers.

Le houblon est une plante grimpante, dont les

fleurs viennent en une petite boule formée de feuilles écailleuses : sous ces feuilles est une substance aromatique et amère qui est employée dans la fabrication de la bière et qui donne à cette boisson une saveur particulière. Le houblon est cultivé en grand en Allemagne, en Angleterre et dans les plaines du nord de la France ; il exige une terre riche, profondément remuée et bien fumée. On le sème ou on le plante au printemps, et il ne commence à donner des produits que la seconde année ; on le récolte vers la fin de l'été.

Le tabac est une plante originaire d'Amérique, importée en France vers 1560. Les feuilles de cette plante, séchées et préparées de diverses manières, s'appellent aussi tabac, substance dont il se fait aujourd'hui une énorme consommation dans presque toutes les contrées du monde. Le tabac est une plante annuelle, qui a besoin d'une terre franche, substantielle et bien fumée pour produire de grandes et belles feuilles. On le sème sur couche dès le mois de mars, puis on repique les jeunes plants à un mètre environ de distance les uns des autres. Les feuilles sont récoltées lorsqu'elles commencent à jaunir, mais il ne faut pas attendre qu'elles soient fanées. La culture en grand du tabac ne peut se faire qu'avec l'autorisation du gouvernement, qui seul a le droit d'acheter les feuilles et de les préparer pour les divers usages auxquels elles sont destinées.

33.

Des champignons. Des truffes.

Les champignons sont des végétaux remarquables par la singularité de leur organisation et de leurs formes ; ils n'ont ni feuilles ni fleurs, et consistent en une substance charnue ou filamenteuse et coriace. Ils croissent dans les bois, dans les prairies, sur les pelouses des jardins, sans soins ni culture. Les principales espèces de champignons comestibles, c'est-à-dire bons à être mangés, sont les mousserons, l'oronge, le cèpe, la morille et la clavaire. Mais comme parmi les champignons il y en a beaucoup qui sont vénéneux, et qu'il n'est pas toujours facile de distinguer les espèces dont l'usage ne présente aucun danger, on n'emploie guère comme aliment que le champignon comestible connu sous le nom d'*agaric de couche* ; et c'est afin d'éviter de fatales méprises que les règlements de police ont fait sagement de défendre l'introduction d'aucune autre espèce sur les marchés publics.

On cultive les champignons de couche dans les environs des grandes villes, et voici comment on procède. On mêle ensemble de la terre et du fumier dont on fait une couche sur laquelle on met du terreau d'une vieille couche qui ait produit des champignons : on recouvre le tout de fumier qu'on arrose abondamment, et peu de temps après les champignons naissent et continuent à se succéder jusqu'aux froids. En hiver, on fait cette couche dans une cave, sous un hangar, et partout où la température se soutient à huit ou dix degrés. On obtient aussi les mêmes champignons en plaçant çà et là par pincées sur la couche une préparation sèche connue sous le nom de *blanc de champignons,* et qui n'est autre chose que des champignons naissants pris sur une autre couche.

Les truffes sont des espèces de champignons ; elles sont assez semblables à la pomme de terre pour la forme, mais elles n'ont ni racines ni tige. Elles se plaisent surtout dans les terrains légers, sablonneux, et dans les bois plantés de châtaigniers et de chênes. Blanches, peu odorantes, d'une consistance molle et presque sans saveur dans les premiers temps de leur développement, elles se colorent et deviennent noirâtres et fermes en s'avançant vers la maturité, qu'elles atteignent en novembre et en décembre : c'est alors aussi qu'elles exhalent ce parfum qui les fait rechercher comme comestibles. Les cochons sont très-avides de ces végétaux, et comme ils sont doués d'une grande finesse d'odorat, on les emploie généralement pour découvrir les truffes dans les lieux où elles se trouvent; on dresse aussi des chiens à cette sorte de chasse.

34.

Du cotonnier.

Le cotonnier est un arbuste originaire des contrées du Levant [1], des pays les plus chauds des Indes orientales; on l'a transporté en Afrique, en Amérique, et même on le cultive dans le sud de l'Europe. Les graines du cotonnier sont renfermées dans des capsules [2] et portent une aigrette d'un blanc éclatant, qui n'est autre chose que le coton; cette matière bourre la capsule, et est mêlée aux graines qu'elle surmonte. Les Antilles, la Guyane, le Brésil, les États-Unis d'Amérique, l'Égypte, fournissent presque tout le coton qui se consomme en Europe. Les États-Unis produisent seuls chaque année une quantité de coton qu'on évalue à deux cents millions de kilogrammes, et qui alimente principalement les manufactures de l'Angleterre et de la France.

Voici comment se fait la récolte du coton. Un peu avant la maturité, on cueille les capsules et on les étale pour les faire sécher; ensuite on sépare le duvet des graines, soit à la main, ce qui

1. Le Levant ou l'Orient se dit particulièrement des régions qui sont, à notre égard, du côté où le soleil paraît se lever; telles sont la Turquie, la Perse, l'Asie Mineure, la Syrie, etc.

2. C'est-à-dire des enveloppes sèches : le mot capsule vient d'un mot latin qui signifie petite boîte.

est un travail fort long, soit à l'aide d'un moulin formé de deux cylindres qui tournent en sens contraire et dont les surfaces, placées horizontalement l'une sur l'autre, sont assez rapprochées pour que la graine se détache et tombe. Le coton est emballé et livré au commerce.

De toutes les substances propres à faire des tissus, il n'en est aucune qui joue un rôle aussi considérable que le coton dans l'industrie et l'économie domestique, aucune qui serve à la fabrication d'étoffes plus variées et qui satisfasse d'une manière plus complète à des besoins aussi nombreux. Le basin, le piqué, la futaine, le drap et le velours de coton, certaines toiles, sont fabriqués avec le coton pur ou mélangé. Les calicots, les percales, les mousselines, sont des tissus en coton qui ne diffèrent que par la finesse de leurs fils et quelques procédés de fabrication. Les bas, les bonnets et tant d'autres articles de bonneterie sont faits en coton, ainsi que les mèches de lampes et de chandelles. On est parvenu, par des procédés mécaniques [1], à travailler cette substance de mille manières, avec une si grande économie, que les étoffes de coton sont à la portée de tout le monde. Ces étoffes ont encore l'avantage d'être appropriées à toutes les saisons.

1. Voir ces procédés à l'article *coton*, dans l'industrie.

35.

Des épices.

Les arbres à épices, tels que le poivrier, le giroflier, le muscadier et d'autres encore, sont originaires des Indes orientales : on désigne sous ce nom les îles de la Malaisie, qui est une des quatre parties de l'Océanie. C'est surtout aux îles Moluques, appelées autrefois *îles aux Épices*, que croissent naturellement et que prospèrent les arbres précieux dont les produits sont recherchés du monde entier. Les Portugais, et après eux les Hollandais, maîtres de ces contrées, conservèrent seuls pendant longtemps le commerce des épices. Vers 1770, un Français nommé Poivre, intendant des îles de France et de Bourbon, parvint à se procurer un certain nombre de plants de poivriers, de muscadiers et de girofliers : ces plants, cultivés dans les colonies françaises, y prospérèrent à merveille. Depuis, les arbres à épices ont été transportés à Cayenne, à la Martinique et dans quelques autres îles des Antilles.

Les produits aromatiques des arbres à épices sont employés pour assaisonner les mets ou pour relever le goût de certaines liqueurs. Les principales épices sont le poivre, le girofle, la cannelle, la muscade, la vanille.

Le poivre est le fruit d'un arbrisseau dont les

fleurs naissent en grappes. A ces fleurs succèdent des grains ronds, réunis dix à vingt, et même jusqu'à trente : ces petits fruits, verts avant leur maturité, rougissent en mûrissant; desséchés, ils se rident et deviennent noirs.

Le giroflier ou gérofller est un grand arbrisseau dont les fleurs roses sont disposées en bouquets : on cueille ces fleurs lorsqu'elles ne sont encore qu'en boutons, et avec leurs queues : cette queue est ce qu'on appelle le *clou de girofle.*

La cannelle est l'écorce des petits rameaux du cannellier, espèce de laurier qui croît particulièrement à l'île de Ceylan et en Chine. La cannelle est employée en médecine et dans l'économie domestique.

Le muscadier, arbre assez semblable à l'oranger, porte des fruits ronds et charnus composés de trois parties distinctes qui sont : l'enveloppe extérieure ou le brou, une seconde enveloppe appelée *macis*, et enfin la noix, qui renferme une amande ou la muscade.

Le vanillier est un arbuste qui croît dans les contrées chaudes de l'Amérique, et principalement au Mexique. Le fruit est une gousse longue de quinze à vingt centimètres, grosse comme une plume d'oie, rétrécie aux deux extrémités. Ce fruit est la vanille, substance recherchée à cause de son parfum suave.

36.

Du thé.

Le thé est la feuille d'un arbrisseau originaire de la Chine et du Japon [1]. Il prospère surtout dans les pays montueux, sur le penchant des collines, et celui qui est cultivé dans les terrains élevés est bien supérieur à celui qu'on recueille dans les plaines. Chaque année, la première récolte des feuilles de thé se fait au commencement du mois de mai; on en fait une seconde vers le milieu de juin, et une troisième à la fin de l'été : celle-ci donne un thé bien inférieur en qualité aux deux premières.

Dès que les feuilles ont été récoltées et triées, on les plonge un moment dans l'eau bouillante, on les égoutte et on les jette sur de grandes plaques de fer chauffées par-dessous. Pour les sécher, on les remue constamment sur la plaque chaude; puis on les étend sur des tables recouvertes de nattes, on les roule avec la paume de la main, et on les refroidit vivement, en agitant l'air avec de grands éventails. Cette opération doit être continuée jusqu'à ce que les feuilles soient complétement refroidies sous la main de celui qui les roule; car c'est par un prompt refroidissement qu'elles se conservent roulées plus

1. Grandes contrées de l'Asie.

longtemps, et qu'on leur enlève leur humidité et le suc âcre qu'elles contiennent. On laisse sécher le thé ainsi préparé, et ce n'est que lorsqu'il est parfaitement sec qu'on l'enferme dans des boîtes pour être livré au commerce. On aromatise d'ailleurs les thés avec diverses plantes odoriférantes, telles que les fleurs de rosier, d'olivier, d'oranger, etc.

Il n'y a réellement que deux espèces de thés, le thé vert et le thé noir, qu'on mêle souvent ensemble, parce que le premier, qui est plus aromatique, aurait seul trop d'âcreté. Du reste, ces deux espèces sont produites par le même arbrisseau ; la manière de les dessécher fait seule la différence. Ainsi les feuilles destinées à donner du thé noir sont d'abord exposées à l'humidité et soumises à une espèce de fermentation qui change leur couleur verte en brun noirâtre ; elles sont ensuite séchées sur des plaques de fer, tandis que les feuilles réservées pour le thé vert sont immédiatement séchées sur des plaques de cuivre, après qu'elles ont été cueillies.

Le thé fut introduit en Europe au commencement du dix-septième siècle par la compagnie des Indes hollandaises. Il s'en fait aujourd'hui une énorme consommation dans tous les pays. On le prend en infusion, soit seul, soit mélangé avec du lait.

37.

Le café.

L'arbre qui produit le *café* s'appelle *caféier*; il est originaire d'Éthiopie[1] et d'Arabie[2]. Ses fleurs, assez semblables à celles du jasmin de nos contrées, répandent une odeur suave. Aux fleurs succèdent de petits fruits qui sont d'abord rouges comme des cerises et qui deviennent noirâtres à mesure qu'ils arrivent à leur maturité. Chaque fruit renferme deux noyaux accolés par une de leurs faces; ces noyaux ou graines sont le café, dont on fait un si fréquent usage dans tous les pays du monde. Le café le plus estimé est celui de Moka, récolté dans l'Yémen, province de l'Arabie. Vers la fin du XVIIe siècle, les Hollandais transportèrent de Moka quelques plants de caféier d'abord à Batavia, puis à Amsterdam. Un peu plus tard, un pied de caféier élevé dans les serres du jardin des Plantes, à Paris, fut porté aux Antilles par le capitaine Declieux avec des soins et des peines infinies. L'eau étant venue presque à manquer à l'équipage du vaisseau sur lequel était embarqué le capitaine, celui-ci aima mieux supporter la soif et réserver, pour arroser son précieux arbuste, la petite ration

1. Contrée de l'Afrique. — 2. Contrée de l'Asie.

d'eau destinée à sa boisson. C'est de ce pied si miraculeusement conservé que sont venus tous les caféiers qui sont aujourd'hui cultivés à la Martinique, à la Guadeloupe et dans les autres Antilles. Le caféier prospère également à l'île de la Réunion (île Bourbon), à l'île Maurice (île de France), à Saint-Domingue, à la Guyane et dans d'autres contrées de l'Amérique.

Le café est l'objet d'un immense commerce. Lorsque ce fruit est arrivé à maturité, on le débarrasse de sa pulpe ou de son enveloppe, en le faisant sécher au soleil; puis les graines sont vannées et mises dans des sacs pour être livrées à la consommation. Il n'est personne qui ne sache quelle préparation on fait subir aux graines du café quand on veut en faire une boisson. D'abord on les torréfie, c'est-à-dire on les soumet à l'action du feu dans un vase de tôle, et leur couleur, qui passe du gris verdâtre au brun foncé, indique le degré de cuisson qu'il faut leur donner. Ensuite on les réduit en poudre en les broyant dans un moulin destiné à cet usage, et on fait infuser cette poudre dans l'eau bouillante.

Le café est une boisson agréable et qui peut être salutaire, quand elle est prise avec modération. On mêle souvent le lait au café, et cet aliment constitue le déjeuner d'un grand nombre de personnes.

38.

Le chocolat.

Le *chocolat* est un aliment qui se prépare avec des amandes de *cacao*, nom sous lequel on désigne dans le commerce la graine du cacaoyer. Les cacaoyers sont des arbres de moyenne grandeur, originaires de l'Amérique, et qui sont particulièrement cultivés au Mexique, à Caracas, à la Guyane et aux Antilles. Les fruits, d'une forme presque semblable à celle d'un concombre, longs de quinze à vingt centimètres, pointus à leur sommet, deviennent d'un rouge foncé et se couvrent de points jaunes lorsqu'ils sont mûrs. Chacun de ces fruits renferme de vingt-cinq à quarante graines ou amandes : c'est à ces graines qu'on donne le nom de cacao. Elles sont à peu près de la grosseur d'une olive, charnues, d'un violet obscur, et enveloppées d'une écorce ou pellicule qui est un peu aromatique et qui, infusée dans du lait, donne une boisson assez agréable.

Le cacaoyer porte des fleurs et des fruits en tout temps; mais c'est surtout aux mois de juin et de décembre qu'on fait la récolte. On attend, pour recueillir le cacao, que les fruits parfaitement mûrs résonnent un peu, lorsqu'on les agite, par le choc intérieur des semences. Alors on les amoncelle en tas assez considérables, et on les laisse ainsi pendant trois ou quatre jours. Au bout de ce temps on brise le fruit pour en retirer les amandes, qu'on fait sécher convenablement pour leur faire perdre leur humidité et une partie de leur amertume. On distingue dans le commerce plusieurs variétés de cacao et on leur donne le nom de la contrée d'où elles viennent : ainsi on a le cacao caraque, le cacao surinam, le cacao des îles, etc. Le caraque est le plus estimé de tous : il est plus onctueux que les autres et n'a pas d'âcreté.

Pour fabriquer le chocolat, on commence par torréfier les amandes de cacao, qui sont ensuite finement broyées et intimement mélangées avec du sucre ; on achève ce mélange et cette pulvérisation au moyen d'un rouleau de fer sur une dalle échauffée en dessous par de la braise allumée. Il se forme ainsi une pâte onctueuse qu'on aromatise souvent avec de la vanille, et qu'on met dans des moules de fer-blanc où elle prend une consistance solide à mesure qu'elle se refroidit.

Après la découverte de l'Amérique, le cacao fut importé en Europe par les Espagnols et les Portugais en 1524 ; mais ce fut seulement vers la fin du dix-septième siècle que l'on commença à faire usage du chocolat. Il est souvent associé au lait, comme le café.

39.

Des animaux domestiques.

On désigne sous le nom de *bétail* tous les animaux d'une ferme, tous les animaux domestiques, excepté les chiens de garde et les oiseaux de basse-cour. Il y a le gros bétail, qui comprend le cheval et la jument, qu'on appelle aussi bêtes chevalines; le bœuf, le taureau, la vache, qu'on appelle aussi bêtes à cornes, bêtes rouges ou espèce bovine; l'âne et l'ânesse font également partie du gros bétail. Le petit ou menu bétail comprend le bélier, le mouton, la brebis, qu'on appelle aussi bêtes à laine ou bêtes ovines; la chèvre et le bouc; le porc ou cochon domestique et la truie font également partie du menu bétail.

Le bœuf, la vache, la brebis, la chèvre, sont des animaux ruminants; ils sont conformés de telle sorte par la nature qu'après avoir avalé rapidement les herbes dont ils se nourrissent, ils les font remonter peu à peu dans leur bouche pour les mâcher de nouveau : c'est toujours couchés et à l'état de repos qu'ils accomplissent cet acte, appelé *rumination*. Les animaux ruminants ont quatre estomacs, ou plutôt un estomac divisé en quatre parties : la première, formant une vaste poche, se nomme la panse; la seconde est le bonnet; le feuillet, qui vient ensuite, est intérieurement tapissé de membranes semblables aux feuillets d'un portefeuille, d'où lui est venu son nom. La quatrième poche se nomme la caillette, parce qu'elle est douée d'une propriété acide qui caille le lait. C'est dans les deux premiers estomacs que les herbes, imparfaitement mâchées, entrent d'abord; elles ne passent dans les deux autres qu'après qu'elles ont été broyées de nouveau.

Les animaux domestiques paraissent faits pour l'homme. Le chien lui donne une image agréable de société, de fidélité et de tendresse, et garde tout ce qu'on lui confie. Le cheval et les autres animaux semblables se trouvent sous la main de l'homme pour le soulager dans son travail, pour obéir à tous ses mouvements, pour porter des fardeaux. Les bœufs ont la force et la patience en partage, pour traîner la charrue et pour labourer. Les vaches donnent du lait en abondance. Les moutons ont, dans leur toison, un superflu qui se renouvelle pour inviter l'homme à les tondre toutes les années. Les chèvres mêmes fournissent un crin long qui leur est inutile, et dont l'homme fait des étoffes pour se couvrir. Ainsi Dieu a vêtu les animaux selon leurs besoins, et leurs dépouilles servent encore aux hommes pour les divers usages de la vie.

40.

Le bœuf, la vache.

Le *bœuf* et la *vache*, qui nourrissent l'homme, l'un de sa chair excellente, l'autre de son lait, doivent être placés au premier rang des animaux domestiques les meilleurs, les plus utiles et les plus précieux. Sans le bœuf, la terre demeurerait inculte; c'est sur lui que roulent en grande partie tous les travaux de la campagne; il est le domestique le plus utile de la ferme, le soutien du ménage champêtre; il fait toute la force de l'agriculture. Le bœuf ne convient pas autant que le cheval et l'âne pour porter des fardeaux : la forme de son dos et de ses reins le démontre; mais la grosseur de son cou et la largeur de ses épaules indiquent assez qu'il est propre à tirer et à porter le joug. Il semble avoir été fait pour la charrue; la masse de son corps, la lenteur de ses mouvements, sa tranquillité et sa patience dans le travail, tout semble concourir à le rendre propre à la culture des champs, et plus capable qu'aucun autre de vaincre la résistance constante et toujours nouvelle que la terre oppose à ses efforts.

Un bon bœuf pour la charrue ne doit être ni trop gras ni trop maigre : il doit avoir la tête courte et ramassée, les cornes fortes et luisantes, le front large, les naseaux bien ouverts, le fanon, c'est-à-dire la peau du devant, pendant jusque sur les genoux, les jambes et les cuisses grosses et nerveuses. Il faut aussi qu'il soit sensible à l'aiguillon, obéissant à la voix et bien dressé. Mais ce n'est que peu à peu, et en s'y prenant de bonne heure, qu'on peut accoutumer le bœuf à porter le joug et à se laisser conduire aisément. La patience, la douceur, et même les caresses, sont les seuls moyens qu'il faut employer ; la force et les mauvais traitements ne serviraient qu'à le rebuter pour toujours.

Le produit de la vache est un bien qui croît et qui se renouvelle à chaque instant : son lait est aussi bon qu'abondant ; le beurre qu'on fait avec ce lait est l'assaisonnement de la plupart de nos mets ; le fromage est une ressource précieuse pour les habitants de la campagne. Une bonne vache donne en moyenne huit ou dix litres de lait par jour. La chair du veau, qui est le petit de la vache, est une nourriture saine et délicate. On peut aussi faire servir la vache à la charrue ; et, quoiqu'elle ne soit pas aussi forte que le bœuf, elle ne laisse pas de le remplacer souvent et de rendre d'utiles services.

La peau du bœuf et de la vache sert à faire des cuirs ; leur poil, de la bourre : les cornes et les sabots se travaillent et servent à confectionner une foule d'objets, tels que des manches de couteaux et de canifs, des peignes, des boutons, etc. ; on en fait aussi de la colle forte.

41.

Le cheval.

Le *cheval* est une des conquêtes les plus précieuses que l'homme ait pu faire, en le rendant docile et soumis à ses volontés. Lorsque ce noble animal a été exercé, dressé dès le jeune âge, lorsque l'art a développé ses talents, perfectionné ses qualités naturelles, que de services ne rend-il pas à la guerre, à la chasse? Il n'est pas moins utile pour les travaux de la campagne. Il porte de lourds fardeaux; attelé, il traîne les voitures, tantôt chargées de fumier pour les champs, tantôt remplies de récoltes qu'on rentre à la ferme. Si le cheval est généralement moins propre que le bœuf aux travaux de grande culture, surtout lorsque ces travaux exécutés dans des terres argileuses et compactes exigent une force soutenue et des efforts patients, il est peut-être préférable au bœuf pour les labours des sols légers et sablonneux et dans tous les travaux qui demandent plus de vitesse et de promptitude dans l'exécution.

Le cheval est sujet à de graves accidents et à de nombreuses maladies, et demande des soins assidus; c'est aussi par de bons traitements qu'on le rendra plus propre aux services qu'on exige de lui. Autant un travail modéré dans le jeune âge est fait pour augmenter et soutenir ses forces, autant un travail excessif et prématuré est capable de l'affaiblir pour toujours. Arrivé à l'écurie après le travail, le cheval doit trouver une épaisse litière. Il est utile de le bouchonner pour essuyer la sueur qui couvre sa peau et enlever la boue qui est attachée à ses membres. Les aliments ordinaires du cheval sont la paille, le foin des prairies naturelles et artificielles et l'avoine. Les plantes légumineuses, en paille ou en grain, les racines fourragères, telles que les navets, les carottes, les betteraves, doivent être données avec ménagement. La ration des aliments varie selon l'âge, la taille du cheval et le travail auquel il est soumis ; mais il recevra toujours une ration d'autant plus forte qu'il travaillera davantage : c'est le seul moyen de réparer ses forces et de le maintenir en bonne santé.

L'eau de pluie ou l'eau courante est la meilleure boisson pour les animaux. Les eaux légères de fontaine et de puits sont bonnes, mais celles qui sont crues et très-froides sont mauvaises. Les eaux noirâtres et verdâtres des mares, desséchées en grande partie pendant l'été, sont toujours nuisibles à la santé des animaux. Les chevaux sont généralement abreuvés deux fois par jour en hiver et trois fois en été. Les logements des animaux doivent être convenablement aérés : il faut de plus que, dans les écuries, l'espace affecté à chaque animal soit suffisant pour que tous puissent se coucher à la fois et étendre librement leurs membres.

12.

L'âne, le lait d'ânesse.

Parmi les animaux domestiques, l'*âne* est un de ceux qui rendent le plus de services aux habitants de la campagne et qui coûtent le moins à nourrir. Dans certaines parties de la France, la charrue est encore tirée par des ânes, soit seuls, soit attelés avec des vaches ou de petits chevaux, et il est merveilleux de voir des animaux en apparence si faibles exécuter de si pénibles travaux. Mais l'usage auquel on les emploie le plus communément est à porter des fardeaux, et souvent à travers les pays de montagnes, dans des chemins étroits, pierreux, escarpés.

Aucun animal ne produit plus et ne consomme moins que l'âne; nul, du moins, ne donne plus comparativement à ce qu'il a coûté. Il mange une foule d'herbes inutiles et même nuisibles, les chardons, la bardane[1], l'arrête-bœuf[2] et d'autres plantes de cette nature. Des feuilles vertes ou sèches, du mauvais foin, de la paille, du chaume, des brins de sarment, lui suffisent au besoin. Il n'est ni moins sobre ni plus difficile sur son breuvage, et il peut passer plusieurs jours sans boire.

1. Plante à folioles crochues, qui croît le long des chemins.

2. Plante dont les racines font souvent obstacle à la charrue.

Sa frugalité, sa patience, son excellente constitution, le rendent peu sujet aux maladies alors qu'il a acquis toute sa croissance.

On reproche à l'âne d'être entêté, indocile, et il est devenu un objet de mépris. Mais ces défauts de caractère ne sont-ils pas une conséquence de l'abandon auquel il est trop souvent condamné et des mauvais traitements qu'on lui fait subir? L'expérience prouve qu'avec des procédés plus doux, de la patience, des ménagements, une meilleure nourriture et des soins aussi bien entendus que ceux qui sont accordés aux chevaux, les ânes perdraient cette roideur de caractère et cet entêtement opiniâtre qui accompagnent toute éducation négligée.

De la dépouille de l'âne, après sa mort, il n'y a guère que la peau qui soit utilisée pour confectionner des cribles, des peaux de tambour, du gros parchemin, et des tablettes pour écrire au crayon. En Orient, on en prépare le sagri, qui est connu sous le nom de *peau de chagrin*, et dont les gaîniers[1] font un grand usage.

La médecine a conservé l'emploi du lait d'ânesse, que les médecins grecs de l'antiquité prescrivaient si souvent. Ce lait est léger, facile à digérer, et constitue un remède efficace principalement dans les affections de poitrine.

1. Ouvriers qui font des gaînes, des étuis, surtout pour les instruments tranchants.

43.

Le mouton, la brebis.

Le *mouton* et la *brebis* sont de tous les animaux domestiques les plus faibles et les plus timides; ce sont ceux qui ont le moins de ressource et d'instinct. Ils sont conduits au pâturage par un berger et surveillés par un chien commis à leur garde pour les défendre, les diriger, les séparer, les rassembler et leur communiquer les mouvements qui leur manquent. On peut mettre un troupeau de cent brebis ou moutons sous la conduite d'un seul berger : s'il est vigilant et aidé d'un bon chien, il en perdra peu. Il doit les précéder lorsqu'il les conduit aux champs, et les accoutumer à entendre sa voix, à le suivre sans s'arrêter et sans s'écarter dans les blés, dans les vignes, dans les bois et dans les terres cultivées, où ils ne manqueraient pas de causer du dégât. Les coteaux et les plaines élevées au-dessus des collines sont les lieux qui leur conviennent le mieux : on évite de les mener paître dans les endroits bas, humides et marécageux.

Le mouton et la brebis, si faibles, si chétifs en eux-mêmes, sont cependant pour l'homme aussi utiles que précieux. Seuls, ils peuvent suffire aux besoins de première nécessité; ils fournissent tout à la fois de quoi se nourrir et se vêtir, sans compter les avantages particuliers que l'on sait tirer du suif, du lait, de la peau de ces animaux, auxquels il semble que la nature n'ait, pour ainsi dire, rien accordé en propre, rien donné, que pour le rendre à l'homme. En effet, la chair du mouton est excellente, et remplace avantageusement celle du bœuf dans les contrées où l'insuffisance des prairies ne permet pas d'élever beaucoup de gros bétail. La brebis donne un bon lait, qui, comme celui de vache, peut se consommer en nature ou servir à faire du beurre et principalement du fromage. Les agneaux, qui sont les petits des brebis, sont élevés pour repeupler le troupeau, ou livrés à la boucherie lorsqu'ils ont atteint l'âge de trois à quatre mois.

Nous avons déjà dit, en parlant des engrais, les avantages que trouve l'agriculture dans le parcage des moutons et des brebis pour fumer les terres. Les bêtes à laine donnent encore d'autres produits d'une utilité générale. La peau des moutons peut être préparée pour en faire une espèce de cuir; leur graisse est le suif, qui sert à faire les chandelles; enfin leur poil est la laine, dont se composent la plupart de nos vêtements. C'est tous les ans, et ordinairement au mois de mai, que les moutons et les brebis sont tondus, après avoir été bien lavés, afin que la laine soit aussi nette qu'elle peut l'être.

44.

La chèvre. Le cochon domestique.

La *chèvre* est un animal vif et capricieux : ce n'est qu'avec peine qu'on la conduit et qu'on peut la réduire en troupeau ; elle aime à s'écarter dans les solitudes, à grimper sur les lieux escarpés. Cependant elle est nourrie à l'état de domesticité, à cause des ressources qu'elle procure à l'homme. La chèvre fournit du lait comme la brebis, et même en plus grande abondance ; ce lait se consomme en nature, ou bien il est converti en fromage. Son poil, quoique plus rude que la laine, sert à faire de très-bonnes étoffes ; sa peau vaut mieux que celle du mouton ; ses cornes peuvent être travaillées comme celles du bœuf. La chèvre ne demande pas autant de soins que la plupart des autres animaux domestiques : elle est robuste, aisée à nourrir ; presque toutes les herbes lui sont bonnes, et il y en a fort peu qui l'incommodent.

Le *porc* ou *cochon domestique* est un des animaux les plus utiles à notre nourriture : aucune partie n'en est rejetée. Son sang, mêlé de graisse et enfermé dans une portion de boyau, compose le boudin ; sa peau peut être tannée ; ses cuisses et ses épaules sont appelés jambons ; la chair de dessus les côtes est salée sous le nom de *lard* ; ses poils même, appelés soies, servent à guider l'alène et l'aiguille de l'ouvrier qui coud le cuir.

Tant que la saison le permet, on peut envoyer les porcs chercher leur nourriture dans les bois, les marais, les terrains vagues et incultes. Ils y vivent de glands, de faînes, d'herbages et de racines ; ils donnent une chasse active aux sauterelles, aux hannetons, aux lézards, aux serpents, et ils mangent avec délices les escargots, les rats, les taupes, les mulots. Rentrés à la porcherie dans la mauvaise saison, les cochons sont nourris de racines, de pommes de terre, de carottes, de navets : les racines doivent être cuites ou trempées. Ils s'accommodent volontiers des aliments fermentés et aigris. Les résidus du ménage, les eaux grasses, les débris de légumes, les mauvais fruits du verger, tout leur est bon ; mais quels que soient les aliments qu'on leur donne, ils doivent toujours être ramollis ou mélangés d'une assez grande quantité de liquide. On n'attend pas que le cochon soit âgé pour l'engraisser : plus il vieillit, plus cela est difficile, et moins sa chair est bonne. L'âge pour l'engraissement varie de six mois à deux ans. La femelle du porc s'appelle truie. Le porc sauvage est nommé sanglier ; sa femelle est la laie, et ses petits sont des marcassins.

Aux animaux domestiques dont il vient d'être question on peut encore ajouter les lapins, qui donnent des produits assez importants : la peau et les poils du lapin servent à divers usages dans l'industrie.

45.

Soins à donner aux animaux domestiques.

Les animaux domestiques, que Dieu a donnés à l'homme comme d'utiles serviteurs, sont les auxiliaires indispensables de l'agriculture. Sans eux on ne pourrait pas entreprendre les grands travaux des champs; sans eux on manquerait des principaux engrais qui fertilisent la terre. C'est par l'accroissement des bestiaux que la culture des plantes les plus utiles s'est étendue, s'est perfectionnée : ils méritent donc toute l'attention du cultivateur et ses soins les plus assidus.

Les soins qui ont été indiqués pour le cheval peuvent s'appliquer à la plupart des autres animaux domestiques. Avant tout, il faut aux animaux, comme aux hommes, un air pur et une bonne nourriture. Les écuries, les étables, les bergeries, qui sont l'habitation des chevaux, des bœufs et des vaches, des moutons et des brebis, doivent être assez spacieuses pour que chaque animal puisse se mouvoir librement à la place qui lui est réservée. Lorsque les bestiaux sont entassés dans des logements étroits, bas, humides, l'air ne circule pas, se renouvelle difficilement et finit par se corrompre, et cet air vicié est très-préjudiciable à la santé des animaux qui le respirent. La propreté n'est pas moins utile : il faut aussi avoir le soin de ne pas laisser les fumiers s'amonceler dans les étables, parce que les mauvaises émanations qui s'en dégagent sont souvent la cause des maladies dont les bestiaux sont attaqués.

La nourriture qu'on donne aux animaux doit être toujours de bonne qualité et proportionnée à leurs besoins : plus ils travaillent, plus ils ont besoin d'aliments qui réparent leurs forces. L'orge et l'avoine conviennent aux chevaux et aux bêtes à cornes, mais surtout aux premiers. Les meilleurs fourrages sont : le foin des prairies naturelles, pour toutes les bêtes; la luzerne, pour les chevaux ; le trèfle, pour les bœufs et les vaches; le sainfoin pour les moutons. Les racines fourragères, telles que les carottes, les betteraves, les pommes de terre, données dans une certaine mesure, sont des aliments excellents pour tous les animaux domestiques.

Le cultivateur qui entend bien ses intérêts doit traiter ses animaux avec douceur, s'il veut en obtenir de bons services : les mauvais traitements les irritent, les rendent indociles et même dangereux. Frapper les animaux sans nécessité, brutalement, est une cruauté qui est également réprouvée par la religion et punie par les lois. Avec de la patience, de la douceur et des soins intelligents, il est bien rare que les animaux domestiques ne soient pas dociles et soumis a toutes les volontés de l'homme.

46.

Les oiseaux de basse-cour. Le coq, les poules.

On appelle *oiseaux de basse-cour* ceux qu'on élève, qu'on nourrit comme des animaux domestiques pour en retirer le profit qu'ils peuvent donner. Parmi ces oiseaux, il faut remarquer principalement le coq et la poule, le dindon et la dinde, l'oie, le canard et le pigeon.

Le *coq*, remarquable par la beauté de son plumage, et la poule, dont les petits sont appelés poussins et poulets, vivent ordinairement en liberté dans la basse-cour, grattant la terre et le fumier pour y chercher leur nourriture. Indépendamment de ce qu'ils peuvent trouver de graines, de verdure, d'insectes, de vers, on leur distribue matin et soir une provende : c'est ordinairement du son bouilli, de l'orge moulue ou à demi cuite, une ration de grains plus ou moins considérable. L'habitation qu'on leur prépare s'appelle poulailler : elle est garnie de bâtons ou juchoirs, sur lesquels ils se perchent pour dormir, et de nids, dans lesquels les poules pondent leurs œufs. Un poulailler doit être tenu très-proprement, à l'abri de l'humidité et de l'attaque de certains animaux carnassiers, tels que les renards, les putois et les fouines.

Les *poules* pondent à peu près toute l'année,

excepté en octobre et en novembre, époque de la mue[1], et moins en hiver. On obtient plus de produits en nourrissant bien les poules avec du sarrasin et du chènevis, et il faut beaucoup de soins pour obtenir qu'elles pondent avec régularité. On estime qu'une poule peut donner en moyenne 80 ou 90 œufs par an. Lorsqu'elle veut couver, elle cesse de pondre et glousse d'une manière particulière. Une poule peut couver de douze à quinze œufs; elle reste constamment couchée sur ses œufs, et ne se dérange que pour prendre la nourriture qui lui est absolument nécessaire. L'incubation dure vingt et un jours; les œufs qui sont placés au centre, recevant plus de chaleur, devraient éclore les premiers, mais la poule a l'instinct de les changer fréquemment de place. On donne aux poussins qui viennent de naître une pâtée composée de mie de pain ou de farine et d'œufs durs hachés, et surtout du millet : du reste, ils mangent bientôt seuls sous la conduite de leur mère. De tous les oiseaux domestiques, les poules sont ceux qui donnent la meilleure chair et les œufs les plus recherchés. On estime qu'une ferme de 100 hectares, en bonne terre, peut entretenir 300 poules, avec lesquelles on obtiendra 24,000 œufs et plus de 240 bêtes grasses.

1. On appelle ainsi le changement de plumage dans les oiseaux.

47.

Le dindon, l'oie, le canard, le pigeon.

Le *dindon* et la *dinde* sont les plus gros de tous les oiseaux domestiques. Leur chair est très-délicate. Originaires de l'Amérique, ils sont connus aussi sous le nom de coq et de poule d'Inde[1]. Dans les campagnes, ces oiseaux sont conduits par troupes nombreuses sur les chaumes, dans les vergers, où ils cherchent leur nourriture; il est quelquefois avantageux de leur distribuer une provende comme aux poules. La pomme de terre cuite, le gland, la châtaigne, la noix et quelques farines de peu de valeur sont pour eux des aliments exquis, et servent à leur engraissement.

L'éducation des jeunes dindons est plus difficile, mais plus profitable que celle d'aucun autre oiseau domestique. Le plus ordinairement la dinde ne pond qu'à deux époques, au printemps et à l'automne. La ponte du printemps est la plus importante; elle est de 20 à 25 œufs. La dinde se cache avec plus de soins que la poule pour pondre, de sorte que souvent ses œufs sont perdus. Les dindes sont les meilleures couveuses des basses-cours. Il y en a à qui l'on doit apporter de la nourriture, et surtout de l'eau, tant elles persistent à

1. L'Amérique a été longtemps appelée Indes occidentales.

ne pas quitter les œufs. On les emploie aussi pour couver les œufs de poule. Les dindonneaux, faibles et délicats dans le premier âge, deviennent, avec le temps, robustes et capables de supporter les intempéries des saisons : ils aiment à se percher en plein air et passent ainsi les nuits les plus froides de l'hiver.

L'*oie* et le *canard* sont des oiseaux nageurs qui se plaisent près des mares et des ruisseaux, même quand l'eau en est bourbeuse; ils y cherchent les vers et les insectes, dont ils sont très-friands. Les oies menées en pâturage dans les prairies y détruisent les bonnes herbes; on leur livre les terrains vagues et incultes. On les engraisse avec des farineux détrempés dans du lait et qu'on leur donne à discrétion. Outre leur chair, qui est très-bonne, elles fournissent une graisse abondante et de bon goût et des plumes très-estimées.

Les *pigeons* se nourrissent de toutes sortes de grains, mais surtout de grains d'orge, de seigle, d'avoine et de vesce. Ils s'apprivoisent facilement et s'écartent peu du colombier, qui est l'habitation que leur prépare la main de l'homme. La femelle fait deux pontes par an, au printemps et à l'été, et elle ne pond que deux œufs chaque fois. Le mâle et la femelle s'occupent tour à tour du soin de couver les œufs et de donner la nourriture aux petits. Les pigeonneaux sont bons à être mangés à un mois ou six semaines.

48.

Les abeilles, la cire, le miel.

Outre les animaux domestiques et les oiseaux de basse-cour dont il vient d'être parlé, on élève des abeilles et des vers à soie pour les produits très-utiles et très-importants qu'on en retire.

Les *abeilles* sont des mouches qui vivent en société et qui fabriquent la cire et le miel. Comme tous les insectes, les abeilles, ou mouches à miel, passent par quatre états : d'abord, un œuf donne naissance à un petit ver, qui grossit peu à peu et devient une nymphe, état d'engourdissement passager; bientôt après l'abeille accomplit sa dernière métamorphose, prend des ailes et devient insecte parfait. C'est alors qu'elle parcourt les campagnes et tire des fleurs, avec une trompe, les sucs qui lui servent à donner la nourriture aux autres vers et à fournir la provision de cire et de miel nécessaire à la société.

L'habitation des abeilles s'appelle une ruche : celles qu'on fabrique sont de formes très-variées; le plus souvent c'est un panier d'osier, dont le tissu est très-serré et la forme conique. On en pose la base ouverte sur une tablette en planche ou en pierre, exhaussée par des pieds au-dessus du sol, et on ferme tout autour les issues en y maçonnant de la terre et en ne laissant qu'une petite entrée. Les abeilles savent très-bien boucher tous les trous de leur demeure, excepté cette porte qui reste constamment ouverte. On expose les ruches dans un lieu abrité des vents et voisin des fleurs, des prairies, des fruits, qui fournissent la nourriture à ces petits animaux.

La *cire* est le produit de la nutrition des abeilles, qui n'ont pas d'autre excrétion, leurs aliments se convertissant en cire : elle se forme en rubans autour des anneaux de leur ventre; l'insecte la travaille avec ses pattes, la mâche et lui donne ensuite la forme de gâteaux , assemblage de petits tuyaux construits et disposés avec une admirable symétrie. Chacun de ces tuyaux forme ce qu'on appelle une *cellule* ou *alvéole*. C'est dans les cellules de la partie supérieure de la ruche que les abeilles déposent le miel qu'elles tirent du suc des fleurs et préparent dans leur estomac.

Après avoir détaché les gâteaux de la ruche, on les fait égoutter sur un vase; le *miel vierge* est celui qui découle ainsi : c'est le plus estimé; on brise ensuite les gâteaux et on en comprime les débris pour en retirer un miel moins pur. Quant à la cire extraite par ce procédé, on la fait fondre avec de l'eau dans une chaudière et on la passe à travers une toile claire. La cire sert à faire des bougies et est employée pour d'autres usages de l'industrie et de l'économie domestique.

49.

Les vers à soie.

Le fil précieux connu sous le nom de *soie* est produit par une chenille originaire de l'Asie orientale et principalement de la Chine. Cette chenille, appelée vulgairement *ver à soie*, sort d'un œuf ou d'une graine[1], dès que les premières chaleurs du printemps se font sentir : elle se nourrit des feuilles du mûrier blanc, arbre qu'on cultive aujourd'hui dans un grand nombre de contrées pour l'éducation des vers à soie. L'insecte, à mesure qu'il grossit, change successivement quatre fois de peau, et après vingt-cinq ou trente jours d'existence, il s'enferme dans une coque ou cocon ovale qu'il se file, et emploie trois ou quatre jours à construire cette demeure. Il y reste environ vingt jours, après s'être métamorphosé en chrysalide, et il en sort alors sous la forme de papillon, en perçant un bout du cocon.

Dans la Chine et dans l'Inde, l'éducation des vers à soie se fait sur des mûriers en plein air; mais en Europe[2] on les élève et on les nourrit dans des chambres ou des enceintes particulières

1. On donne le nom de graine à ce petit œuf parce qu'il ressemble à une graine de millet.

2. L'éducation des vers à soie se pratique en grand dans le Piémont, et en France dans les départements formés du Languedoc et de la Provence.

appelées *magnaneries*. Au moment de l'année où les mûriers commencent à pousser leurs premières feuilles, on fait éclore les œufs ou les graines, soit par une chaleur naturelle, soit par une chaleur artificielle. Après quelques jours on voit sortir de chacun de ces œufs une petite chenille noire, qui est un ver à soie. L'insecte cherche aussitôt de la nourriture, et on lui donne des feuilles de mûrier : sa vie entière est employée à manger, et sa voracité augmente à mesure qu'il grandit.

Quand le ver est prêt à donner sa soie, il cesse de manger, et son corps devient transparent. On lui fournit alors de petits branchages de genêt ou de bruyère, sur lesquels il grimpe pour filer la coque où il doit subir ses dernières métamorphoses. On met en réserve les plus beaux cocons pour obtenir la graine destinée à la reproduction de l'année suivante. Quant aux cocons qui doivent fournir la soie, il faut faire périr les vers, pour les empêcher de trouer leur cocon, qui, une fois percé, n'aurait plus de valeur. C'est en exposant les cocons aux ardeurs du soleil, en les mettant dans l'eau bouillante ou dans un four chaud qu'on détruit les chrysalides qu'ils renferment.

Le fil de soie fourni par un cocon a souvent une longueur de plus de trois cents mètres. La soie, après avoir subi les préparations nécessaires, sert à fabriquer une foule d'étoffes diverses[1].

1. Voir à l'industrie, filature de la soie.

59.

Le territoire de la France. Ses produits agricoles.

La France est une des contrées de l'Europe les plus heureusement douées sous le rapport du climat et de la variété des productions agricoles. La superficie totale de son territoire est évaluée à 53 millions d'hectares[1]. Les terres cultivées en céréales d'automne occupent près de 10 millions d'hectares, et celles qui sont cultivées en céréales de printemps plus de 5 millions d'hectares. Près de 6 millions d'hectares sont consacrés aux prairies et aux pâturages, et 2 millions 600 mille hectares aux cultures commerciales, telles que vignes, plantes oléagineuses, textiles et tinctoriales, tabac, houblon, etc. Enfin, il y a 1 million 300 mille hectares cultivés en légumes secs et en plantes sarclées, 8 millions d'hectares en bois et forêts et 1 million d'hectares en vergers, jardins, pépinières, etc. Le reste de la surface du territoire est occupé par les landes, les bruyères, les pâtis, les bâtiments, les routes, les canaux, les rivières, les étangs et les marais.

Les contrées du centre et d'une partie du nord de la France sont celles qui produisent le plus de blé et de seigle. Le maïs est surtout cultivé dans les départements du midi ; les autres grains sont

1. L'hectare (cent ares) vaut dix mille mètres carrés.

également abondants sur les plaines arrosées par la Garonne. Les vignes sont une des principales richesses de la France, et c'est dans les contrées du sud et du sud-ouest qu'elles donnent les produits les plus considérables. Les plantes oléagineuses ou textiles, telles que le chanvre, le lin, le colza, sont cultivées en grand dans diverses parties de la France, mais surtout dans les départements du nord, où la culture de la betterave et du houblon est également très-étendue.

On estime que l'agriculture du territoire de la France fournit annuellement des produits ayant une valeur de 5 milliards environ, somme dans laquelle les céréales entrent pour plus de moitié, les vins pour 800 millions, les prairies pour 700 millions, les légumes et les fruits pour 260 millions, les coupes de bois pour 140 millions, le lin et le chanvre pour 50 millions. On estime aussi que les produits de toute nature donnés par les animaux domestiques peuvent s'élever chaque année à 6 ou 700 millions. Le nombre de chevaux employés aux travaux de l'agriculture est évalué à 2 millions, et l'industrie agricole élève et nourrit 10 millions de bœufs, de vaches, de veaux et plus de 30 millions de moutons, de brebis, de chèvres. Enfin les abeilles et les vers à soie sont également une source de richesses pour notre pays : on estime que la France produit environ pour 140 millions de soie par an.

51.

De l'Industrie.

Dieu, en soumettant la terre aux hommes, leur a permis d'user des richesses qu'elle renferme, et les hommes, appliquant à l'emploi de ces richesses toutes les facultés de l'intelligence dont Dieu les a doués, ont su mettre en œuvre les produits de la nature, les transformer de mille manières pour les approprier aux divers usages de la vie. C'est à ces efforts de l'intelligence humaine appliqués aux productions de toute espèce qu'on donne le nom d'*industrie*. Le domaine de l'industrie est aussi vaste que le globe que nous habitons. Elle sait retirer des plantes dont les semences ont été confiées à la terre les aliments les plus sains et les plus abondants ; elle emploie la toison des animaux, les fibres ou le duvet de certaines plantes, les fils d'un insecte, pour confectionner toutes sortes de vêtements ; elle creuse et fouille le sol pour en extraire les métaux, les pierres à bâtir et de précieux combustibles; enfin elle met à contribution la profondeur des mers, et va y chercher le corail, les éponges, la nacre et les perles.

Le commerce est l'auxiliaire de l'industrie, et celle-ci fournit au commerce des aliments qui se renouvellent sans cesse. C'est par le commerce que les peuples, même les plus éloignés les uns des autres, font un échange mutuel de leurs denrées et de leur industrie. Si nous remontons jusqu'aux peuples de l'antiquité, nous voyons que les Égyptiens savaient fabriquer des toiles de coton et de lin très-belles et très-fines, que l'art de tanner le cuir leur était parfaitement connu, de même que celui de le teindre en diverses couleurs. Ils savaient aussi réduire l'or en feuilles, et avaient porté fort loin l'art de vernir les poteries. La Grèce, en recevant les arts et l'industrie de l'Égypte, les étendit et les perfectionna.

L'industrie fit peu de progrès chez les Romains : le commerce y était regardé comme une profession peu honorable. Ils recevaient des nations vaincues, sous forme de tributs, les objets nécessaires à leurs besoins ou à leur luxe. Ils tiraient le blé de l'Afrique, le fer, les fruits et la laine de l'Espagne, les étoffes de la Perse et de la Syrie; l'Asie leur fournissait les parfums, l'ivoire, l'ébène; la Bretagne et la Gaule, des métaux, du chanvre et du lin. Au moyen âge, plusieurs villes d'Italie s'enrichirent par le commerce, et Venise s'adonna avec succès à l'industrie de la soie et de la verrerie. Dans les temps modernes, les progrès de l'industrie ont marché avec les progrès des sciences, et c'est surtout à partir du dix-septième siècle qu'elle a pris cet essor rapide qui ne s'est plus ralenti. Aujourd'hui l'industrie a atteint un développement et une perfection inconnus dans les siècles précédents.

52.

Le pain, sa fabrication.

Dans la plupart des pays civilisés, la nourriture de l'homme se compose en grande partie de pain, que l'on fait avec la farine de diverses espèces de céréales[1]. Voici quels sont les principaux procédés qu'on emploie pour la fabrication d'un produit si nécessaire. Avant toute chose, il faut préparer le levain : c'est ordinairement un morceau de pâte aigrie, qui sert à faire fermenter la farine : on emploie également pour le même objet l'écume ou la levure, qu'on retire en fabriquant la bière.

Pour manipuler, c'est-à-dire pour travailler la farine, on a un coffre en bois appelé pétrin. On y verse le soir la quantité de farine qu'on veut convertir en pain, et on l'écarte sur les côtés de manière à laisser un espace vide au milieu. On délaye dans cet espace le levain avec de l'eau tiède, et on en fait une pâte un peu ferme, qu'on recouvre d'un sac ou d'une couverture de laine, pour conserver la chaleur et faciliter la fermentation.

Après un certain temps, on recommence une seconde opération semblable à la première. On dé-

1. On comprend généralement sous le nom de *céréales* les plantes qui produisent des grains farineux propres à faire du pain, telles que le blé, le seigle, le maïs, etc.

laye encore le levain dans de l'eau chaude, et on y pousse peu à peu la farine; on la brasse, on la travaille avec force, de manière que l'eau et le levain pénètrent bien dans toutes les parties de la pâte. Une fois ce travaïl terminé, on abandonne la pâte à elle-même pendant une heure ou deux, pour que la fermentation s'accomplisse : les gaz qui se développent peu à peu dans la masse, et y restent enfermés, forment cette multitude d'*yeux* ou de trous qu'on remarque dans le pain.

Pendant que le four qui doit servir à faire cuire le pain est chauffé à un degré convenable, on coupe la pâte par morceaux d'un poids déterminé, et chacun de ces morceaux est placé dans une tinette de bois ou un panier garni d'une serviette. Ensuite on renverse chaque pain sur une pelle en bois et on enfourne. Aussitôt que tous les pains ont été introduits dans le four, on en ferme l'ouverture, et, après un temps déterminé par l'habitude, on les retire et on les laisse refroidir à l'air.

On fait du pain avec les farines de blé, de seigle, d'avoine, de maïs, etc.; mais la farine de froment, qui est la meilleure espèce de blé, donne le pain le plus estimé. Le pain bis est fait avec de la farine peu blutée, c'est-à-dire qui contient une certaine quantité de son, ou avec la farine de méteil, qui n'est autre chose qu'un mélange de seigle et de froment.

53.

Les gruaux, les fécules.

Quand le froment a été moulu, et qu'en le blutant[1] on a séparé la fleur de farine, il reste une poudre qui n'est autre chose que l'amande du grain ; on la nomme gruau blanc ou semoule : on en fait des potages. Ce gruau blanc, repassé au moulin, donne la farine la plus belle et sert à faire les pains les plus délicats. Avec les gruaux d'avoine et d'orge on prépare une bouillie connue sous le nom de *polenta*, dont les habitants des contrées méridionales de l'Europe font un grand usage. On appelle orge mondé[2] les grains d'orge dont on a simplement enlevé l'écorce, et orge perlé, ceux qui, par une mouture plus soignée, sont rendus arrondis et lissés comme des perles.

La fécule est une substance très-répandue dans les différentes parties des végétaux : on la retire des semences des céréales, des tubercules de pommes de terre, de certaines bulbes de plantes, de la moelle de quelques végétaux. Pour cela on broie ces substances par divers procédés, et on les lave ensuite à l'eau froide. On obtient ainsi

1. Bluter, c'est passer la farine à une espèce de tamis, appelé *blutoir*, de forme cylindrique et fait généralement avec une toile de fil de fer.

2. Le mot *orge* n'est masculin que dans ces deux expressions. Il est féminin dans son acception ordinaire.

une poudre fine, blanche, qui, en se reposant, se précipite au fond du vase.

La *fécule de pomme de terre* sert à faire des potages, des pâtisseries et d'autres mets. Le *salep* est une fécule qu'on retire des racines de certaines plantes appelées orchis : il nous vient de la Turquie et de la Perse. Le *sagou* s'obtient de la moelle d'une espèce de palmier qui croît dans les Indes orientales, et l'*arrow-root* s'extrait de la racine d'une plante d'Amérique appelée maranta. Le *tapioca* est une fécule qu'on retire de la racine d'une plante d'Amérique connue sous le nom de *manioc :* le suc de cette plante est un poison violent, mais la fécule, qui est toujours lavée avec soin et soumise à la torréfaction [1], ne participe en rien de cette propriété malfaisante. Toutes ces fécules sont très-nourrissantes, agréables au goût et d'une digestion facile.

L'*amidon* est une fécule qui s'extrait de la farine des céréales, et particulièrement de celle du blé, après qu'on en a séparé une substance visqueuse nommée gluten. L'amidon sert à apprêter les étoffes et les toiles. Quand on le fait bouillir dans l'eau, il constitue l'empois, dont on enduit les cols de chemises et d'autres parties de nos vêtements. La colle s'obtient en faisant bouillir de la farine et de l'eau.

1. Action de rôtir, de griller.

54.

Le vin, sa fabrication.

Le *vin* est une liqueur fermentée faite avec le jus du raisin, fruit de la vigne. C'est la boisson qui est le plus généralement en usage chez les peuples de l'Europe.

Quand le raisin est parvenu à sa maturité (ce qui a lieu dans nos climats vers le mois de septembre ou celui d'octobre), on le cueille : c'est ce qu'on appelle faire la vendange. On emploie un assez grand nombre d'ouvriers à la récolte des raisins, parce que c'est une besogne qui doit être expédiée le plus promptement possible, afin de ne pas mêler ensemble les produits de la vendange de plusieurs jours. Parmi les vendangeurs, les uns, armés de ciseaux ou de serpettes, vont de cep en cep couper les grappes de raisin, qui sont jetées dans un panier d'osier; les autres, le dos chargé d'une hotte, reçoivent les produits de la cueillette, et les portent dans des tonneaux sans fond supérieur placés sur une charrette. Lorsque la charrette est pleine, cette provision est transportée au lieu où est placée la cuve, qui est faite avec des douves parfaitement jointes et cerclées en fer.

La cuve une fois remplie, on foule la vendange : un homme pile et écrase avec ses pieds les raisins; les grains ainsi écrasés rendent leur jus : les peaux et les pepins surnagent à la surface et forment ce qu'on appelle le marc. La fermentation s'établit en peu de temps dans cette masse liquide, d'où il s'échappe une multitude de bulles d'air qui soulèvent le marc comme si le liquide était en ébullition. Cet air est du gaz acide carbonique, que l'on ne peut respirer sans courir le danger d'être asphyxié. Il faut donc prendre certaines précautions, et renouveler l'air du lieu oû se trouve la cuve, avant d'y entrer.

Dès qu'on s'est assuré que le vin est fait (ce que les gens du métier savent bien reconnaître), on le soutire de la cuve et on le renferme dans des tonneaux. Quant au marc, on en tire parti soit en le portant au pressoir, pour en obtenir du vin qui est d'une qualité inférieure, soit en le mettant dans des tonneaux avec une certaine quantité d'eau, pour en faire une boisson connue sous le nom de *piquette*. La fabrication des vins blancs diffère de celle des vins rouges en ce que pour obtenir les premiers, qui peuvent d'ailleurs provenir indistinctement de raisins rouges ou de raisins blancs, il faut, avant le commencement de toute fermentation, séparer le jus des pellicules.

La France est le pays qui produit les vins les plus estimés et les plus variés. Il suffit de citer les vins de Bordeaux, de Bourgogne et de Champagne, qui sont l'objet d'un immense commerce avec toutes les parties du monde.

55.

L'huile, sa fabrication.

L'*huile* est un liquide gras qu'on retire d'un grand nombre de fruits et de graines, et qui sert, suivant sa qualité, pour l'alimentation ou l'éclairage et aussi pour diverses industries.

L'huile d'olive, extraite de la pulpe[1] des fruits de l'olivier, est la plus estimée, la plus utile, la plus recherchée pour les usages alimentaires. Dans les pays méridionaux où la chaleur ne permet pas d'avoir des prairies et de nourrir beaucoup de vaches, l'huile d'olive remplace le beurre pour la préparation et l'assaisonnement des mets. Elle sert encore à l'apprêt des draps et à la fabrication des savons.

Les olives sont récoltées ordinairement au mois de décembre, à l'époque de leur maturité, quelquefois un peu avant, pour que l'huile conserve mieux le goût propre du fruit. Quand les olives sont cueillies avant leur maturité, on les abandonne quelque temps à elles-mêmes (jusqu'à ce qu'elles commencent à se rider) avant de les porter au moulin; les olives mûres, au contraire, sont traitées immédiatement. Mais quand l'huile est destinée exclusivement à l'éclairage ou à la fabrication des savons, les olives qui doivent la

1. On appelle ainsi la substance charnue ou molle des fruits, des légumes.

fournir sont amoncelées, après la récolte, dans des magasins où elles subissent librement la fermentation pendant huit ou quinze jours et quelquefois plus.

Pour extraire l'huile des olives, on les écrase sous la meule d'un moulin et on les réduit en pâte. Cette pâte est ensuite soumise à l'action du pressoir pour en extraire le jus. La première huile qui coule est la plus délicate; elle est nommée *huile vierge*. Les pulpes, arrosées d'eau bouillante, sont de nouveau soumises à l'action du pressoir, et en renouvelant plusieurs fois la même opération, on finit par extraire toute l'huile qui y est contenue. Quel que soit l'usage auquel l'huile est destinée, elle n'est livrée à la consommation qu'après une sorte d'épuration qu'elle subit par le repos dans des réservoirs particuliers.

C'est à peu près par les mêmes procédés qu'on obtient l'huile de *noix*, qui est d'une saveur agréable quand elle est récemment préparée, et qu'on emploie dans beaucoup de pays pour l'usage de la table. L'huile d'*œillette*, extraite des graines du pavot, et l'huile de *faîne*, qui est le fruit du hêtre, sont douces, blanches et bonnes à manger. Les graines de *lin* donnent une huile très-limpide, dont on se sert pour l'éclairage et la peinture. Enfin les huiles extraites du *colza* et de la *navette*, plantes qui sont des espèces de choux, sont spécialement destinées à l'éclairage.

56.

Le sucre.

Presque tout le sucre dont nous faisons usage est retiré d'une espèce de roseau appelé *canne à sucre* ou de la *betterave*.

Le *sucre de canne* a été connu de toute antiquité en Chine et dans les Indes. Les Européens ne le connurent que par les conquêtes d'Alexandre le Grand, et il s'introduisit peu après en Arabie, en Syrie et en Égypte. Les Grecs nommèrent le sucre *sel indien*, *miel de roseau*, et les Latins *saccharum*, d'où est dérivé le mot par lequel nous le désignons.

La canne à sucre, qui est une des plantes les plus précieuses par les produits qu'elle donne, est originaire de l'Inde, en Asie, d'où elle s'est répandue dans d'autres contrées, et principalement en Amérique, à Saint-Domingue, aux Antilles. De la racine de cette plante sortent plusieurs tiges qui s'élèvent à une hauteur de trois ou quatre mètres et qui portent des nœuds comme la tige du blé. Quand le moment de la récolte est arrivé, on coupe les cannes rez terre, et on les soumet à une forte pression, entre des cylindres, pour les écraser et en extraire le suc ou le jus, appelé *vin de canne* ou *vesou*. Ce jus est immédiatement versé dans des chaudières; on l'y fait bouillir et on l'écume pour enlever les impuretés qui s'élèvent au-dessus. Quand il s'est évaporé et réduit au degré convenable, le sirop est transvasé dans un récipient, appelé *rafraîchissoir*, où, à mesure qu'il se refroidit, il se prend en une masse confuse de cristaux grenus : le sucre ainsi obtenu s'appelle *moscouade, cassonade* ou *sucre brut*. La *mélasse* qui se sépare de la masse cristallisée est une liqueur brune qui sert à faire le *rhum*.

Pour *raffiner*, c'est-à-dire pour rendre plus fin, plus pur, le sucre brut, on le dissout dans de l'eau de chaux mêlée à quelques autres substances. Quand le sirop est devenu bien transparent, on le filtre à travers des étoffes de laine, on le concentre par la chaleur en le portant jusqu'à l'ébullition, et alors il ne reste plus qu'à le mettre dans des vases de terre où le sucre prend la forme du vase, c'est-à-dire la forme de pains, tels qu'ils sont vendus dans le commerce.

C'est par les mêmes procédés qu'on obtient le *sucre de betterave*, appelé aussi *sucre indigène*, et qui ne diffère en rien du sucre de canne. On l'extrait principalement de l'espèce de betterave *blanche* connue sous le nom de *betterave de Silésie*. Les racines sont réduites en pulpe à l'aide d'une râpe, et soumises dans cet état à l'action du pressoir, qui en fait sortir le jus. La fabrication du sucre de betterave est très-active en France, surtout dans les départements du nord.

57.

Le lait, le beurre, le fromage.

Le *lait* que nous donnent certains animaux domestiques, tels que la chèvre, la brebis, et surtout la vache, est un mélange de plusieurs substances qui ont des propriétés et des saveurs différentes, la *crème* ou le *beurre*, le *caillé* ou *fromage* et le *serum* ou *petit-lait*. Ces substances se séparent naturellement quand on abandonne le lait à lui-même, mais on peut en opérer la séparation par des moyens artificiels.

Pour faire le *beurre*, on met le lait, au sortir de l'étable, dans des vases très-ouverts, appelés tinettes; après un certain temps, qui varie de douze à vingt-quatre heures, suivant les saisons, la crème est montée : on l'enlève au moyen d'écailles[1] ou d'une cuiller plate et large, et on la verse dans un vase en bois nommé baratte ; ce vase, plus large dans le bas que dans le haut, est fermé par un couvercle percé d'un trou pour laisser passer le manche du bat-beurre : c'est un bâton terminé à son extrémité inférieure par une planchette ronde percée de trous. En soulevant et en baissant le bat-beurre, on donne à la crème, par des coups répétés, un mouvement qui en

1. Ce sont ordinairement des écailles ou coquilles de grandes moules.

sépare le petit-lait. Le beurre se forme en grains, qu'on presse et réunit ensemble; puis on le lave en le pétrissant dans l'eau. Pour conserver le beurre, on le fait fondre ou on le sale.

Le procédé le plus ordinairement employé pour la fabrication du *fromage* consiste à former instantanément le caillé, ce qui se fait en jetant dans le lait placé sur le feu un peu de vinaigre ou en y faisant dissoudre un peu de *présure* [1]. Quand le caillé est pris, on le laisse égoutter dans des vases percés de trous. C'est ainsi que se font les fromages *gras*, c'est-à-dire ceux dans lesquels la crème reste engagée dans le caillé, tels que les fromages de Brie[2], de Neufchâtel[3], etc. Quant aux fromages *secs et cuits*, comme ceux du Cantal[4], de Gruyère[5], de Hollande, etc., ils sont le produit d'une grande masse de caillé, divisé, mis en bouillie, qu'on laisse déposer et qu'on purge de son petit-lait, puis qui est pétri, mis en forme et en presse, et porté dans un lieu frais et aéré, où on le retourne et on le sale de temps en temps.

1. C'est une substance formée de lait caillé, et qu'on trouve dans l'estomac des jeunes veaux et des chevreaux.
2. Dans le département de Seine-et-Marne.
3. Dans le département de la Seine-Inférieure.
4. Nom d'un département de la France.
5. Village suisse, dans le canton de Fribourg.

58.

Le sel.

Le *sel* est un produit naturel qui se présente à nous sous deux états : à l'état solide, c'est ce qu'on appelle *sel gemme;* en dissolution dans les eaux de la mer ou dans celles de certaines sources, c'est le sel plus particulièrement connu sous le nom de *sel marin* ou *sel de cuisine.*

Le sel gemme se trouve dans l'intérieur de la terre en couches plus ou moins considérables, et on l'extrait par les mêmes procédés que les autres produits des mines. On le détache par blocs avec des outils, et, comme il est ordinairement assez pur, on le livre en cet état à la consommation. S'il a besoin d'être purifié, on le fait dissoudre dans l'eau pour le débarrasser des matières étrangères qu'il peut contenir. Parmi les mines de sel gemme les plus importantes, soit par leur étendue, soit par les produits qu'elles donnent, il faut citer celle de Wieliczka, en Pologne, et celle de Vic, en France, dans le département de la Meurthe.

Il existe un grand nombre de sources salées dans différents pays. En France, il y en a de très-importantes dans les Basses-Pyrénées, à Dieuze, dans le département de la Meurthe, à Salins, dans celui du Jura. Pour retirer le sel que contiennent les eaux de ces sources, on les concentre d'abord par une évaporation spontanée à l'air libre, on les purifie ensuite pour les débarrasser des matières étrangères, enfin on les fait évaporer dans des chaudières.

L'extraction du sel de l'eau de la mer consiste à recueillir une certaine quantité de cette eau dans des bassins construits exprès sur la plage, connus sous le nom de *marais salants*, et à l'y faire évaporer par l'action combinée des rayons du soleil et des courants d'air. L'eau, après avoir passé successivement d'un bassin dans l'autre, est enfin amenée dans un dernier bassin d'une grande étendue et peu profond; là elle s'évapore plus rapidement et arrive à ce point de concentration où on voit bientôt le sel se cristalliser. Le sel ainsi obtenu est d'une couleur grisâtre particulière au sel commun. Cette couleur est due à la présence d'un peu de terre, dont il s'est sali en touchant le fond et les bords des bassins d'évaporation. On le purifie, et alors il prend le nom de *sel blanc*. La France possède des marais salants ou salines sur presque toute l'étendue de son littoral.

Le sel est un objet de première nécessité : il entre comme assaisonnement dans presque tous nos mets. Il est très-utile pour l'amendement des terres, pour la santé et l'engraissement des bestiaux. On l'emploie à conserver le poisson et les viandes, dans la fabrication du verre, dans l'art de la teinture, et pour un grand nombre d'autres usages de l'industrie et de l'économie domestique.

59.

Les combustibles, le bois de chauffage.

Les *combustibles* généralement employés pour les besoins du chauffage sont le bois, le charbon de bois, la houille ou charbon de terre, le coke, la tourbe.

Les forêts qui fournissent le bois de chauffage sont le plus souvent divisées en étendues superficielles égales, dont chacune est coupée à son tour : c'est ce qu'on appelle des coupes réglées. Ces bois se vendent ordinairement sur pied, et on réserve toujours un certain nombre d'arbres, sous le nom de *baliveaux*, pour leur laisser une longue croissance. Lorsque les arbres ont atteint un certain âge, qui varie avec la nature du sol et l'espèce d'arbre, ils cessent de croître et dépérissent. On donne le nom de *futaies* aux bois qu'on laisse vieillir sans les couper et qui sont réservés pour les constructions, pour les travaux de charpente, et on appelle *taillis* les bois qu'on abat de temps à autre.

Le chêne, le hêtre, l'orme, le charme, sont les arbres dont le bois est le plus généralement employé pour le chauffage des appartements. Les trois derniers donnent en brûlant plus de chaleur que le premier. Tous ces bois sont durs et compactes. Les bois blancs et légers, tels que le bouleau, le châtaignier, le peuplier, le saule, conviennent plus particulièrement aux boulangers, aux pâtissiers, qui ont besoin de feux clairs pour leur industrie.

On distingue dans le bois de chauffage les bois *neufs* et les bois *flottés*. Les bois neufs sont transportés par voitures ou par bateaux aux lieux mêmes de leur consommation. Ceux qu'on désigne sous le nom de bois flottés sont principalement coupés sur les montagnes de la Bourgogne et du Nivernais et ensuite abandonnés au courant d'une rivière. On assemble les bûches avec des liens faits de branches flexibles, et on en forme ces immenses trains qui flottent jusqu'au lieu de leur destination. Les bois qui ont ainsi séjourné dans l'eau sont moins estimés et moins chers que les bois neufs. On appelle bois *pelards* ceux qui ont été dépouillés de leur écorce.

Les bois de chauffage se vendent au poids ou à la mesure. La mesure s'appelle *stère;* elle a 1 mètre de longueur sur 88 centimètres de hauteur. Les mesures connues autrefois sous le nom de *voie* et de *corde* équivalent, la première à 2 stères, la seconde à 4 stères. On a calculé que la ville de Paris consomme par an 1 million de stères de bois, valant à peu près 15 millions de francs, et que la consommation de combustibles de tout genre, pour toute la France, dépasse 500 millions de francs.

60.

Le charbon de bois.

Pour bien comprendre comment on parvient à faire le *charbon de bois,* il faut savoir qu'un morceau de bois est un composé de charbon et de plusieurs substances qui sont la plupart très-volatiles[1]. Quand le bois exposé à l'action de la chaleur est en contact direct avec l'air, il se consume entièrement et ne donne pas de charbon ; mais si on le préserve autant que possible de ce contact, et qu'on réduise en vapeurs ces substances volatiles, sans brûler le charbon, ce qui restera sera précisément du charbon. C'est sur ce principe qu'est fondé l'art de carboniser le bois, et c'est là le but de l'opération que les charbonniers pratiquent journellement dans les forêts.

L'assemblage du bois destiné à être réduit en charbon porte le nom de fourneau. Il se compose de bûches arrangées avec symétrie, les unes verticalement, les autres horizontalement, de manière à former plusieurs étages en forme de dôme. Le tout est recouvert de gazon, de feuilles, de terre gâchée avec des cendres, et on laisse dans le bas quelques ouvertures pour l'entrée de l'air. On retire alors une bûche placée au centre du fourneau, et on jette dans l'ouverture quelques

1. C'est-à-dire qui se résolvent facilement en vapeurs ou en gaz par l'action du feu.

morceaux de menu bois bien sec et des charbons embrasés.

Dès que le feu est au fourneau, l'ouvrier ne doit abandonner sa besogne ni le jour ni la nuit. Il faut qu'il rebouche successivement toutes les ouvertures qui donneraient un accès trop facile à l'air ; sans cette précaution la carbonisation serait imparfaite dans certaines parties, et même tout le bois pourrait se réduire en cendres. L'opération dure deux ou trois jours, suivant la qualité du bois, et on reconnaît que le charbon est fait quand il ne sort plus de fumée. On laisse alors le feu s'éteindre peu à peu, et lorsque le fourneau est entièrement froid, on le détruit en retirant le charbon avec des crochets de fer. Le bois bien carbonisé brûle sans flamme et sans fumée visible. Les bois les plus durs, tels que le chêne, le hêtre, le charme, le châtaignier, sont ceux qui donnent le meilleur charbon.

Quelquefois on distille le bois dans des vases clos, mais alors c'est plutôt pour en extraire certaines matières volatiles qu'on veut utiliser que pour faire du charbon. La distillation du bois, dont les procédés sont dus à un ingénieur français nommé Lebon, a surtout pour but d'obtenir une espèce de vinaigre très-fort, qui sort du bois sous forme de vapeur : cette vapeur, après avoir été refroidie en passant à travers divers appareils, est recueillie dans des vases particuliers.

61.

La houille, le coke, la tourbe.

La *houille*, nommée aussi *charbon de terre* ou *de pierre*, est une substance compacte, noire, luisante, qu'on trouve en certains lieux dans les entrailles de la terre, d'où on la tire pour les usages domestiques, et principalement pour les usages de l'industrie. C'est un véritable charbon naturel, et bien qu'on n'en connaisse pas exactement l'origine, on pense qu'il est dû à l'accumulation de végétaux que le temps a carbonisés.

La houille, dont il existe d'immenses dépôts en Angleterre, en Belgique, en France[1] et dans d'autres contrées, est moins chère que le bois et le charbon de bois, et comme en même temps elle donne beaucoup plus de chaleur, on l'emploie de préférence pour les feux des forges, pour chauffer les chaudières des fabriques, des bateaux à vapeur, des locomotives sur les chemins de fer. On s'en sert aussi pour alimenter les poêles et le feu des cheminées.

On distingue communément deux sortes de houille : la *houille grasse*, nommée aussi *charbon collant*, qui renferme beaucoup de bitume, et qui, en brûlant, se gonfle, se ramollit et se prend

1. Les mines de houille les plus considérables en France sont celles d'Anzin, dans le département du Nord, et de Saint-Étienne, dans le département de la Loire.

en une seule masse ; la *houille maigre* ou *sèche*, qui contient moins de bitume, brûle plus difficilement et conserve sa forme. La première convient mieux aux feux de forge ; la seconde est employée de préférence pour le chauffage domestique.

On distille la houille pour en extraire certains produits, tels que le bitume et surtout le gaz inflammable qui sert à l'éclairage. La houille ainsi carbonisée prend le nom de *coke :* c'est un combustible qui sert au chauffage domestique ; il donne beaucoup moins de chaleur que la houille, mais il n'a pas, comme celle-ci, l'odeur sulfureuse, et ne dégage plus de fumée. Le coke est également employé dans les usines qui convertissent le fer en fonte, ainsi que dans les fabriques de porcelaines et de poteries. Les cendres de la houille font un excellent engrais pour les terres

La *tourbe* est une substance combustible, de couleur noirâtre et de nature spongieuse, qu'on trouve en amas considérables, appelés tourbières, dans les terrains marécageux, et notamment en Écosse, en Hollande, et en France, dans la vallée de la Somme et dans les départements du Nord et du Pas-de-Calais. La tourbe, quand elle a été convenablement séchée, est un assez bon chauffage et peu coûteux, mais elle répand en brûlant une fumée abondante et d'une odeur désagréable. On la carbonise dans des fours en maçonnerie, et on en fait un excellent charbon.

62.

Les chandelles, les bougies.

La chair d'un grand nombre d'animaux est recouverte d'une couche plus ou moins épaisse qu'on appelle graisse : celle du mouton et du bœuf est plus particulièrement désignée sous le nom de *suif*. C'est avec le suif qu'on fait les *chandelles* qui servent à l'éclairage. On mêle ordinairement pour cette fabrication deux parties de graisse de mouton avec une partie de graisse de bœuf, et on y ajoute une petite quantité d'alun qui sert à durcir et à blanchir le suif. Les mèches sont faites avec du coton soigneusement cardé et tordu, sans inégalités ni corps étrangers.

Il y a deux manières de fabriquer les chandelles, ou à la baguette ou dans des moules. Les chandelles dites en baguettes se font de la manière suivante. Les mèches, convenablement disposées sur des baguettes, sont plongées dans du suif fondu, puis retirées pour les laisser sécher, puis de nouveau plongées et de nouveau retirées, et ainsi de suite jusqu'à ce que les chandelles aient acquis la grosseur qu'on veut leur donner.

Les chandelles moulées se font dans des moules de fer-blanc qui ont la forme de petits cylindres creux. Ces moules sont terminés à un bout en cône percé, et portent à l'autre bout une pièce en forme d'entonnoir. La mèche est passée dans l'ouverture, et on la maintient tant en haut qu'en bas, dans un état convenable de tension au moyen de crochets. Alors on fait fondre le suif à une très-douce chaleur; on le verse dans un vase en fer-blanc muni d'une anse et d'un goulot, et à l'aide de cet instrument on remplit successivement tous les moules.

Les *bougies* se faisaient primitivement avec la cire qui est le produit des abeilles, et les *bougies transparentes*, appelées *bougies diaphanes*, avec un mélange de cire et de blanc de baleine[1] ou avec cette dernière substance seulement.

La science moderne ayant reconnu que la graisse est composée de deux substances, dont l'une tient de la nature de l'huile et s'appelle *oléine* et dont l'autre tient de la nature de la cire et se nomme *stéarine*, cette découverte a donné lieu à une nouvelle espèce de bougie, qui est aujourd'hui généralement adoptée. On parvient par des procédés fort simples à séparer l'oléine de la stéarine et à convertir ainsi le suif en cire. C'est avec cette cire ou la stéarine qu'on fabrique ces nouvelles bougies qui ressemblent aux bougies de cire et qui sont d'un prix beaucoup moins élevé. Elles sont connues sous le nom de *bougies stéariques* et sous divers autres noms.

1. Le blanc de baleine est une substance blanche, grasse, qu'on trouve dans les cavités de la tête de certaines espèces de cachalots ou de baleines.

63.

Le briquet, les allumettes chimiques.

Avant l'invention des allumettes chimiques et de tous les perfectionnements qui sont dus à la science moderne, le *briquet* était le moyen le plus ordinaire dont on se servait pour se procurer du feu et de la lumière.

Le briquet n'est autre chose qu'un morceau d'acier qui, en frappant vivement sur les bords d'une pierre à fusil[1], fait jaillir des étincelles produites par les parcelles d'acier que le tranchant de la pierre détache et que le choc élève jusqu'à la chaleur rouge; ces étincelles tombant sur un morceau d'amadou l'enflamment aussitôt. Une fois l'amadou enflammé, il ne s'agit plus que d'en approcher une allumette soufrée, à laquelle le feu se communique.

L'amadou se fait avec une espèce de champignon coriace qui croît sur les troncs d'arbres. Après l'avoir mouillé, bien battu et bien foulé, on le trempe dans une dissolution de salpêtre et on le laisse sécher. Pour faire les allumettes ordinaires, on coupe par petits brins des morceaux de bois blancs, de peuplier, de bouleau, de saule, et on trempe les deux bouts dans du soufre

1. La pierre à fusil, espèce de silex, est une pierre fort commune, de couleur blonde ou bleuâtre.

fondu. Les tiges du chanvre, nommées *chènevottes*, peuvent servir au même usage.

Les *allumettes chimiques* sont aujourd'hui tellement répandues partout, qu'il n'est pas inutile de savoir comment on les fabrique. On mêle ensemble, et avec beaucoup de soin, de l'eau et du phosphore qu'on fait fondre, et l'on ajoute à ce mélange une certaine quantité de soufre et de gomme et un peu de chlorate de potasse. Ces diverses substances sont broyées avec précaution et forment une pâte dans laquelle on trempe successivement le bout d'allumettes soufrées. Ainsi préparées, les allumettes sont mises en paquets ou arrangées dans des boîtes. Pour se procurer du feu, il suffit de frotter le bout des allumettes sur une surface un peu rude; la boîte qui les renferme est ordinairement revêtue en partie soit de sable, soit de poudre de verre.

Les allumettes chimiques, qui ont créé une industrie nouvelle, sont un moyen très-commode et très-prompt de se procurer du feu; mais, comme un simple frottement suffit pour les enflammer, leur emploi n'est pas sans danger, surtout dans les campagnes, où les enfants, trop souvent abandonnés à eux-mêmes, courent le risque, en jouant avec ces allumettes, de se brûler et d'incendier les granges. Ces exemples sont malheureusement trop fréquents, et les parents ne sauraient prendre à cet égard de trop grandes précautions.

64.

Le tannage, les cuirs.

La peau des animaux, desséchée sans aucune préparation, se pourrit assez rapidement, s'imprègne d'eau avec facilité et se détruit par un frottement répété. On remédie à tous ces inconvénients et on la rend propre à la confection de nos chaussures et à d'autres usages, quand on la combine avec le principe astringent de certaines plantes, avec une matière végétale particulière, appelée *tannin*, contenue dans l'écorce de chêne, de bouleau, de sumac, de saule, etc. On donne le nom de *tannage* au travail qui a pour objet de convertir en cuir les peaux des animaux, et c'est le *tan* fait avec l'écorce de chêne qu'on emploie à cet usage.

Le tannage comprend plusieurs opérations. On commence par laver les peaux pour les débarrasser des matières étrangères. Ensuite il faut les *débourrer*, c'est-à-dire enlever le poil qui les recouvre, ce qui se fait ordinairement en les tenant plongées dans une dissolution de chaux ou d'acide sulfurique. Elles se gonflent, se ramollissent, et il est alors facile d'en arracher le poil, en les grattant avec un couteau dont le bout est arrondi.

Ces dernières opérations, qui se répètent plusieurs fois, étant terminées, commence alors le tannage proprement dit. On étend les peaux dans de grandes cuves en bois ou en maçonnerie, qu'on appelle *fosses ;* entre chaque peau on met une couche de *tan*, et on arrose le tout. Au bout de trois mois on renouvelle le tan, opération qu'on fait une troisième fois, et comme chaque fois on laisse séjourner les peaux un peu plus longtemps, le tannage n'est complet qu'après un an, et dure quelquefois quinze ou dix-huit mois.

Les peaux de bœufs, de buffles, servent particulièrement à préparer des *cuirs* forts pour les semelles et les bottes fortes; avec les peaux de vache, de veau, de cheval, on confectionne les cuirs mous pour les tiges des bottes, les souliers minces, les harnais, etc. Certaines peaux fines, telles que celles de daim, de chamois, ne se tannent pas; on en fait des gants, des guêtres, etc. Les cuirs blancs faits avec les peaux de chevreau, de mouton, d'agneau, et qui sont destinés à des ouvrages délicats, sont préparés dans une solution d'alun et de sel commun et mis ensuite à la teinture. Le *maroquin* est de la peau de chèvre tannée et mise en couleur du côté de la chair. Le *cuir de Russie* doit ses qualités et son odeur particulière à l'huile de bouleau dont on l'imprègne ou à l'écorce de cet arbre avec laquelle on le tanne. Enfin la *basane* est une peau de mouton simplement passée au tan, et le *parchemin* une peau de mouton, de chèvre ou de jeune veau, d'abord décharnée et amincie, puis frottée avec la pierre ponce.

65.

Le feutrage, les chapeaux.

Les poils de certains animaux ont la propriété de se crisper, de s'entre-croiser, lorsqu'on les presse les uns contre les autres et qu'on leur imprime des mouvements en sens divers. C'est en mettant à profit cette disposition naturelle qu'ont les poils des animaux à se mêler ou à se *feutrer*, en se crispant, que l'art est parvenu à faire des étoffes solides, durables, non formées de fils, et qu'on a appelées *feutres*, pour les distinguer des tissus. Les matières qui entrent communément dans la composition des feutres sont les poils de castor, de lièvre, de lapin, de veau, de chameau ; les laines, etc.

Les poils de castor, de lièvre et de lapin sont le plus ordinairement employés pour les feutres qui servent à la confection des chapeaux dits chapeaux de feutre, et c'est par une opération appelée *secretage* qu'on les rend propres à cet usage ou qu'on facilite la tendance qu'ils ont à se feutrer. Les peaux, recouvertes de leurs poils, sont d'abord peignées, battues et nettoyées aussi exactement que possible, et on raccourcit le *jarre*, poil long qui ne se feutre pas. Ensuite on étend les peaux sur une table, et après avoir imbibé le poil avec une dissolution de mercure et d'acide nitrique ou eau-forte, on les fait sécher dans une étuve. Alors on arrache les poils ou on les coupe au ras de la peau, et pour former l'étoffe on se sert d'un instrument appelé *arçon*, espèce d'archet qui, par les vibrations de sa corde de boyau, divise la matière et facilite le mélange des poils.

Les dernières opérations du feutrage consistent à presser cette matière dans des toiles humectées et à la fouler dans une cuve qui contient de l'eau bouillante et de la lie de vin. En sortant du foulage, le feutre a acquis toutes ses qualités ; il ne reste plus qu'à le teindre; et pour en confectionner des chapeaux, on met l'étoffe en *forme*, et on lui fait prendre tous les plis qu'on veut lui donner, en la trempant dans l'eau chaude et en la travaillant avec les doigts. Enfin on lustre l'étoffe avec une brosse et on l'imbibe d'une matière gommeuse pour lui donner plus de consistance.

On fait aujourd'hui des *chapeaux de soie* qui ont remplacé en grande partie les chapeaux de feutre; mais ces chapeaux sont en tissus, parce que la soie ne peut pas se feutrer. Ils se composent d'une carcasse en toile ou en carton, recouverte d'une calotte de peluche de soie.

En France, avant le règne de Charles VI, on ne portait que des bonnets ou des toques; ce fut sous Henri IV que le chapeau devint et resta d'un usage général.

66.

Le savon, le blanchissage.

La fabrication des *savons* est une industrie fort importante à cause de leur emploi fréquent pour les blanchissages et d'autres usages domestiques. Elle repose sur la propriété qu'ont certaines substances appelées alcalis, telles que la soude et la potasse, de communiquer aux huiles et aux graisses de nouvelles propriétés, et notamment celle de se dissoudre dans l'eau. C'est par cette combinaison que le savon devient propre à enlever au linge et aux étoffes les taches grasses qui les salissent. Avec la soude on obtient toujours des savons durs, avec la potasse des savons mous. Le savon dur se fabrique en Italie, en Espagne, en France, avec de l'huile d'olives de qualité inférieure et de la soude caustique, c'est-à-dire à laquelle on a mêlé une certaine quantité de chaux. En Angleterre et dans le nord de l'Europe, on le fait avec le suif ou la graisse.

Voici le procédé qu'on emploie pour faire le savon. On chauffe l'huile ou la graisse, avec une lessive faible de soude caustique, dans de grandes chaudières qui portent à leur fond un tuyau nommé *épine*. On fait bouillir le mélange, qu'on brasse souvent et qui se combine peu à peu : on soutire par l'épine la lessive, qui n'est plus propre à l'opération, et on la remplace par de nouvelles lessives successivement plus fortes. La matière s'épaissit, surnage, et quand le savon est fait, on le met à sec en soutirant la lessive qui reste. Le savon est alors en pâte; on le fait cuire de nouveau et on le coule dans de grandes caisses, appelées *mises,* où il se prend en masse par le refroidissement. On en forme ensuite des pains carrés, ou on le divise en briques de vingt à vingt-cinq kilogrammes. Les savons de toilette, pour lesquels on emploie les huiles d'amandes douces et amères, de noisettes, de palme, le suif de mouton, sont toujours préparés à froid; on les aromatise avec des essences.

Le *blanchissage* est une opération qui consiste à rendre au linge sa première blancheur; on y emploie les cendres et le savon. Pour faire une lessive, on dispose par couches les pièces de linge sale dans un grand cuvier de bois, et, lorsque le tout est bien tassé, on le recouvre d'une grosse toile sur laquelle on met une couche de cendres. L'eau chaude qu'on verse sur ces cendres y dissout un sel, nommé potasse, qui y est contenu et qui, en pénétrant toutes les parties du linge, attaque les graisses, se combine avec elles et les dissout assez pour que l'eau froide ou le savon puisse ensuite les enlever facilement. Quand les cendres manquent ou qu'elles sont de mauvaise qualité, on y supplée par la potasse que fournit le commerce et qu'on prépare dans un grand nombre de pays.

67.

La cochenille, le carmin.

La belle couleur rouge écarlate connue sous le nom de *carmin* nous est fournie par un petit insecte appelé *cochenille*. Cet insecte, originaire du Mexique, contrée de l'Amérique, vit sur le nopal, arbuste épineux à feuilles épaisses et charnues, assez semblable en tout au figuier d'Inde qui croît dans notre pays. On cultive exprès les nopals pour recueillir le précieux insecte qu'ils nourrissent, comme nous cultivons le mûrier pour l'éducation des vers à soie.

Les cochenilles se multiplient à l'infini et rapidement. Il suffit de déposer, au retour de la belle saison, quelques-uns de ces insectes sur la feuille d'un nopal, pour voir en peu de jours les œufs éclore par milliers, et si le temps est favorable, on peut faire trois récoltes par an. Quand le moment de la récolte est arrivé, on racle les feuilles du nopal pour en détacher les insectes, qui tombent sur une toile placée au pied de l'arbre. Dès qu'on a amassé la récolte produite par le travail de deux jours environ, il faut tuer tous ces insectes; car ils ne tarderaient pas à pondre, ce qui ferait autant de déchet sur leur poids. On les fait périr, soit en les exposant à l'ardeur du soleil, soit, ce qui vaut mieux, par l'eau bouillante. Dans ce cas, on les met dans une corbeille que l'on plonge dans une chaudière d'eau bouillante, seulement pendant le temps nécessaire pour que toutes les cochenilles en soient atteintes; on les fait ensuite sécher au soleil en les étendant sur des toiles. Ainsi séchées, les cochenilles ont la forme et la grosseur des graines de poivre, et c'est dans cet état qu'elles sont apportées en Europe et livrées au commerce. Pour en extraire le carmin, on les fait bouillir dans un mélange d'eau et de soude auquel on ajoute un peu d'eau d'alun.

Le carmin est une des couleurs les plus riches et les plus précieuses pour la peinture. Cette substance est aussi employée dans le pastillage des confiseurs et dans la coloration des fleurs artificielles.

Outre la cochenille du nopal, on distingue encore la *cochenille de Pologne*, que l'on recueille dans ce pays sur les racines de quelques plantes, et la *cochenille du chêne* ou *kermès*, connue aussi sous le nom de *graine d'écarlate*, qui se trouve surtout en Espagne, et qui est principalement employée dans les teintureries.

On a introduit la culture des nopals et la production des cochenilles dans les possessions françaises de l'Algérie, et les essais qu'on a déjà faits ont très-bien réussi.

68.

Les éponges, le corail.

Les éponges et le corail sont des productions fort singulières dues à certains petits animaux qui vivent au sein des eaux, et qui appartiennent, dans l'histoire naturelle, à la classe des zoophytes ou animaux-plantes. Ils doivent ce nom à la ressemblance que la plupart d'entre eux ont avec un végétal, et ils sont généralement fixés sur les rochers marins, où ils vivent à la manière des plantes.

Les *éponges* sont formées d'une substance molle et poreuse, c'est-à-dire criblée d'une multitude de trous, et les animaux qui y sont renfermés, réunis les uns aux autres, présentent une masse gélatineuse où il est impossible de reconnaître quelque apparence d'organisation. Les éponges sont communément répandues dans la mer Méditerranée, la mer Rouge, et surtout dans les parages de l'Archipel. Après les avoir détachées des rochers sur lesquels elles sont fixées, on les débarrasse par plusieurs lavages de la matière glaireuse qui les recouvre, ainsi que des petits cailloux et des coquillages qui y sont adhérents. Leur propriété d'absorber l'eau sans l'altérer et de la restituer quand on les presse avec la main rend les éponges très-utiles : elles servent à différents usages dans l'économie domestique et principalement à la toilette.

Le *corail* est formé d'une substance calcaire, dure, d'un rouge éclatant. Cette substance est recouverte, dans l'état de fraîcheur, d'une chair mince, mais vivante et évidemment organisée; c'est celle de l'animal qui crée cette singulière production. Pour l'aspect et la forme, le corail est semblable à un petit arbre dépouillé de ses feuilles. On le trouve à différentes profondeurs dans la mer Méditerranée, et principalement sur les côtes de Barbarie. Le corail se développe plus rapidement sous l'influence d'une lumière intense : aussi celui des eaux profondes présente rarement les belles dimensions de celui qui se trouve à quelques mètres de la surface de la mer. Pour le détacher des rochers auxquels il est fixé, on fait descendre dans la mer une machine formée de branches de fer qui sont disposées en croix et auxquelles s'accrochent les ramifications du corail.

Le tissu du corail est d'un grain fin et serré, assez semblable à celui des marbres les plus précieux, et susceptible de recevoir le plus beau poli. Il sert à fabriquer des objets de parure très-variés, des croix, des colliers, des bracelets, des diadèmes, et il est principalement recherché des peuples orientaux. Les anciens attribuaient au corail des vertus chimériques; ils en faisaient comme nous des ornements de luxe.

68.

L'écaille, la nacre, les perles.

L'*écaille*, que l'industrie sait façonner sous tant de formes diverses, lui est fournie par les dépouilles de plusieurs espèces de tortues, et principalement par une espèce appelée *caret*, qui se trouve dans toutes les mers des pays chauds, et surtout dans les mers d'Afrique. La tortue est enfermée dans une sorte d'enveloppe formée de deux pièces ou de deux boucliers. La pièce de dessus est bombée : on l'appelle *carapace;* la partie intérieure constitue proprement l'écaille. Pour lui faire perdre la forme bombée qui lui est naturelle, on la trempe dans l'eau bouillante, puis on la soumet à la presse entre deux plaques chaudes de fer ou de cuivre. L'écaille, lorsqu'elle a été ramollie par la chaleur, se laisse mouler sous toutes les formes : on en fait des peignes, des tabatières, des éventails, toutes sortes de petits ustensiles ou petits meubles de luxe.

La propriété dont jouit l'écaille, de se souder facilement à chaud, permet d'en utiliser les plus petits morceaux. Ces fragments, après avoir été ramollis par la chaleur, sont comprimés dans des moules dont les pièces se serrent à volonté et qui sont soumis à l'action de l'eau bouillante. On obtient ainsi ce qu'on appelle l'écaille fondue.

Un grand nombre de coquilles, et particulièrement celles de certaines espèces d'huîtres qui sont communes dans les mers d'Asie, et dont la plus remarquable est connue sous le nom d'*avicule*, sont tapissées intérieurement d'une substance lisse, argentée, avec des reflets très-brillants ; cette substance est la *nacre*, qu'on détache des coquilles avec des outils tranchants et dont l'industrie tire parti pour en faire des jetons, des manches de couteau et une foule d'objets de luxe.

Tous les ans, à des époques marquées, sur les côtes de Ceylan et du golfe Persique, des pêcheurs plongent au fond de la mer et en retirent des coquilles, non-seulement pour la nacre, mais surtout pour les *perles* qu'elles renferment quelquefois. On croit que la formation des perles est due à une maladie particulière de l'animal, laquelle, en occasionnant une surabondance de la matière nacrée, fait que cette matière se façonne en petites boules plus ou moins régulières ; c'est ce qui a fait donner à l'avicule le nom de *perlière* ou *mère-perle*.

Dans tous les temps et dans tous les pays, les perles ont été un des ornements les plus recherchés et les plus estimés. L'industrie fabrique de fausses perles : ce sont de petites bulles de verre, dans lesquelles on coule de l'essence d'Orient, produite avec la substance nacrée des écailles d'un petit poisson nommé *ablette*.

70.

L'ivoire, la corne.

L'*ivoire* est une substance très-dure, blanche et luisante, qui constitue les défenses de l'éléphant, les dents de l'hippopotame et de quelques autres grands animaux. Presque tout l'ivoire livré au commerce et employé dans l'industrie est fourni par l'éléphant d'Afrique, dont les défenses ont quelquefois trois mètres de longueur et pèsent jusqu'à cent kilogrammes.

L'ivoire a un tissu, une couleur, une finesse de grain qui le rendent précieux pour les arts; il est susceptible de prendre sous le ciseau les formes les plus variées et les plus délicates et de recevoir le plus beau poli. On en fait une infinité de petits ouvrages de sculpture et d'ornement, tels que des statuettes, des pommes de cannes, des manches de couteaux, des jeux d'échecs et de dames, des billes. L'ivoire s'emploie aussi, en feuilles minces, pour la peinture à l'aquarelle et la marqueterie. On peut teindre l'ivoire de différentes couleurs; mais pour que la couleur s'y fixe solidement, il faut laisser tremper pendant quelques heures dans une dissolution d'alun ou de vinaigre les objets que l'on veut colorier.

Les éléphants étaient bien plus communs dans les temps anciens que de nos jours : aussi les peuples de l'antiquité, les Grecs et les Romains, employaient l'ivoire pour faire des tables, des siéges, des chars, pour en couvrir les portes et les murs des temples et même des maisons particulières. On sait que les statues colossales de Minerve et de Jupiter, dues au célèbre sculpteur grec Phidias, étaient faites partie d'or et partie d'ivoire.

Les *cornes* dont le bœuf, le buffle et d'autres animaux sont armés diffèrent des bois qui ornent la tête du cerf, du daim, en ce que les premières sont creuses, excepté à la partie supérieure, tandis que les seconds sont entièrement pleins. Les bois de cerf se travaillent comme l'ivoire; on en fait divers ouvrages, entre autres des manches de couteaux, de canifs, etc. Quant aux cornes, après les avoir fendues en long, on les fait bouillir, on les sépare en lames minces, et par le secours de la chaleur et de la pression on les étend et on les aplatit comme l'écaille. On fait avec la corne des manches, des peignes, des cornets, des tabatières, des boutons et d'autres ouvrages communs. Les débris peuvent se fondre et se mouler comme les fragments d'écaille; on en fait aussi de la colle forte. Au moyen du chlorure d'or et du nitrate d'argent on donne à la corne une coloration remarquable par la variété des nuances.

32.

Les bois d'ébénisterie.

La France possède un assez grand nombre d'arbres dont le bois peut servir à toutes sortes d'ouvrages d'ébénisterie : il suffit de citer le chêne, le cerisier, l'érable, le noyer, le frêne, le citronnier, l'acacia, le poirier et le pommier. Cependant presque tous les bois qui sont employés à cet usage, c'est-à-dire avec lesquels on fait les meubles et une foule d'objets d'utilité ou de fantaisie, nous viennent des pays étrangers. Parmi les bois exotiques et naturellement colorés, nous nommerons surtout l'acajou, le palissandre, l'ébène, le cèdre, les bois de citron et de rose.

L'acajou est un grand arbre qui croît abondamment dans les forêts des contrées tropicales, et surtout dans l'Inde et dans l'Amérique méridionale. Le bois de cet arbre est dur, compacte, susceptible du plus beau poli et admirablement nuancé avec des reflets très-variés du jaune au rouge.

L'arbre qui fournit le bois de palissandre est encore peu connu; il croît dans l'Amérique méridionale. Ce bois est violet, ou veiné de rouge, de violet et de brun. A l'air il devient foncé, et il exhale une odeur douce, agréable, qui rappelle celle de la violette.

Le bois connu sous le nom d'ébène, bois très-dur et d'une belle couleur noire, est produit par plusieurs espèces différentes d'arbres qui croissent dans l'Inde et aux Antilles. C'est le cœur de l'arbre qui est noir et qui constitue proprement l'ébène.

Le cèdre est un bel arbre qui croît sur les sommets du mont Liban. C'est un bois dur, résineux, odoriférant, incorruptible, de couleur rougeâtre ou fauve. Le célèbre temple de Jérusalem élevé à la gloire de Dieu par le roi Salomon était revêtu intérieurement de bois de cèdre.

Le bois de citron, de couleur jaunâtre, vient des Antilles, et le bois de rose, d'un rouge pâle, du Levant et des îles Canaries.

On peut encore citer le bois de fer, bois très-dur fourni par différents arbres qui croissent dans les contrées chaudes de l'Asie et de l'Amérique; le bois d'amaranthe, qui vient de Cayenne; le bois de courbaril, provenant d'un arbre résineux de l'Amérique méridionale et des Indes; enfin les bois d'aloès et de sandal, remarquables par l'odeur aromatique qu'ils exhalent.

Parmi tous ces bois, les uns sont plus spécialement destinés aux ouvrages de tour et de marqueterie; les autres sont sciés en feuilles et lames très-minces, appelées placage et qu'on applique avec de la colle forte sur des bois ordinaires qui forment le corps des meubles. L'acajou est le bois qui est le plus employé dans l'art de l'ébénisterie.

72.

La gomme élastique, le caoutchouc.

Le suc de diverses plantes renferme une substance singulière par ses propriétés, et que tout le monde connaît sous le nom de *gomme élastique*. Dans certains cas, cette substance ne se rencontre qu'en petite quantité; d'autres fois, au contraire, la proportion en est si considérable qu'il suffit d'extraire le suc et de l'abandonner à l'air pour qu'il prenne une consistance solide ; la matière qu'on obtient est le *caoutchouc*. C'est particulièrement un arbre de l'Amérique méridionale, nommé *hivea* ou *hévé*, qui donne cette espèce de gomme élastique qu'on applique aujourd'hui à tant d'usages.

Pour obtenir le caoutchouc, on fait à la tige de l'arbre des incisions qui laissent suinter, sous forme de lait, ce suc dont on recouvre des moules en terre de diverses formes, et le plus ordinairement de la forme d'une poire. Séché à l'air, le caoutchouc devient solide en peu de temps; exposée à l'action de la fumée, cette substance, qui est naturellement blanche, prend des teintes plus ou moins foncées. On applique de même une seconde, une troisième couche, jusqu'à ce que l'épaisseur soit jugée suffisante. Ensuite on brise les moules, et c'est sous cette forme que le caoutchouc est livré au commerce. On l'obtient aussi, par les mêmes procédés, en plaques de diverses dimensions, au moyen desquelles on fabrique un grand nombre d'objets utiles.

Le caoutchouc se ramollit par la chaleur et se fond alors aisément, mais la matière reste ordirement glutineuse et collante; à une plus haute température, elle brûle et donne beaucoup de fumée. On ne connait qu'un petit nombre de substances qui puissent dissoudre, c'est-à-dire rendre liquide le caoutchouc : ce sont particulièrement l'éther et l'espèce d'huile volatile qu'on obtient en distillant le charbon de terre pour en extraire le gaz qui sert à l'éclairage. C'est avec le caoutchouc rendu liquide qu'on fait les tissus et les vêtements imperméables à l'humidité et à l'air. A cet effet on étend avec soin une couche mince de ce liquide sur une étoffe fine et bien lisse, et on applique par-dessus une seconde étoffe qui s'y colle exactement. Le caoutchouc est également employé pour confectionner des chaussures ou plutôt des sous-chaussures, qui sont devenues aujourd'hui d'un usage presque général. On est parvenu aussi à découper cette substance en lanières et en fils avec lesquels on fait des bretelles, des jarretières et d'autres objets. Enfin il n'est personne qui ne sache qu'on se sert de la gomme élastique pour effacer sur le papier la trace des crayons de plombagine vulgairement nommée mine de plomb.

73.

Les aiguilles.

Il est vraisemblable que les premières *aiguilles à coudre* ont été d'abord des épines ou des arêtes de poissons percées vers le bout le plus gros ; il est constant que les anciens faisaient usage d'aiguilles en métal, travaillées assez grossièrement, s'il faut en juger par celles qui se voient dans les cabinets d'antiquités. Chez les modernes, ce petit instrument a acquis une très-grande perfection ; l'exactitude et la rapidité avec lesquelles on le fabrique aujourd'hui sont vraiment merveilleuses.

L'aiguille à coudre, qui a donné son nom à toutes les autres espèces, se fait de la manière suivante ; on prend du fil d'acier de la grosseur que l'aiguille doit avoir, et on le coupe, au moyen de cisailles, en bouts d'une longueur suffisante pour faire deux aiguilles. Un ouvrier prend une vingtaine de ces bouts et en aiguise les deux extrémités sur une meule de grès, pour faire la pointe. Après cette opération, on coupe les morceaux d'acier par le milieu et on les *palme* : palmer les aiguilles, c'est les prendre par petites poignées, les tenir d'une main de manière qu'elles représentent les côtés d'un éventail développé, et d'un coup de marteau aplatir le gros bout, pour y créer deux faces, sur lesquelles on emporte, de chaque côté, un peu de métal avec un outil ; cela produit l'*œil* de l'aiguille, qu'on travaille à la lime pour y façonner une gouttière. Il faut ensuite arrondir le bout aplati et polir le trou de l'aiguille, afin qu'il ne coupe pas le fil.

Après ces diverses opérations, l'aiguille est à peu près terminée : il reste encore à la tremper et à la polir. Pour tremper les aiguilles, on les chauffe au rouge dans des boîtes fermées, et lorsqu'elles ont reçu le degré de chaleur convenable, on les jette dans l'eau froide. L'opération de la trempe est fort délicate et une des plus importantes : si la trempe est trop dure, les aiguilles sont cassantes; dans le cas contraire, elles sont molles et dépourvues d'élasticité. On rectifie les défauts de la trempe par le *recuit*, opération qui consiste à soumettre de nouveau les aiguilles à un degré convenable de chaleur et à les laisser refroidir. Pour polir les aiguilles, on les agite vivement et on les frotte les unes contre les autres dans de la poudre d'émeri. On achève de les nettoyer d'abord dans une lessive d'eau chaude et de savon, ensuite dans du son. Enfin on rafraîchit les pointes sur la pierre, et cette dernière opération de la fabrication des aiguilles a reçu le nom d'affinage. Une aiguille passe quelquefois par les mains de plus de cinquante ouvriers, et c'est par cette grande division du travail qu'on peut vendre à si bas prix ce produit de première nécessité.

74.

Les épingles.

Les premières *épingles* furent sans doute des épines ou des petites chevilles de bois; plus tard, on en fit grossièrement en métal. Aujourd'hui la fabrication de cette marchandise s'exécute par des procédés si rapides et à des prix si bas, qu'on peut donner cent épingles pour quelques centimes.

La fabrication des épingles diffère peu de celle des aiguilles; mais la matière qu'on y emploie n'est pas la même, et la manière de faire la tête est tout à fait différente. Les épingles se font avec du fil de laiton, qui est un alliage de cuivre et de zinc. Le fil de laiton, après avoir été décrassé et dressé à la filière, est coupé en tronçons de même longueur au moyen d'une cisaille. Du coupeur les tronçons passent aux empointeurs, c'est-à-dire à ceux qui font la pointe sur la meule : il y a deux sortes de meules pour cette opération, l'une propre à dégrossir, l'autre à finir la pointe. Les tronçons dont les deux bouts sont aiguisés passent des empointeurs à l'ouvrier coupeur. Celui-ci, armé d'une cisaille et muni d'une boîte qui lui sert de régulateur, retranche, vers les deux bouts du tronçon, deux longueurs; ces deux parties détachées représentent deux épingles privées de tête, c'est-à-dire les tiges, qu'on appelle *hanses*.

Les têtes se font avec du fil de laiton plus fin que celui des épingles, et qui est roulé en spirale sur une tige, comme le fil des bretelles. Il est découpé en petits fragments dont chacun a deux révolutions de la spirale, et il faut une grande habitude pour bien exécuter cette opération. Un ouvrier habile peut couper jusqu'à douze mille têtes par heure. Pour attacher et fixer la tête, on enfile un de ces petits fragments sur la tige, et on fait mouvoir une machine appelée *mouton*, espèce de marteau qui vient frapper sur la tête lorsque la pièce est placée sur une enclume disposée à cet effet.

Après cela il ne s'agit plus que de nettoyer et de blanchir les épingles. Pour les nettoyer, on les fait bouillir dans de la lie de vin ou dans une eau de crème de tartre, et on les lave à plusieurs reprises dans de l'eau pure. Pour les blanchir et les empêcher de se couvrir de vert-de-gris, on les fait bouillir dans une eau de crème de tartre, mais sur des plats d'étain ; l'étain se dissout et s'étend comme une poussière sur les épingles.

Une épingle passe par les mains de douze ou quinze ouvriers qui peuvent en faire environ cent milliers par jour. C'est à L'Aigle, petite ville du département de l'Orne, que se fabriquent presque toutes les épingles de France.

75.

Le papier.

Le *papier* se fait avec des chiffons ou de vieux linges réduits en pâte. Les chiffons de lin et de chanvre sont les meilleurs; mais comme ils sont rares et chers à cause de la grande consommation qui s'en fait, on y mêle presque toujours une certaine quantité de vieux linges de coton.

Lorsque les chiffons sont arrivés à la papeterie, des ouvrières les trient et les séparent en différents lots suivant leur qualité; puis ces ouvrières, placées devant des tables garnies intérieurement d'un grillage en fil de fer, prennent les chiffons un à un, les secouent pour les débarrasser de la poussière qu'ils renferment, puis les coupent en morceaux d'assez petites dimensions : elles ont le soin de n'y laisser ni coutures, ni ourlets, ni boutons. Autrefois les chiffons, après avoir été ainsi préparés, étaient placés dans une cave appelée *pourrissoir*, où on les faisait fermenter pendant une quinzaine de jours, en les humectant d'une quantité d'eau suffisante. Cette opération, très-mauvaise, parce qu'elle altérait la fibre des chiffons, est à peu près entièrement abandonnée aujourd'hui. On y a substitué des procédés mécaniques combinés de telle manière que les chiffons sont successivement lavés et effilochés, puis réduits en pâte au moyen de cylindres armés de lames coupantes d'acier et tournant autour d'un billot immobile qui est aussi armé de lames, celles-ci croisant les premières. Au lieu de cylindres on emploie aussi des maillets en bois, garnis de lames de fer, qui battent et broient les chiffons dans une auge dont le fond est garni de plaques de fonte.

Le blanchiment des chiffons s'exécute de deux manières ; soit avant l'effilochage, en exposant les chiffons à l'action d'un gaz appelé chlore ; soit après l'effilochage, en mêlant à la pâte un sel connu sous le nom de chlorure de chaux. Une fois ainsi préparée, la pâte descend par un conduit dans des cuves ou cuviers, d'où elle sort enfin pour se transformer, soit en de petites feuilles de papier, soit en de larges feuilles de papier sans fin, suivant les procédés qu'on emploie et que nous décrirons ci-après.

Les Égyptiens écrivirent les premiers sur les feuilles du papyrus, roseau qui croît sur les bords du Nil. On se servit également de papyrus chez les Grecs, les Romains, et même en France jusqu'au sixième siècle. Ce ne fut qu'au septième siècle que l'on commença à employer le parchemin [1], connu déjà depuis longtemps et même des anciens qui en faisaient usage. Quant au papier de chiffons, il ne fut inventé qu'au douzième siècle, et les premières papeteries s'établirent en France vers 1312.

1. Le parchemin est fait avec la peau de jeune veau.

76.

Fabrication du papier.

Pendant bien longtemps le papier s'est fait à la main, au moyen de formes, espèces de cadres ou de châssis en bois que l'ouvrier plongeait dans la cuve et en retirait avec une portion de pâte suffisante pour la confection d'une feuille de papier. Au travail des hommes, qui ne pouvaient fabriquer ainsi que des quantités très-limitées de papier, sous des dimensions peu étendues et par plusieurs opérations successives, on a substitué maintenant des machines qui peuvent en fournir des quantités considérables, sous des dimensions très-grandes et dans une seule opération. Voici en peu de mots le travail de ces machines ingénieuses.

La pâte de papier, préparée comme il a été dit précédemment, sort de la cuve par une ouverture pratiquée à cet effet et s'écoule sur une toile métallique sans fin et mobile qui retient la pâte et ne laisse passer que l'eau. Pour favoriser cette séparation, la toile métallique est animée d'un mouvement de va-et-vient; l'eau ruisselle au-dessous et se perd; la feuille vient passer devant une étoffe de laine sans fin, sur laquelle elle se colle, et qui la conduit jusqu'à des cylindres, sur chacun desquels elle passe pour arriver enfin à l'extrémité de la machine, où elle s'enroule sur un dernier rouleau ou manchon.

C'est ainsi que l'on voit en peu d'instants le chiffon réduit en pâte s'écouler sur la toile qui le sépare de l'eau, et former une feuille d'une longueur indéfinie qui peut être employée immédiatement après avoir été séchée, ce à quoi l'on parvient facilement en faisant passer de la vapeur dans le manchon sur lequel la feuille est enroulée. Une fois séché, le papier est coupé en dimensions convenables et mis en rames. Chaque rame se compose de cinq cents feuilles ou de vingt mains de vingt-cinq feuilles chacune.

Le papier destiné à l'écriture ou papier à écrire doit être collé, c'est-à-dire recevoir une préparation qui l'empêche de boire l'encre : à cet effet, on mêle à la pâte, dans la cuve, une dissolution de gélatine et d'alun.

On a essayé de faire du papier avec différentes substances, telles que de la paille, des écorces ou les fibres de certains végétaux ; mais ces divers essais n'ont pas donné des résultats assez satisfaisants pour qu'on puisse employer ces matières comme les chiffons de linge.

L'invention du papier mécanique est due à un ouvrier d'Essonnes, nommé Louis Robert, et c'est en 1815 que furent établies les premières fabriques de ce genre.

77.

Les plumes, l'encre à écrire, les crayons.

Les anciens écrivaient sur des tablettes enduites de cire avec un burin ou style, dont un des bouts, qui était aplati, servait à effacer. Ils employaient aussi, quand ils voulaient tracer des caractères à l'encre ou avec une teinture quelconque, un petit roseau qu'ils tiraient principalement de l'Égypte, et dont plusieurs peuples de l'Asie font encore usage aujourd'hui. C'est au septième siècle de l'ère chrétienne qu'on entend parler pour la première fois des *plumes à écrire*, qui paraissent avoir été employées d'abord concurremment avec le roseau, et ne finirent par prévaloir exclusivement qu'au dixième siècle.

Presque toutes les plumes à écrire sont tirées de l'aile des oies; celles du bout de l'aile sont plus petites et moins chères. Avant de s'en servir, il faut les débarrasser d'une substance grasse qui les recouvre et les rend molles; à cet effet, on les plonge par le tuyau dans du sable fortement chauffé, et on les y laisse jusqu'à ce qu'elles soient bien nettoyées et qu'elles aient acquis le degré de dureté convenable.

L'usage des *plumes métalliques* est aujourd'hui fort répandu; on les fait le plus ordinairement avec de la tôle d'acier. Elles sont d'abord taillées d'un seul coup à l'emporte-pièce, puis finies avec des limes et sur la pierre à aiguiser.

L'*encre noire* qui sert à écrire se fait de bien des manières; mais les ingrédients qui entrent communément dans sa composition sont la noix de galle [1], le bois de Campêche, la couperose verte [2], la gomme arabique. Ces substances, mises ensemble dans des proportions différentes, sont broyées dans un mortier et mêlées ensuite à une certaine quantité d'eau. On fait bouillir le tout et on tire à clair.

Les *crayons* de poche et de bureau, dont on se sert pour régler le papier et pour d'autres usages, se font avec une substance nommée *plombagine*, qu'on trouve dans certaines mines, et surtout en Angleterre, et qu'on est parvenu à faire artificiellement par une combinaison de charbon et de fer; on l'appelle aussi *mine de plomb*, bien qu'elle ne contienne aucune partie de ce métal. La plombagine, sciée en filets très-minces, est introduite dans une petite rainure tracée au milieu d'une espèce d'étui ou de fourreau en bois; on la recouvre ensuite avec l'autre partie du fourreau et on les fixe avec de la colle.

1. La *noix de galle* est une espèce d'excroissance produite par la piqûre d'un insecte sur les feuilles d'un chêne de l'Asie Mineure.

2. La *couperose verte* ou *sulfate de fer* se fabrique avec les pyrites de fer, qui sont des pierres composées de fer et de soufre.

78.

Filature des matières propres à faire des tissus.

Pendant bien des siècles, et jusqu'à la fin du siècle dernier, la filature des matières propres à faire la plupart des tissus a été une modeste occupation domestique principalement réservée aux ménagères des campagnes. Les fils de coton, de laine, de chanvre et de lin étaient produits un à un, sans le secours d'autres machines que le fuseau et le rouet.

Aujourd'hui ce sont des machines aux combinaisons les plus ingénieuses qui ont remplacé le fuseau et le rouet, et qui, une fois mises en mouvement, peuvent travailler nuit et jour sans cesse ni repos : il suffit de les alimenter, c'est-à-dire de leur fournir de la matière à filer, et de les surveiller, afin de s'assurer qu'aucun accident ne vient troubler le jeu du mécanisme. Avec ces machines, qui sont mues ordinairement par la force de la vapeur ou par des roues hydrauliques[1], on fait trois ou quatre cents fils à la fois, d'une si grande finesse qu'un kilogramme de matière première, de coton par exemple, peut fournir une longueur équivalente à la distance de Paris à Lyon, et d'une perfection telle qu'il n'y a pas la moindre irrégularité sur cette prodigieuse longueur.

1. C'est-à-dire que l'eau fait mouvoir.

Le tissage est l'art de former les étoffes par l'entrelacement des fils : les uns, beaucoup plus forts, sont tendus parallèlement entre eux dans toute la longueur de l'étoffe qu'on veut faire et forment ce qu'on appelle la *chaîne ;* les autres croisent perpendiculairement ceux de la chaîne dans le sens de la largeur, passant alternativement sur un fil, sous l'autre, par entrelacs, et forment ce qu'on nomme la *trame*. C'est à l'aide d'un petit instrument appelé *navette* que le tisserand fait ce travail. Les métiers à tisser ont reçu de nombreux perfectionnements, et même on tisse aujourd'hui mécaniquement la plupart des étoffes unies et certains tissus façonnés.

Les inventions modernes de la filature et du tissage mécanique sont dues en grande partie à de simples ouvriers. Ainsi c'est un pauvre barbier, nommé Arkwrigth[1], qui le premier exécuta une machine à filer le coton et opéra ainsi une révolution complète dans la fabrication de cette matière. C'est un ouvrier français, nommé Jacquart[2], qui, en simplifiant les machines pour le tissage, a donné une si grande supériorité à l'industrie lyonnaise. C'est encore à un Français, Philippe de Girard, qu'est due l'invention de la filature mécanique du lin.

1. Né en Angleterre en 1732.
2. Né à Lyon en 1752.

79.

Filature du coton.

Les substances propres à être tissues pour être converties en étoffes, n'étant pas toutes organisées de la même manière, demandent chacune, soit dans les préparations qui précèdent la filature, soit dans la filature même, quelques procédés particuliers qu'il est utile de connaître.

Le coton, tel qu'il arrive en Europe, enfermé dans des balles, est toujours plus ou moins sali par la poussière et par des débris végétaux. Il faut donc, avant tout, le nettoyer. Cette opération se fait, soit au moyen de baguettes avec lesquelles des ouvriers battent le coton ouvert et éparpillé sur un tissu de cordelettes tendues, soit à l'aide de machines dont l'une, désignée sous le nom de *batteur-éplucheur*, épluche le coton ; et l'autre, appelée *batteur-étaleur*, l'étale et le forme en nappe enroulée. On procède ensuite au cardage, qui a pour but de réduire le coton à l'état de ruban. Autrefois cette opération avait lieu par des cardes à la main, comme celles dont font encore usage les cardeuses de matelas ; aujourd'hui, c'est une machine qui est chargée de ce travail. Le coton cardé est livré à d'autres machines qui l'étirent et commencent à le tordre, et il passe ensuite à la *bobineuse*, machine qui le roule sur des bobines.

Vient ensuite le filage proprement dit, opéré par une machine appelée *jeannette* ou *mull-jenny*. Ce sont d'abord des laminoirs entre lesquels passe le coton des bobines; et comme ces laminoirs ont des diamètres différents et une vitesse toujours croissante, le coton s'étire et s'allonge, et, en sortant du dernier laminoir, se rend à des broches tournantes où doit se produire le fil. Toutes ces broches, au nombre de trois ou quatre cents, sont portées par un chariot roulant sur des rails ou des lignes bien parallèles, tantôt en avant, tantôt en arrière. Le chariot s'éloigne des cylindres à mesure que ceux-ci fournissent le fil aux broches qui le tordent par leur mouvement rapide de rotation; puis, arrivé à l'extrémité de sa course, il s'arrête : tout le mécanisme s'arrête en même temps, et le fil s'envide autour des broches à mesure que le chariot est ramené près des cylindres. Alors tout se remet en mouvement pour produire les mêmes effets. Au sortir du métier, le fil se rend au dévidoir, machine qui le met en écheveau, ou à la *pelotonneuse*, autre machine qui le roule en boule et l'y dispose avec une merveilleuse régularité.

Chaque écheveau se compose de dix échevettes de cent fils, ayant en tout mille mètres de longueur, et dont la finesse est indiquée par des numéros qui font connaître combien il faut d'écheveaux pour peser un demi-kilogramme.

80.

Filature de la laine.

La laine, telle qu'elle provient de la toison des animaux, est naturellement enduite d'une matière huileuse, appelée *suint*, dont on la débarrasse en la plongeant dans une eau mêlée avec du savon noir. Après plusieurs lavages successifs qui lui font perdre une grande partie de son poids, on l'expose à l'action de la vapeur de soufre, si l'on veut lui donner une belle couleur blanche. La laine sert à faire des matelas ou à fabriquer des draps et divers tissus. Dans le premier cas, il suffit de la carder, en la faisant passer entre deux cardes, c'est-à-dire entre deux planchettes garnies de pointes de fer bien égales et bien nivelées.

Lorsque la laine est destinée à la fabrication des tissus, il faut également la carder et la réduire ensuite en fils ou la filer, et on y verse une certaine quantité d'huile, afin de rendre ces opérations plus faciles. Du reste, comme pour la filature du coton, ce sont des machines ingénieuses qui sont chargées de tous les travaux qu'embrasse la filature de la laine. L'une de ces machines, nommée *diable* ou *loup,* ouvre la laine et lui fait subir un battage qui la débarrasse de la poussière et des matières étrangères qui la salissent; une autre l'étend en nappes et la livre ensuite aux machines chargées de la carder ou de la peigner. La laine est cardée si elle est destinée à faire des draps foulés, c'est-à-dire dont le tissu n'est pas visible; elle est peignée lorsqu'elle doit servir à la fabrication des étoffes lisses, c'est-à-dire dont le tissu est visible, telles, par exemple, que les mérinos et autres draps légers. Après cela, la laine, réduite en boudins, est filée en gros au moyen de la machine appelée *jeannette* ou *mull-jenny*. Quant au filage en fin, ce travail est opéré par une autre machine qui, en allongeant et tordant le fil, lui donne le degré de finesse qu'on veut obtenir.

Le tissage des étoffes de laine, des draps, se fait comme celui de la toile, c'est-à-dire que les étoffes de laine se composent, comme celles de chanvre et de lin, de fils entre-croisés dont les uns, beaucoup plus forts, forment la chaîne, et les autres, plus souples et moins tordus, forment la trame. Le tissage fait, il faut dégraisser les draps pour enlever l'huile dont la laine avait été imprégnée avant d'être cardée; on les foule et on les feutre, en les soumettant à l'action de pilons ou de machines à foulon qui les pétrissent sans relâche; enfin on les brosse avec des instruments armés de têtes de chardons, et on les tond avec des ciseaux nommés *forces* pour donner la même longueur aux poils ou à la peluche.

81.

Filature du chanvre et du lin.

Les tiges de chanvre et de lin, telles qu'elles sont récoltées, sont un assemblage de fibres fortement unies entre elles par une espèce de gomme résine. Pour pouvoir isoler ces fibres et en former des filaments flexibles, il faut avant toutes choses détruire cette gomme, et on y parvient par une opération appelée *rouissage*. Le procédé le plus généralement employé pour rouir le chanvre et le lin consiste à tenir plongées pendant quinze ou vingt jours, dans une eau courante ou stagnante, les tiges réunies en bottes. L'action de l'eau et de l'air fait fermenter et dissoudre la matière gommeuse et fendiller l'écorce des tiges; après avoir fait sécher convenablement celle-ci, on détache les fibres, soit à la main, soit à l'aide d'un instrument, et c'est ce qu'on appelle *teiller*. La filasse, qui est le produit de cette opération, est ensuite peignée, c'est-à-dire passée sous les dents d'un peigne formé par de fines aiguilles en acier; les longs brins se trouvent ainsi séparés des filaments plus courts qui ont été brisés pendant le peignage et qu'on désigne sous le nom d'*étoupes*. Les longs brins sont destinés à être filés et donnent le meilleur fil pour les tissus; les étoupes sont réservées pour de grossiers usages.

La filature du chanvre et du lin s'est faite pendant bien longtemps au fuseau et au rouet, mais aujourd'hui elle se fait généralement au moyen de machines connues sous le nom de *métiers continus* et mises en mouvement par la force de la vapeur ou d'une roue hydraulique. Les fils de chanvre et de lin ne sont pas employés aux mêmes usages dans la confection des tissus : les fils de chanvre servent à faire des toiles grossières, des toiles à voiles, des cordages; les fils de lin sont réservés pour la fabrication des belles toiles, des batistes, des dentelles.

Les toiles, en sortant des métiers de tissage, sont écrues, c'est-à-dire dures et bises; il faut les soumettre à une opération appelée *blanchiment*, qui a pour objet de les débarrasser des matières colorantes qui leur ôtent la souplesse. Le procédé généralement employé pour blanchir les toiles consiste à les laver d'abord dans une eau qui contient de la potasse ou de la soude, à les faire passer successivement par plusieurs lessives, et enfin à les étendre sur des prés, afin qu'elles y reçoivent l'action alternative de la rosée et du soleil. Ce procédé, qui est fort long, a été remplacé par une autre méthode consistant dans l'emploi d'une substance, appelée chlorure de chaux, qui a la propriété de détruire en peu de temps les matières colorantes de la toile, tout en lui conservant sa force et sa souplesse.

82.

Filature de la soie.

On pourrait dire que la soie ne subit pas une véritable filature à la manière du coton, du chanvre et de la laine, puisque le fil se trouve tout formé dans les cocons produits par les vers à soie. La filature de la soie comprend deux opérations distinctes : d'abord, le dévidage du fil simple dont les cocons sont composés, ce qu'on appelle le *tirage;* ensuite la réunion et la torsion de plusieurs fils en un seul, c'est ce qu'on appelle le *moulinage*.

Pour évider la soie, c'est-à-dire pour la tirer des cocons, il faut d'abord enlever la bourre dont ils sont couverts ; ensuite on les plonge dans une eau très-chaude et on les remue avec un petit balai qui est fait ordinairement de brins de bruyère très-fine. L'eau chaude dissout l'espèce de gomme naturelle qui colle les fils sur les cocons, le fil principal se détache et s'accroche au balai ; on le saisit, on les dévide et on commence à filer. En général, on file à quatre, cinq ou six cocons ; mais comme la soie qui forme la surface du cocon est plus grosse que celle qui se trouve en dessous, la soie devient plus fine à mesure que le cocon se dévide. Il résulte de là qu'un fil commencé et fini avec six cocons neufs serait gros dans la première partie et fin dans la seconde. Pour remédier à cet inconvénient et conserver de l'égalité à la soie, on commence, par exemple, avec cinq cocons neufs, et, quand ils sont dévidés, on ajoute un sixième cocon. Les soies qui sont ainsi le produit immédiat du dévidage des cocons sont appelées *soies gréges.*

Dans les fabriques de soieries, on emploie pour certaines étoffes légères la soie grége sans aucune préparation, si ce n'est la teinture ; mais le plus souvent les soies gréges sont soumises à diverses opérations et prennent alors le nom de soies *ouvrées.* On apprête la soie pour deux usages principaux : pour trame et pour chaîne. Les soies pour trame sont formées de plusieurs fils réunis et tordus légèrement ensemble ; les soies pour chaîne, nommées organsins, consistent dans la réunion de plusieurs fils tordus en sens inverse et formant ainsi une cordelette fine et forte. Dans cet état, les soies sont dites *crues* ou *écrues ;* elles sont roides, parce qu'elles sont encore enduites d'une espèce de vernis dont on les débarrasse par le *décreusage,* opération qui consiste à les faire bouillir dans une eau de savon. La soie perd dans cette opération à peu près le quart de son poids et prend le nom de *soie cuite;* c'est avec elle qu'on fait ces étoffes d'une douceur et d'une souplesse merveilleuses, le satin, la peluche, le velours. Le tissage de la soie est une des industries les plus précieuses et les plus remarquables de la France.

83.

Teinture sur soie, laine, coton, etc.

L'art de colorer les tissus remonte à une époque si reculée qu'on ignore dans quel temps et dans quelle contrée il a pris naissance. On sait seulement qu'il a été pratiqué avec assez d'habileté par les anciens peuples de l'Inde, de la Perse, de la Syrie et de l'Égypte, et que ceux-ci l'avaient transmis aux Grecs et aux Romains. Chez les peuples modernes, cette industrie fut d'abord florissante en Italie, à cause des relations commerciales que les Vénitiens et les Génois entretenaient avec l'Orient. En France, ce n'est guère qu'au dix-septième siècle, sous le ministère de Colbert, que les ateliers français purent rivaliser avec ceux des nations étrangères, et depuis cette époque, l'art de teindre les étoffes, favorisé par les progrès des sciences, s'est considérablement développé et perfectionné.

Les matières colorantes destinées à teindre les fils ou les tissus de laine, de coton, de soie, etc., ne peuvent s'unir intimement avec ces tissus qu'autant qu'elles sont dissoutes dans un liquide approprié à la nature de la couleur : cette dissolution forme ce qu'on appelle le bain de teinture. La plupart des couleurs ne peuvent en outre se fixer sur les étoffes, d'une manière solide et durable, que par le secours de certaines substances désignées sous le nom de *mordants,* telles que l'alun, l'acétate d'alumine, les vitriols de fer et de cuivre.

Parmi les matières colorantes employées dans la teinture, les unes résistent à l'action du soleil, de l'air et des lessives, et sont appelées *solides* ou *bon teint :* telles sont les couleurs de la garance pour les diverses nuances de rouge, de l'indigo pour le bleu, de la gaude pour le jaune, de la cochenille pour l'écarlate. D'autres sont promptement détruites par l'influence du soleil et de l'air, plus ou moins altérées par le savon, et sont désignées sous le nom de *faux teint :* les bois rouges du Brésil, le bois de Campêche ou d'Inde, les graines jaunes de Perse et d'Avignon, sont dans ce cas.

L'application des mordants et des couleurs ne se fait pas toujours de la même manière : tantôt on ne teint l'étoffe qu'après qu'elle a été d'abord imprégnée du mordant; tantôt on mêle le mordant à la dissolution de la matière colorante, et dans ce mélange on plonge les étoffes, qui enlèvent au liquide des proportions déterminées du mordant et du principe colorant. Après la teinture on fait dégorger les étoffes, c'est-à-dire qu'on leur enlève par des lavages l'excès de couleur qu'elles ont pris. Ensuite on les fait sécher, soit à l'air libre, si les couleurs sont délicates, soit dans des étuves ou séchoirs.

84.

Impression sur tissus.

Il ne faut pas confondre la teinture proprement dite des étoffes, ou l'art du teinturier, avec l'impression sur tissus, ou l'art de l'indienneur : ce sont deux arts distincts et qui ne procèdent pas de la même manière. Dans l'impression sur tissus, au lieu de donner à la masse des fils ou des étoffes une teinte uniforme par l'emploi des procédés qui ont été déjà décrits, on ne colore que certaines parties de l'une des faces de l'étoffe, au moyen d'une ou de plusieurs couleurs différentes, appliquées mécaniquement et disposées de manière à former des dessins réguliers et harmonieux.

C'est de l'Inde que nous sont venues les premières notions de l'art de réaliser des dessins sur toile : de là les expressions d'*indiennes* et d'*indienneurs* appliquées à ces étoffes et à ceux qui les fabriquent. De plus, comme, à la naissance de cet art en Europe, on exécutait les dessins sur toile à l'aide de pinceaux, à la manière des peintres, ces étoffes ont été désignées sous le nom de *toiles peintes*. Ce sont les Portugais qui ont introduit les toiles peintes en Europe, mais ce sont des Français qui ont créé les premiers établissements industriels ayant pour objet l'impression sur tissus.

Autrefois on imprimait les couleurs sur les toiles au moyen de planches de bois ou de planches de cuivre gravées. A cet effet, on déposait les mordants aux places que les dessins devaient occuper, puis on plongeait les étoffes dans le bain de teinture. Les couleurs ne s'appliquaient bien que là où se trouvaient les mordants; partout ailleurs elles n'avaient aucune fixité, et un simple lavage suffisait pour les enlever.

Aujourd'hui ces procédés sont généralement remplacés par l'impression au rouleau, et c'est à cette heureuse invention que sont dus les progrès remarquables et les perfectionnements de ce genre d'industrie. Le système de l'impression au rouleau se compose de rouleaux ou cylindres dont la surface est gravée, et qui, en tournant et passant dans un baquet, se chargent du mordant, et seulement à certaines places, parce que les autres places où on ne veut pas qu'il s'applique en sont préservées par un vernis. On fait passer les toiles entre ces cylindres gravés et un rouleau qui les presse et les refoule dans la gravure; puis, lorsque les toiles, ainsi imprimées, et après avoir été séchées en passant sur d'autres rouleaux, sont plongées dans le bain de teinture, la couleur ne s'attache qu'aux dessins où elle se trouve fixée, et le lavage enlève celle qui est aux autres places. Si la toile doit recevoir plusieurs couleurs, on recommence la même opération pour chacune d'elles, en appropriant le mordant à la nature de la matière colorante.

85.

Les mines.

On donne le nom de *mines* à des excavations souterraines qu'on pratique pour exploiter, c'est-à-dire pour en extraire les métaux, tels que le fer, le plomb, le cuivre, l'étain, l'or, l'argent, etc., les diamants et les autres pierres précieuses, et aussi les houilles, les lignites, le sel gemme. Le nom de *carrières* s'applique aux exploitations de marbres, de pierres de construction, de pierres à plâtre et à chaux, d'ardoises.

Les outils d'acier, pioches et pics, ont été longtemps les seuls connus et employés dans les mines; on suppléait à leur insuffisance, dans les roches très-dures, par l'application du feu, dont l'action prolongée faisait fendre ces roches. L'emploi de la poudre à canon a totalement modifié le travail des mines. Ce procédé consiste à percer dans la roche un trou d'une certaine profondeur dans lequel on place une cartouche bourrée de poudre; on ajoute à cette cartouche une mèche disposée de manière que celui qui est chargé d'y mettre le feu ait le temps de s'éloigner. L'explosion détache les fragments les plus dégagés de la roche, fracture et ébranle les autres, qu'on achève d'abattre à l'aide de pics et de marteaux.

L'exploitation des mines se fait quelquefois à

ciel ouvert, mais le plus souvent elle se fait sous terre, et à des profondeurs très-considérables. On creuse des puits, on perce des galeries, et, comme il est rare que le terrain soit assez solide pour se soutenir de lui-même et ne pas produire d'éboulement, on est obligé de revêtir ces puits et ces galeries d'un boisage composé de cadres et de pièces de bois, ou d'un muraillement qui se fait soit en briques, soit en pierres taillées. La forme et les dimensions données aux puits des mines varient suivant l'usage auquel ils sont destinés; le plus souvent ils sont ronds ou quadrangulaires, et ont de deux à quatre mètres de largeur. Les puits de grande dimension sont ordinairement divisés en trois compartiments, dont deux sont consacrés à l'extraction du minerai, tandis que le troisième sert à la fois aux pompes d'épuisement et aux échelles des ouvriers. Ces échelles, par lesquelles les ouvriers descendent dans la mine, sont appliquées aux murs des puits et scellées dans la roche ou le boisage. Les pompes sont destinées à épuiser les eaux qui filtrent souvent avec abondance dans les mines. Quand le minerai a été détaché, il est placé dans des chariots qui roulent sur des chemins de fer au fond des galeries et l'amènent à l'entrée des puits, où on le charge dans des tonnes ou bennes qui le montent à l'aide de machines.

86.

Les métaux.

Les *métaux* se trouvent enfouis au sein de la terre, dans des amas de matières minérales appelés filons, qui n'ont pas de direction fixe; ils coupent le terrain dans tous les sens. Leur grandeur et leur épaisseur sont très-variables. Les métaux se trouvent rarement purs; le plus souvent ils sont mêlés avec des substances étrangères. On donne le nom de minerai à la matière qui renferme le métal et d'où on l'extrait par divers procédés. Les métaux jouissent de plusieurs propriétés remarquables qui sont communes à tous, mais qu'ils ne possèdent pas tous au même degré: quelques-uns sont très-ductiles, c'est-à-dire qu'ils peuvent être réduits en fils d'une extrême ténuité, et c'est à l'aide d'une machine appelée *filière* qu'on les tire en fils plus ou moins fins. D'autres sont très-malléables, c'est-à-dire qu'ils s'aplatissent et s'étendent sous le marteau ou se laissent amincir par le laminoir de manière à prendre toutes les formes. Le laminoir est formé de deux cylindres en fonte qu'on rapproche à volonté et entre lesquels passe le métal qu'on veut laminer, c'est-à-dire réduire en lames ou feuilles.

Les métaux les plus remarquables par les usages nombreux auxquels on les applique sont le fer, le cuivre, le platine, le plomb, l'étain, le zinc, l'argent, l'or et le mercure.

Le fer est le plus usuel des métaux. Le cuivre est un métal rouge, très-commun, qui sert à la confection d'une infinité de vases et d'ustensiles, des plaques destinées à la gravure, des feuilles avec lesquelles on double les navires. Le platine est le plus lourd et le plus inaltérable des métaux : on en fait principalement les pièces d'horlogerie les plus délicates et des creusets destinés à être soumis à l'action d'un feu violent. Le plomb s'emploie pour couvrir les terrasses, les bassins, pour faire des tuyaux de conduite, des balles, le plomb de chasse. L'étain sert à étamer certains ustensiles de cuivre pour les empêcher de se couvrir de vert-de-gris, qui est un poison violent. Le zinc, réduit en feuilles, remplace sur beaucoup d'édifices modernes l'ardoise et la tuile. L'argent et l'or sont remarquables, le premier par sa belle couleur d'un blanc brillant, le second par sa belle couleur d'un jaune éclatant ; ces deux métaux précieux servent à faire les monnaies et les bijoux, et sont employés dans un grand nombre d'industries. Le mercure, appelé aussi vif-argent à cause de sa couleur blanche et de sa grande mobilité, est employé pour étamer les glaces, pour faire les baromètres et les thermomètres, etc.

87.

Le fer et la fonte.

De tous les métaux qui sont renfermés dans le sein de la terre, le *fer* est sans contredit celui qui est le plus utile à l'homme, et, par un bienfait de la Providence, c'est aussi celui qui se rencontre le plus abondamment dans presque tous les pays. Quand on l'extrait des mines, il est toujours uni à des matières étrangères dont on le débarrasse par divers procédés. Si le minerai est terreux, on le pile et on le lave ; s'il contient du soufre et de l'arsenic, on le grille pour chasser ces substances qui rendraient le fer cassant et de mauvaise qualité.

On fait fondre le minerai dans des fourneaux particuliers qu'on appelle *hauts fourneaux*, à cause de leur grande hauteur comparée à leur largeur. On charge le fourneau de coke ou de charbon de bois, et on active le feu au moyen d'énormes soufflets ou plutôt de machines soufflantes qui lancent une grande masse d'air.

Dès que le minerai, dans lequel on a mélangé une certaine quantité de charbon et de pierre calcaire ou d'argile, est entré en fusion, on enlève les matières étrangères qui surnagent et qu'on appelle *laitier*, et la *fonte*, à laquelle on donne issue par une ouverture pratiquée au bas du fourneau, est coulée dans des moules en sable où elle prend toutes les formes qu'on a voulu d'avance lui donner. C'est avec la fonte qu'on fait les chaudières, les rails de chemins de fer, les tuyaux, les canons, les boulets, les colonnes et les charpentes en fer des toitures, les balcons des croisées et une foule d'objets d'utilité ou d'ornement.

La plus grande partie de la fonte qui se fabrique, au lieu d'être immédiatement coulée pour produire les divers objets qu'on vient d'énumérer, est employée à la fabrication du fer, dont il se fait une consommation bien plus considérable que de la fonte.

Pour convertir la fonte en fer, il faut lui faire subir une opération connue sous le nom d'*affinage*, et qui a pour but de la purifier de certaines matières qu'elle renferme. La fonte, soumise à l'action de la chaleur sur une forge, entre en fusion, et quand elle forme une espèce de pâte, elle est placée sous un énorme marteau ou entre les cylindres d'un laminoir : les coups répétés du marteau ou la pression du laminoir font suinter le laitier que contient encore la fonte. Par des réchauffages successifs, sous l'action du marteau ou des cylindres du laminoir, on achève de façonner le fer en barres de diverses formes, et c'est alors qu'on l'appelle *fer forgé* ou *fer en barres*.

83.

L'acier.

L'acier est une combinaison de fer et de charbon dont les propriétés tiennent à la fois de celles du fer et de la fonte. L'acier est brillant et susceptible de prendre un beau poli. Sa propriété la plus remarquable est de devenir beaucoup plus dur et plus élastique par la trempe : opération qui consiste à rougir l'acier par une chaleur plus ou moins forte, puis à le refroidir subitement, en le plongeant dans un liquide froid ; c'est ordinairement de l'eau de pluie à la température de huit à dix degrés centigrades.

Le feu fait prendre à l'acier différentes couleurs ou teintes qu'on voit se succéder dans l'ordre suivant : jaune paille, jaune d'or, rouge, violet, bleu foncé, bleu clair et blanc ; au delà il entre en fusion. C'est par l'observation attentive de ces différentes teintes qu'on donne aux outils qu'on fabrique le degré de trempe qui leur est nécessaire pour l'usage auquel ils sont destinés. Si la trempe est trop forte, l'acier est trop dur, trop fragile, et il faut le détremper, c'est-à-dire le soumettre à une opération appelée *recuit*, qui consiste à le chauffer à un feu de charbon très-doux et à le laisser refroidir lentement.

On distingue dans le commerce trois sortes

d'acier, qui se fabriquent d'une manière différente et qui s'appliquent à des usages différents ; ce sont l'acier naturel, l'acier de cémentation et l'acier fondu.

L'acier naturel, appelé aussi acier de fusion, n'est autre chose que de la fonte épurée d'une partie de son laitier et ramenée ainsi à l'état de fer. Cette espèce d'acier ne s'emploie guère que pour des ouvrages communs, des faux, des scies, des ressorts de voitures.

L'acier de cémentation s'obtient en combinant artificiellement le fer pur et le charbon. On le fabrique avec des fers à grains de première qualité, et particulièrement avec ceux de Suède. Ce mélange de fer et de charbon, enfermé dans des caisses de tôle, est soumis pendant plusieurs jours à une haute température, de manière que le charbon se combine intimement avec le fer rougi. L'acier cémenté est très-employé dans l'industrie : on en fait des faux, des couteaux, des outils de tout genre.

L'acier fondu se prépare en fondant dans des creusets l'acier de cémentation. Sa qualité dépend presque entièrement de celle de l'acier cémenté qu'on emploie. Cet acier est le plus estimé ; il se distingue des autres par sa dureté et la finesse de son grain. Il sert à faire les ouvrages les plus précieux, la coutellerie fine, les rasoirs, les bonnes limes, les burins, les ressorts d'horlogerie.

89.

Les alliages, l'argenture, la dorure.

Parmi les métaux, dont les principaux usages ont été mentionnés, l'or, l'argent, le fer, le cuivre, le mercure, le plomb et l'étain ont été connus de temps immémorial; les autres étaient inconnus aux anciens. La découverte du zinc remonte à l'année **1541**, et celle du platine date de l'année **1741**.

En mélangeant certains métaux ensemble on obtient des *alliages* qui sont fréquemment employés dans les arts et dans l'industrie. Ainsi le bronze ou l'airain, qui est un mélange de cuivre et d'étain auquel on ajoute souvent une petite quantité de fer et de plomb, sert à faire les canons, les cloches d'église, les statues, les colonnes qui décorent les places publiques, beaucoup d'objets d'ameublement, des pendules, des vases, des coupes. Le laiton ou cuivre jaune est un alliage de cuivre et de zinc; on en fait des instruments de physique, des mouvements d'horlogerie. Le fer-blanc, avec lequel on fabrique un grand nombre d'ustentiles de ménage, est du fer en lames ou de la tôle mince qu'on a recouvert des deux côtés d'une feuille d'étain. Le tain des glaces est un mélange d'étain et de mercure appliqué à la surface de tous les miroirs, et l'étamage des ustensiles de cuisine un mélange d'étain et de plomb.

L'or et l'argent se réduisent en feuilles très-minces que l'on peut ensuite appliquer sur une foule d'objets divers. On emploie plusieurs procédés de dorure et d'argenture. Pour dorer la tranche des livres, le bois, les cuirs, le carton, les plâtres, on commence par enduire les objets d'une couche d'huile ou de colle, et quand cette couche est sèche, on y applique avec du coton de minces feuilles d'or. La dorure du bronze se fait au moyen d'un mélange de mercure avec l'or. Le vermeil est de l'argent doré. On appelle plaqué le cuivre recouvert d'une feuille d'argent.

On a inventé de nos jours un procédé qui permet de dorer sans se servir du mercure, dont les vapeurs sont toujours dangereuses à respirer pour les ouvriers. Ce procédé, connu sous le nom de *galvanoplastie*, inventé par M. de La Rive, perfectionné par MM. Elkington et Ruolz, consiste à plonger dans une dissolution d'or ou d'argent l'objet qu'on veut dorer ou argenter; on y fait arriver un courant électrique, et l'or ou l'argent se précipite sur l'objet. Ce procédé est particulièrement appliqué à l'argenterie de table, qui est mise ainsi à la portée de toutes les fortunes.

90.

Les diamants, les pierres précieuses.

Le *diamant,* qui est le plus brillant de tous les minéraux, la plus belle et la plus estimée des pierres précieuses, n'est autre chose que du charbon pur, du carbone naturellement cristallisé. Le diamant est si dur qu'il raye tous les corps, et qu'il n'est rayé par aucun d'eux; mais en même temps il est si fragile, qu'un léger choc suffit quelquefois pour le briser. Les diamants sont le plus souvent sans couleur, c'est-à-dire blancs; ce sont ceux qu'on estime le plus, surtout lorsqu'ils sont d'une belle eau, c'est-à-dire lorsqu'ils sont remarquables par leur transparence et leur limpidité. On donne plus d'éclat au diamant en y taillant des facettes, et, comme aucune autre substance n'est capable de l'attaquer par le frottement, on ne parvient à l'user et à le polir qu'à l'aide de sa propre poussière, connue sous le nom d'*égrisé.* On appelle *brillant* le diamant qui présente en dessus une facette, nommée *table*, entourée de plusieurs facettes obliques; et *rose,* celui dont le dessus est taillé en pyramide, sans table.

Presque tous les diamants répandus dans le commerce viennent de l'Inde et du Brésil. On les trouve disséminés dans le sable ou le gravier de certains ruisseaux, dont on déplace le lit pour y ramasser ce gravier, le laver et y découvrir des diamants bruts; ou bien on creuse la terre d'une mine, on lave cette terre à plusieurs reprises, et les diamants restent mêlés avec le gros sable.

Les pointes du diamant servent à couper le verre, et il n'est personne qui n'ait vu faire cette opération aux vitriers à l'aide d'un petit manche de bois au bout duquel est enchâssé un diamant brut.

Parmi les autres pierres précieuses qui sont recherchées, comme les diamants, pour le luxe et la parure, il faut surtout distinguer le corindon, la topaze, l'émeraude, la turquoise. Le corindon comprend plusieurs espèces de pierres fines que l'on trouve aux Indes : tels sont le rubis rouge, le saphir bleu, l'améthyste violette. L'émeraude du Brésil et d'Orient est d'un beau vert foncé; celle du Pérou, d'un vert pur. La topaze du Brésil est jaune foncé; la topaze orientale est couleur jonquille. La turquoise, d'un bleu céleste, est une pierre opaque, c'est-à-dire sans transparence. Le lapis-lazuli est aussi une pierre opaque, d'un bleu d'azur et à grains fins; elle fournit aux arts une couleur très-recherchée, sous le nom de bleu d'outremer. Enfin les agates sont des pierres dures, très-variées dans leurs nuances, mais peu transparentes. Une des plus belles agates est l'onyx, qui porte des couleurs tranchées et dont on se sert pour faire des camées.

91.

Les pierres, le plâtre, la chaux.

Les carrières sont les dépôts naturels des diverses espèces de *pierres*. Les bancs épais qu'elles forment constituent quelquefois des montagnes entières d'une grande élévation. Les pierres qui sont le plus souvent employées dans les constructions sont les pierres calcaires, dont les principales espèces sont la pierre à chaux, le marbre, les grès, le granit, la lave et les ardoises. La pierre à chaux est employée dans la plupart des constructions, soit en moellons, soit comme pierre de taille : dans ce dernier état, elle est aussi appelée pierre de liais et sert principalement pour les marches d'escalier, les balustrades et les parties supérieures des corniches. Le marbre, dont il existe de nombreuses variétés, est une pierre dure, d'un grain fin et serré. Il y a des marbres qui sont d'un blanc éclatant, d'autres qui sont colorés, veinés et nuancés de teintes variées. Ils forment une des principales ressources de l'art d'embellir les constructions; on en fait aussi des statues, des vases, des tables, des tablettes pour les meubles. Les pierres de grès, surtout les espèces les plus dures, sont réservées pour le pavage des rues ; on n'emploie dans les constructions que les grès qui peuvent se tailler assez facilement. Le granit est une roche très-dure, susceptible de recevoir un beau poli, et employée dans les monuments publics. La lave est un produit volcanique dont on se sert pour le pavage des trottoirs. Les ardoises, extraites en blocs des carrières qui les renferment, sont divisées en lames minces auxquelles on donne la forme et les dimensions convenables suivant l'usage qu'on veut en faire; on les emploie principalement pour couvrir les maisons.

La *pierre à plâtre,* qu'on appelle aussi gypse, est une pierre molle, très-commune, qui se réduit facilement en poussière par l'action de la chaleur. Cette poussière est le plâtre, dont les usages sont nombreux; on l'emploie pour les plafonds, le devant des maisons, les corniches, les statues moulées : mêlé à l'eau et à la colle-forte, il forme une pâte qui devient solide en se refroidissant; c'est le stuc, qui prend la finesse et le poli des plus beaux marbres.

La *chaux* se fait avec la pierre calcaire. On obtient la chaux vive en chauffant les pierres calcaires dans une espèce de four, afin de les calciner. Lorsqu'on verse une certaine quantité d'eau sur la chaux vive, elle se fendille dans tous les sens et prend le nom de chaux éteinte. Cette dernière, mêlée au sable, à la brique pulvérisée, aux pierres pilées, est la base de tous les mortiers et des ciments employés en maçonnerie.

92.

Les poteries.

L'art céramique[1], c'est-à-dire l'art de fabriquer les *poteries*, remonte à la plus haute antiquité. Aucune industrie ne fournit des produits tout à la fois plus simples et plus variés, plus faciles à fabriquer, plus nécessaires aux besoins domestiques ; aucune ne donne des objets plus durables, malgré leur fragilité.

C'est avec une espèce de terre, appelée argile, qu'on fabrique les poteries. Les argiles, surtout celles qui sont employées pour les poteries communes, se trouvent en beaucoup d'endroits, et se composent essentiellement de sable, d'eau et d'alumine; elles contiennent aussi quelques autres substances, telles que la chaux, la magnésie, la potasse. Mélangées avec une quantité d'eau convenable, elles forment une pâte très-liante et susceptible de recevoir par l'impression des doigts ou des moules toutes les formes qu'on veut lui donner. Il existe une grande variété d'argiles, depuis celle qu'on nomme vulgairement terre à potier et qui sert à faire les briques, les tuiles, la poterie commune, jusqu'à celle qui est connue sous le nom de kaolin et qui donne naissance à ces magnifiques porcelaines d'une admirable

1. Ce mot vient d'un mot grec qui signifie *brique, tuile*.

blancheur : la nature de chacune d'elles détermine l'emploi qu'on en fait. Parmi les argiles, les unes se vitrifient par l'action de la chaleur, les autres sont infusibles ou réfractaires.

Quelle que soit l'argile destinée à la fabrication des poteries, elle subit toujours quelques préparations indispensables. Il faut d'abord laver l'argile pour la purger des matières étrangères qu'elle peut contenir; puis, après l'avoir réduite en une pâte qu'on peut colorer de diverses manières, on y ajoute une certaine quantité de sable bien pulvérisé qui a été rougi au feu et ensuite brusquement refroidi. La pâte, une fois convenablement préparée, est pétrie dans des moules à l'aide d'un appareil appelé tour à potier : l'ouvrier imprime au tour un mouvement de rotation avec son pied, et de ses mains il façonne la pâte de manière à lui donner la forme de l'objet qu'il veut fabriquer. Les vases sont alors séchés dans une étuve, puis placés dans un four chauffé à une haute température, et, après qu'ils sont cuits, on les laisse refroidir lentement.

On appelle *couverte* une espèce de vernis ou d'émail qui se compose de substances différentes, selon les objets fabriqués, et dont on recouvre les poteries pour les rendre imperméables. Cette couverte, soumise à l'action de la chaleur, se fond et recouvre les vases d'une couche dure et brillante qui ne laisse pas filtrer les liquides.

93.

La faïence, la porcelaine.

La *faïence* est une poterie fine, faite avec une argile vulgairement appelée *terre de pipe,* qui se trouve dans plusieurs localités en France et surtout près de Montereau. Cette argile est très-liante, de couleur grise; mais elle blanchit au feu. La faïence est une industrie d'origine moderne. Au seizième siècle, les Italiens découvrirent et portèrent tout de suite à un haut degré de perfection la belle faïence, connue alors sous le nom de *majolica,* que les artistes les plus habiles du temps travaillèrent à l'envi. Un peu plus tard, en France, Bernard Palissy, homme d'un sens et d'une persévérance admirables, chercha et trouva, après des peines infinies, tous les secrets de l'art du faïencier, qui venaient de se perdre en Italie. Vers le milieu du dix-huitième siècle, un potier non moins célèbre, nommé Wedgwood, découvrit en Angleterre une sorte de poterie tout à fait nouvelle, et sinon plus belle, au moins plus utile que les précédentes : c'est la faïence à pâte fine et dure qui sert aux usages domestiques parce qu'elle est d'un prix peu élevé, tandis que les faïences italiennes, comme celles de Bernard Palissy, si remarquables par la pureté de leurs reliefs émaillés et colorés, n'étaient que des objets de luxe que les princes et les riches pouvaient seuls acheter.

La *porcelaine* est une poterie fine et demi-transparente fabriquée avec une terre argileuse très-blanche, nommée kaolin, à laquelle on mêle une certaine quantité de pétunzé ou de feldspath[1] réduit en poudre. De ces substances on forme une pâte qui est façonnée avec beaucoup de soin. Chaque pièce, après avoir été séchée, est mise au four, enfermée dans un étui appelé cazette ou gazette : ces étuis sont des vases en argile réfractaire dont la forme varie avec celle des pièces qu'ils doivent abriter. La couverte dont la porcelaine et la faïence fine sont revêtues est un émail blanc qu'on obtient par un mélange de plomb et d'étain calcinés ensemble, auxquels on ajoute du sable, du sel ou de la soude. Cet émail peut être diversement coloré par l'emploi de certaines substances. Quant aux belles peintures qui décorent la porcelaine, elles sont faites au pinceau avec des couleurs que le feu fixe sur la pâte.

La porcelaine est d'origine chinoise. Cette industrie, qui n'a pris naissance en France qu'au dix-huitième siècle, y est aujourd'hui très-florissante, et ses produits usuels sont très-remarquables sous tous les rapports. Pour les produits d'art et de luxe, la manufacture de Sèvres est en possession d'une célébrité qu'aucune fabrique ne peut lui disputer en Europe.

1. Le feldspath est une pierre commune dans les roches de quelques pays.

91.

La fabrication du verre, les verres à vitres.

Le *verre* était connu des peuples de l'antiquité, mais on ignore dans quelle contrée et à quelle époque il a été découvert. Quelle que soit son origine, il n'est pas moins un des produits les plus utiles de l'industrie humaine, à caûse de ses divers emplois sous forme de verre à vitres, de glaces, de verres à boire, de bouteilles, de verres optiques, d'objets de toute nature et de tous prix.

La matière qui sert à fabriquer le verre se compose principalement de sable et de soude ou de potasse; on y ajoute quelquefois du sel marin et de la chaux. Ces substances, mélangées dans des proportions différentes, selon la nature du verre qu'on veut obtenir, sont broyées, réduites en poudre, et mises ensuite dans de grands creusets qu'on expose à l'action d'un feu ardent. La matière se fond, et lorsqu'elle forme une masse liquide, on l'écume pour la purger de quelques substances étrangères qui montent à la surface ; on la laisse un peu refroidir de manière à lui donner une consistance pâteuse, et alors on commence à la travailler. Dans cet état, le verre se laisse façonner comme on veut. Par le soufflage, on en fait des ballons, des cylindres, des objets de gobeleterie de toute nature; le laminage le transforme en feuilles épaisses qui servent à la confection des glaces ; on le moule pour fabriquer les bouteilles; en l'étirant, on en fait des tubes, qui donnent à leur tour des fils flexibles d'une finesse extrême, qu'on peut filer comme le lin et la soie.

Pour faire le verre à vitres, l'ouvrier, appelé souffleur, prend de la matière fondue au bout d'une canne qui est un long tube de fer, et il souffle une boule à peu près de la même manière que les enfants soufflent des bulles de savon au bout d'un chalumeau de paille. Lorsque cette boule a acquis le volume qu'elle doit avoir, l'ouvrier lui donne une forme allongée ou la forme d'un cylindre en la roulant sur une table, et sépare alors les deux extrémités de ce cylindre en appliquant sur le verre encore rouge un tranchant de fer mouillé d'eau froide. Il obtient ainsi une espèce de manchon qu'il fend dans toute sa longueur par le même procédé, et le manchon soumis de nouveau à l'action du feu s'étend en nappes ou plaques de différentes dimensions, suivant l'usage auquel elles sont destinées.

Tous les verres, quels qu'ils soient, quand ils sortent des mains de l'ouvrier, doivent être soumis à une opération appelée recuit ; sans cela ils se briseraient au moindre choc. Cette opération consiste à placer dans un four convenablement chauffé les objets qui viennent d'être confectionnés, et à les laisser se refroidir lentement.

95.

Les glaces, les verres à bouteilles, le cristal.

La fabrication des *glaces* a été pendant plusieurs siècles une industrie exclusivement pratiquée par les Vénitiens, qui se servaient des procédés de soufflage analogues à ceux qu'on emploie pour le verre à vitres. Ces procédés sont encore usités pour les glaces de petite dimension ou miroirs. Quant aux glaces de grande dimension, elles sont toujours coulées ; ce procédé, appelé coulage, a été inventé en 1685 par Abraham Thévart, qui, quelques années après, fonda la célèbre manufacture de glaces de Saint-Gobain. La matière qui sert à faire les glaces se compose de sable très-blanc, de soude et d'une petite quantité de chaux. Cette matière fondue est coulée sur une table en métal bien polie et chauffée, et un lourd rouleau l'étale en une couche d'égale épaisseur. On polit ensuite la glace en la frottant avec du sable fin et de l'émeri, et on l'étame en y appliquant une couche légère d'étain et de mercure. La fabrication des glaces coulées est une des gloires de l'industrie française : ses produits ne sont pas moins remarquables par la pureté du verre que par les grandes dimensions des glaces.

Les *verres à bouteilles* sont un des produits les plus usuels des verreries, et ces verres ont toujours une couleur plus ou moins verdâtre, parce que les substances qu'on y emploie ne sont pas très-pures. Pour faire une bouteille, l'ouvrier prend avec sa canne une certaine quantité de matière fondue et souffle une boule qu'il fait entrer dans un moule en fer, en terre sèche ou en bois mouillé; ce moule détermine le volume du ventre ou de la panse de la bouteille; le col résulte du poids de la masse qui tire en bas la matière encore liquide. Les bords du col étant arrondis, une goutte de verre sert à faire le cordon; quelquefois une autre goutte de verre, qu'on fait tomber sur le ventre de la bouteille, permet d'y mettre un cachet qu'on imprime avec une pièce de fer gravée en creux. C'est par les mêmes procédés qu'on fait les carafes, les flacons, les verres.

Le *cristal* diffère des autres espèces de verres, parce que la matière qui sert à le faire contient du minium ou oxyde de plomb. C'est à la présence de cette substance qu'il doit d'être si pesant. Souvent les vases de cristal, après avoir été grossièrement façonnés, sont taillés à la main, ce qui en augmente beaucoup le prix. Les variétés de cristal connues sous le nom de *flint-glass* et de *crown-glass* servent à la confection des instruments d'optique. Enfin, on peut colorer le verre avec différents oxydes métalliques; on fait même des cristaux qui imitent les pierres précieuses avec toutes leurs nuances.

96.

Les routes ordinaires et les chemins de fer.

Les *routes ordinaires* sont des voies de communication qui se composent d'une *chaussée* solide au milieu, et d'un *terrain viable*, c'est-à-dire sur lequel on peut marcher, placé des deux côtés et nommé *accotement*. La chaussée, étant destinée principalement au roulage des voitures, est construite en pavés ou en empierrement. Les chaussées pavées se composent, soit de pavés de blocage, c'est-à-dire de pierres irrégulières fortement pressées les unes contre les autres, soit de pavés d'échantillon, c'est-à-dire de pierres de grès, taillées en forme de cubes, régulièrement placées les unes à côté des autres et enfoncées dans une couche de sable au moyen d'une masse très-lourde qu'on laisse retomber de tout son poids sur la tête de chaque pavé. Les joints sont toujours garnis de sable, et la chaussée doit en être recouverte dans les premiers temps après la construction, ainsi que dans toutes les parties où elle a reçu des réparations, une fois qu'elle est à l'état d'entretien. L'empierrement se fait le plus ordinairement au moyen de fragments de pierres dures cassées au marteau, et dans ce cas la chaussée est dite à la *Mac-Adam*, du nom de l'ingénieur anglais qui l'a perfectionnée.

La voie et le matériel dont on se sert sur les

chemins qu'on appelle *chemins de fer* diffèrent essentiellement de la chaussée et des moyens de transport qu'on emploie sur les routes ordinaires. La voie se compose de deux lignes continues et parallèles de *rails* ou barres en fer forgé. Ces barres, de trois à quatre mètres de longueur, sont appuyées, bout à bout, en leur milieu, sur des coussinets en fonte, et fortement serrées avec des coins en bois contre les joues ou mentonnets de ces coussinets. Les coussinets eux-mêmes sont solidement fixés, à l'aide de chevilles, sur des traverses en bois de chêne recouvertes de sable et placées horizontalement, c'est-à-dire en travers de la voie sous les deux lignes. Les transports à de grandes distances exigent une double voie, une pour l'aller et une autre pour le retour. Les chemins de fer à une seule voie ne peuvent convenir que pour le service d'une usine, d'une carrière, d'une mine, d'une exploitation quelconque, dont les produits sont transportés à une petite distance. Comme la pente du chemin est presque nulle, que les rails sont bien polis, les *wagons* ou voitures glissent sans effort sur ces rails, où ils sont maintenus par les rebords dont les roues sont munies. Les wagons, liés les uns aux autres, sont entraînés par un premier wagon, appelé *locomotive,* lequel porte le foyer, la chaudière et la machine à vapeur qui imprime le mouvement.

97.

Les canaux.

L'industrie des hommes, en mettant à profit les voies naturelles qu'offrent les fleuves et les rivières, a su créer en même temps d'autres moyens de communication en creusant des *canaux,* c'est-à-dire des rivières artificielles au moyen desquelles on établit une voie navigable entre deux cours d'eau et la mer, ou même entre deux mers. Quelquefois un canal, dit latéral, est établi le long d'un cours d'eau dont la navigation est difficile ou impossible.

Les bateaux qui parcourent un canal sont tirés par des chevaux, et la voie ménagée à cet effet sur les bords du canal est ce qu'on appelle *chemin de halage.* La largeur d'un canal dépend de son importance et des services qu'il doit rendre : de distance en distance, et là où le terrain l'exige, sont établies des écluses, c'est-à-dire des espèces de bassins, compris entre deux systèmes de portes, où se placent les bateaux soit pour monter, soit pour descendre, et au moyen desquels ils passent d'un niveau plus bas dans un niveau plus élevé et réciproquement. Les écluses, en rendant les eaux dormantes dans toute l'étendue du canal, permettent de le parcourir dans les deux sens avec la même facilité. On donne le nom de *bief* à la portion du canal comprise entre deux écluses; on appelle *amont* la région du niveau supérieur, et *aval*, celle du niveau inférieur. Le bief le plus élevé du canal est appelé *bief de partage;* c'est là que se trouve la prise d'eau ou le réservoir destiné à l'alimentation du canal. Les autres biefs sont distribués par étages, de part et d'autre, jusqu'aux points où le canal se termine.

Pour faire descendre un bateau, l'écluse doit être remplie d'eau jusqu'au niveau du bief supérieur, et alors la porte d'aval est fermée; on ouvre la porte d'amont, et lorsque la barque est introduite et placée, la porte est refermée; on fait écouler l'eau de l'écluse par des ouvertures disposées pour cette manœuvre, et lorsqu'elle est abaissée au niveau du bief inférieur, on ouvre les portes d'aval, et la barque est tirée hors de l'écluse. La même opération est exécutée en sens contraire pour la navigation ascendante, c'est-à-dire pour faire monter le bateau.

Les canaux sont d'une haute importance pour la navigation intérieure d'un pays, et rendent au commerce les plus grands services en transportant d'un point à un autre, avec facilité et à peu de frais, les marchandises de première nécessité.

98.

Les ponts.

Un *pont* est un ouvrage d'art construit en pierres, en bois, en fer, et destiné à établir une communication entre les deux bords d'un fleuve, d'une rivière, d'un canal. Il est formé de culées, de piles, et du plancher sur lequel on passe. Les culées consistent en une maçonnerie solide qui joint le pont aux deux rives; les piles soutiennent et relient entre elles les arches plus ou moins nombreuses dont se compose le pont.

L'art de construire les ponts en pierres était connu des peuples de l'antiquité, mais les Romains sont les premiers qui aient donné à ce genre de travaux la solidité unie à la magnificence. En France c'est seulement au douzième siècle que remonte la construction des ponts importants les plus anciens; avant cette époque, les rivières n'étaient franchies que par le moyen de bateaux ou de bacs. Il s'établit alors une association connue sous le nom de frères du pont; parmi ces frères, les uns établissaient leur séjour près des principaux passages des rivières pour prêter secours aux voyageurs, les autres faisaient des quêtes nombreuses qu'ils consacraient au rétablissement ou à la construction des ponts : c'est ainsi que fut construit le pont Saint-Esprit, sur le Rhône.

Les ponts métalliques, c'est-à-dire qui sont construits en fonte ou en fer forgé, mais tout à fait distincts des ponts suspendus, étaient rares avant l'établissement des chemins de fer. Ils ne le sont plus aujourd'hui, parce que l'on a trouvé profit à les employer dans tous les cas où on ne pouvait disposer que d'une faible hauteur pour faire passer un chemin de fer au-dessus d'un obstacle quelconque. Ils sont encore établis avec avantage pour traverser un cours d'eau, dans lequel les fondations sont coûteuses et difficiles.

L'origine des ponts suspendus est fort ancienne. Les habitants de quelques parties de l'Amérique méridionale construisent, de temps immémorial, des ponts de cordes ou de lianes pour franchir des torrents ou des vallées profondes. Mais ces ouvrages grossiers ne donnent qu'une idée très-imparfaite des ponts suspendus que l'on construit de nos jours. Ces ponts joignent à une extrême légèreté une grande économie dans les frais de construction et les dépenses d'entretien ; de plus, ils se prêtent à des ouvertures d'arche beaucoup plus grandes. Dans ces ponts, le plancher droit et horizontal est suspendu par des tiges verticales au-dessous de chaînes courbes et flexibles en fer, qui vont s'attacher à des pilastres en pierre établis sur les deux rives. Le premier pont suspendu a été construit en France en 1826, entre Tain et Tournon, sur le Rhône.

93.

La pêche des baleines et des morues.

La grande pêche maritime, qui a pour objet d'aller capturer les morues et les baleines dans des mers orageuses et sous des climats d'une température extrême, est une des industries les plus utiles et les plus dignes d'encouragement, soit par les ressources que les populations maritimes en retirent, soit par les avantages qu'elle procure à l'État en formant des marins intrépides, habitués à tous les dangers et à toutes les fatigues.

Les expéditions qui partent de nos ports de France pour la pêche de la morue se rendent dans la mer du Nord, aux îles Saint-Pierre et Miquelon, sur le grand banc de Terre-Neuve et dans les mers d'Islande. Mais le plus grand nombre de ces expéditions est dirigé sur la côte et au banc de Terre-Neuve, où se réunissent chaque année cinq ou six mille vaisseaux de toutes les nations. C'est au printemps que les morues se rendent dans ces parages par troupes innombrables, après avoir quitté les mers glaciales. La pêche se fait avec des hameçons et des lignes. Tout le poisson qui est pris est tranché, salé et mis en pile ; souvent il est séché sur les lieux mêmes ; d'autres fois il est rapporté à l'état vert, c'est-à-dire conservé au sel, pour recevoir ensuite sa dernière préparation dans des sécheries particulières.

Les baleines sont des animaux d'une énorme stature qui vivent dans les mers arctiques, dans les mers glacées du Nord. Leur corps est recouvert d'une épaisse couche de graisse ou de lard qu'on fait fondre pour en obtenir une huile abondante, employée pour la fabrication des savons et la préparation des cuirs. Leur mâchoire supérieure est garnie de chaque côté de quatre à cinq cents fanons ou lames cornées et flexibles, connues dans le commerce et employées dans l'industrie sous le nom de *baleines*.

Chaque bâtiment destiné à la pêche de la baleine est pourvu de plusieurs pirogues baleinières, et chacune de ces embarcations légères est montée par un harponneur habile et cinq rameurs vigoureux. Dès que le navire a signalé une baleine, les pirogues sont mises à flot et le harponneur, arrivé à portée de l'animal, lui lance le harpon, qui est un dard triangulaire en fer auquel est attachée une longue corde. La baleine blessée fuit avec vitesse, elle plonge et remonte tour à tour à la surface de la mer; mais bientôt, épuisée par la perte de son sang, elle ne reparaît plus que pour mourir. On l'achève à coups de lance et on la remorque jusqu'au navire, où elle est amarrée pour être dépecée. La graisse est fondue dans des chaudières disposées à bord du navire, et l'huile mise dans des barils.

100.

L'industrie manufacturière et le commerce extérieur de la France.

La France est une des nations les plus industrieuses de l'Europe, et on peut même lui assigner le premier rang pour la qualité de la plupart de ses produits manufacturés. On évalue à plus de deux milliards de francs la masse des produits qui sortent tous les ans de ses manufactures et de ses fabriques. Les divers tissus de laine, les étoffes de coton, les tissus de lin et de chanvre, les soieries, sont les produits manufacturés qui représentent la valeur la plus considérable. L'industrie seule de la soie emploie en France cent mille métiers, dont la moitié travaille à Lyon et dans les environs; vingt mille métiers tissent des rubans à Saint-Étienne et à Saint-Chamond. Paris est un grand centre de fabrication pour les meubles, les objets d'art et de goût, la bijouterie, l'horlogerie, la coutellerie, les bronzes, les papiers peints, la librairie, les tapis, le travail des peaux. Sedan, Elbeuf, Louviers, Lodève, sont renommés pour la fabrication des draps; Rouen, Saint-Quentin, Lille, Roubaix, pour les tissus et les filatures de coton; Mulhouse et Colmar, pour les étoffes imprimées; Valenciennes, Douai, Alençon, Chantilly, pour les tulles et les dentelles;

Cambrai, Douai et la Bretagne, pour les toiles de chanvre et de lin; Sèvres, Limoges, Montereau, pour la porcelaine et la faïence; Marseille, pour le savon; Châtellerault, Langres, Thiers, pour la quincaillerie et la coutellerie; sans parler encore d'une foule d'autres produits qui ont une valeur très-importante.

En général, chaque pays exporte l'excédant de ses produits naturels et industriels qu'il ne consomme point, et importe ceux qui lui sont nécessaires, soit pour sa consommation, soit pour alimenter sa propre industrie. La France, possédant un sol fertile et une industrie très-développée, a des relations de commerce étendues avec les divers peuples de l'Europe et du monde. Elle importe, c'est-à-dire elle reçoit des pays étrangers divers métaux, la houille, le coton, la laine, les soies, les fils de lin et de chanvre, les bois de construction, d'ébénisterie et de teinture, les peaux brutes; en retour, elle exporte, c'est-à-dire elle envoie dans les pays étrangers les tissus de soie, les tissus de laine, de coton, les tissus de lin ou de chanvre, les cuirs et les peaux ouvrées, les papiers, les livres, les gravures, l'orfévrerie, la bijouterie, les meubles et tous ces articles de mode et de goût recherchés du monde entier.

101.

Inventions et découvertes.

Le premier des besoins, celui de sa conservation, a dû inspirer à l'homme ses premières inventions : il lui fallait des vêtements pour se garantir des intempéries des saisons, des armes pour se défendre contre les attaques des animaux ou se procurer sa nourriture. Puis de nouveaux besoins lui ont suggéré de nouvelles idées ; il invente les instruments de culture, la pioche, la bêche, la charrue. C'est en Égypte, en Perse, en Chaldée, qu'apparaissent les premiers germes des arts et des métiers, qui se développent ensuite avec plus d'éclat dans la Phénicie. On attribue aux Phéniciens plusieurs inventions utiles, entre autres l'art de battre monnaie, de fabriquer le verre, et principalement l'invention des caractères alphabétiques, ceux du moins que Cadmus apporta dans la Grèce. De l'Égypte et de la Phénicie la civilisation se répand dans l'Asie Mineure, et bientôt la Grèce fait les progrès les plus remarquables dans l'industrie, dans les sciences et surtout dans les beaux-arts. Archimède, de Syracuse, invente les miroirs ardents et divers instruments de mécanique et de physique. Héron, d'Alexandrie, invente les clepsydres ou horloges d'eau, des machines à vent, et la fontaine qui porte encore son nom. Les Romains reçurent les arts de la Grèce et des autres nations, mais ils firent eux-mêmes peu de découvertes.

Toutes ces conquêtes de l'esprit humain, tous ces progrès de la civilisation, furent presque anéantis par l'invasion des barbares. Vers le huitième siècle, la domination des Arabes, à Bagdad comme à Cordoue, est signalée par de nombreuses découvertes. De cette époque datent l'invention des horloges, des orgues, des cloches, des plumes à écrire, l'art de la distillation et les chiffres modernes de numération. A l'époque des croisades, de nombreuses inventions furent apportées de l'Asie : c'est alors que l'Occident connut le sucre, les moulins à vent, les miroirs de verre étamé, un grand nombre d'instruments de mécanique. A la même époque, la houille fut découverte ; on commença à jeter des ponts sur les fleuves, on pava les villes. Au treizième et au quatorzième siècle et à la première moitié du quinzième, appartiennent l'invention de la poudre de guerre, l'établissement des postes et celui des monts de piété, les premiers essais de la peinture à l'huile et de la gravure, l'invention des voitures suspendues, enfin l'usage général des armes à feu et de l'artillerie. L'invention de la boussole et celle du papier de chiffons présagent les immenses découvertes qui signaleront l'époque suivante.

102.

Suite des inventions et découvertes.

Poursuivons l'histoire abrégée des inventions et des découvertes depuis la fin du quatorzième siècle jusqu'à nos jours. Deux grandes découvertes et une admirable invention signalent le quinzième siècle : ce sont la découverte du nouveau monde par Christophe Colomb, la route des Indes trouvée par Vasco de Gama qui double le cap de Bonne-Espérance, enfin l'invention de l'imprimerie. Au dix-septième siècle, Galilée découvre les lois de la pesanteur ; il invente le pendule et le télescope. Torricelli, son disciple, invente le baromètre, dont le célèbre Pascal poursuit les applications. Les instruments de physique se multiplient : le siphon, le thermomètre, la presse hydraulique, l'aréomètre, le microscope. Harvey devine et prouve la circulation du sang, et bientôt après Newton s'illustre par ses admirables découvertes sur la lumière et la gravitation universelle. Parmi les choses d'utilité générale, il faut rapporter au même siècle l'invention du balancier, des métiers à bas, des voitures publiques, du fusil et de la baïonnette. Le dix-huitième siècle est encore peut-être plus fécond en découvertes ; l'industrie et les arts font surtout d'étonnants progrès. Un ingénieur français,

Vaucanson, et trois ouvriers anglais, inventent des machines ingénieuses pour la filature et le tissage. Watt et Fulton perfectionnent la machine à vapeur, inventée par le Français Papin, et en étendent les applications, tandis que les frères Montgolfier imaginent les aérostats et le parachute; enfin l'invention des télégraphes, les lampes à double courant d'air et le système métrique appartiennent également à cette époque.

Si le dix-neuvième siècle a fait d'immenses progrès dans l'industrie, s'il s'enorgueillit justement de nombreuses et grandes inventions, c'est aux sciences, à l'étude, aux recherches persévérantes, que sont dues ces nouvelles conquêtes de la civilisation. Sans parler des découvertes si importantes de l'astronomie, de la physique, de la chimie, de l'histoire naturelle et des applications non moins importantes qui en ont été la suite, il suffira de citer les chemins de fer, les navires à vapeur, les ponts suspendus, le perfectionnement des puits artésiens, les phares, le télégraphe électrique, la lampe de Davy ou lampe de sûreté pour les mineurs, les presses mécaniques, la lithographie, le daguerréotype, la photographie, l'éclairage au gaz, les métiers Jacquart, les nouveaux procédés de dorure et d'argenture, enfin cette série immense d'inventions ingénieuses qui figurent avec tant d'éclat et qu'on admire dans les grandes expositions des produits de l'industrie.

103.

Les bibliothèques.

La plus ancienne collection de livres dont l'histoire fasse mention est celle qui fut rassemblée par Osymandias, un des premiers rois d'Égypte. Mais de toutes les bibliothèques de l'antiquité, la plus célèbre est celle d'Alexandrie, due à la munificence des rois grecs qui régnèrent en Égypte sous le nom de Ptolémée : elle renfermait, dit-on, sept cent mille volumes, ou, pour parler plus exactement, sept cent mille rouleaux manuscrits. Cette bibliothèque, le plus riche dépôt d'ouvrages alors connu, fut brûlée une première fois à l'époque où César porta la guerre en Égypte. Recomposée avec des soins infinis, enrichie de tous les chefs-d'œuvre de la littérature ancienne, elle fut brûlée une seconde fois, en 650, par les Arabes, maîtres de l'Égypte, qui firent servir les livres à chauffer pendant six mois les bains publics d'Alexandrie.

Constantin le Grand, en portant le siége de l'empire romain dans la ville qu'il fonda sur les ruines de Byzance, et à laquelle il donna le nom de Constantinople, y fonda une bibliothèque qui s'accrut rapidement sous ses successeurs et compta bientôt 120,000 volumes. A l'époque de la grande invasion des barbares, presque toutes les bibliothèques qui existaient en Europe furent détruites; quelques monastères en conservèrent les débris, qui sont parvenus jusqu'à nous.

La bibliothèque impériale, à Paris, le plus vaste et le plus riche de tous les établissements de ce genre qui existent en Europe, trouve sa modeste origine dans l'humble collection du roi Jean, laquelle se composait de dix volumes, et, qui, placée par Charles V dans la tour de la librairie au Louvre, s'accrut jusqu'au nombre de 900 manuscrits. Cette collection disparut pendant le séjour des Anglais à Paris, au commencement du règne de Charles VII. On peut regarder Louis XI comme le véritable fondateur de la bibliothèque impériale; il l'installa dans son château de Blois, et l'invention de l'imprimerie y apporta de nouvelles richesses. Sous Louis XII, on y comptait 1,890 volumes : François Ier l'accrut encore, mais elle ne s'enrichit réellement que sous Louis XIII, où elle atteignit le chiffre, très-considérable alors, de 16,750 volumes imprimés ou manuscrits. Ce fut sous Louis XIV qu'elle fut rendue publique, et le ministre Colbert la plaça rue Richelieu, dans l'ancien palais Mazarin. A partir de cette époque la bibliothèque impériale s'accrut prodigieusement : on évalue aujourd'hui le nombre des livres imprimés à 800,000, et celui des manuscrits à 80,000; elle possède en outre une riche et précieuse collection de médailles et de gravures.

104.

Les moulins.

Les *moulins* remontent à une haute antiquité : Moïse, dans la Bible, fait mention de l'art de moudre le grain entre deux meules de pierre placées l'une sur l'autre. Ces moulins étaient à bras, portatifs, et c'était un âne ou un esclave qui les faisait tourner. On lit également dans les livres saints que Samson fut condamné à tourner les meules d'un moulin chez les Philistins. A Rome, l'usage de piler le blé subsista jusqu'après la conquête d'Asie ; alors on commença à faire usage de meules, et on employait à ce travail soit des animaux, soit des condamnés et des esclaves. Les moulins sont mus aujourd'hui par des roues hydrauliques, dans les contrées où il y a des cours d'eau ; par la force du vent, dans les pays de plaines où il n'y a pas de cours d'eau ; enfin, quelquefois par des machines à vapeur.

Les moulins à eau n'ont pas une origine aussi ancienne que les moulins à bras. On croit qu'ils furent inventés dans l'Asie Mineure. A Rome, on les connaissait déjà du temps d'Auguste, mais ils ne furent en usage que beaucoup plus tard. De l'Italie, ils s'introduisirent en France au commencement de la monarchie, et ne tardèrent pas à s'y multiplier.

Les moulins à vent ont été imaginés en Orient, et c'est à l'époque des croisades qu'ils furent introduits en Europe. Voici comment on tire de la force du vent les moyens de moudre le grain. Toute la charpente du moulin à vent est soutenue par une forte pièce de bois qui la traverse en partie, et autour de laquelle elle peut tourner à volonté, afin de présenter toujours les ailes au vent. Ces ailes consistent en un treillis, à grandes mailles, revêtu d'une grosse toile tendue. A la queue du moulin est attachée une longue pièce de bois, faisant l'effet d'un long levier; le meunier n'a qu'à pousser ou à retirer cette pièce de bois, et l'arbre tournant au bout duquel sont adaptées les ailes se met aussitôt dans la direction du vent. Le blé est moulu entre deux meules circulaires, posées horizontalement l'une sur l'autre. La meule inférieure est immobile; celle de dessus est courante et tourne par l'effet du mécanisme général. Les deux surfaces, qui sont presque en contact, l'une un peu convexe, l'autre un peu concave, ont été travaillées au marteau en sillons vifs et coupants. Les deux meules sont enfermées dans un coffre de bois, appelé archure. La meule courante est percée d'un trou central par où arrive le grain; à mesure que le grain est broyé, le son et la farine sont peu à peu chassés jusqu'au contour des meules; ces produits, reçus dans l'archure, s'écoulent dans un appareil nommé blutoir.

105.

Les cheminées.

On croit que les peuples de l'antiquité ne connaissaient pas les *cheminées*. Ils avaient, à la vérité, des étuves qui pouvaient en tenir lieu, et ils faisaient sans doute usage de brasiers, qu'on plaçait au milieu des appartements, mode de chauffage qui est encore usité en Espagne et en Italie. Les habitations des Romains dans les premiers temps de l'empire, paraissent avoir été chauffées par des fours placés au-dessous du rez-de-chaussée, dont la chaleur se distribuait dans la masse des bâtiments, et aussi par des foyers fixes ouverts de tous les côtés, établis au milieu des pièces, et dont la fumée s'échappait par une ouverture pratiquée dans le toit. Un peu plus tard on commença à pratiquer des tuyaux dans les murs pour porter la chaleur dans les étages supérieurs; et il est probable que c'est là l'origine des tuyaux destinés à recevoir la fumée. Au treizième siècle, on ne voyait guère de cheminées, en France et en Angleterre, que dans les cuisines, et ce n'est qu'au quatorzième siècle que l'usage s'en répandit généralement.

C'est à la combustion du bois, du charbon, de la houille et de quelques autres substances que nous devons la chaleur qui nous est nécessaire, soit pour nous garantir du froid, soit pour cuire les aliments, soit enfin pour les divers besoins des arts. La combustion est une combinaison chimique dans laquelle l'air joue le principal rôle. Le feu ne peut subsister sans l'air qui lui sert d'aliment; cet air, une fois brûlé, ne peut plus servir à la combustion, et doit être rejeté au dehors, aussi bien que la fumée. Une cheminée remplit très-bien ce but : elle donne issue par un tuyau à l'air brûlé et à la fumée, et il arrive toujours au foyer de l'air nouveau, soit par les fentes des croisées et des fenêtres, soit par tout autre moyen, et principalement par des ventouses pratiquées au-dessus du foyer.

Un foyer trop ouvert et un tuyau de cheminée trop vaste ont de graves inconvénients : on brûle beaucoup de combustible, on a peu de chaleur, et on est incommodé de la fumée. En effet, les courants d'air qui affluent en plus grande quantité et avec plus de force vers le foyer refroidissent tellement l'appartement qu'il n'y a qu'une très-petite portion de chaleur utilisée. De plus, la vitesse de l'air dans le tuyau étant très-faible à cause de son grand diamètre, le tirage est facilement influencé par les vents, et il s'établit souvent dans la cheminée deux courants opposés qui occasionnent le dégagement de la fumée dans la pièce. L'industrie moderne a su apporter des modifications et des perfectionnements à la construction des cheminées.

106.

Les phares.

On appelle *phare* un signal de nuit destiné à guider les vaisseaux près des côtes, en leur indiquant les points les plus remarquables du littoral, l'embouchure des fleuves ou l'entrée des ports, les écueils, la présence de quelque autre danger. Ce signal est ordinairement un feu allumé sur une tour. Le plus ancien monument de ce genre dont l'histoire fasse mention est celui du promontoire de Sigée, dans la Troade; plus tard, il y en eut de semblables dans la plupart des ports de la Grèce. Des feux allumés sur les montagnes les plus élevées tinrent lieu des premiers phares, qu'on plaça ensuite au sommet des tours, dont quelques-unes furent très-remarquables par leur architecture. Le phare le plus fameux dans l'antiquité est celui de Pharos, près d'Alexandrie, en Égypte. Il fut élevé par le roi Ptolémée Philadelphe dans le troisième siècle avant l'ère chrétienne, et il passait pour une des sept merveilles du monde. Il se composait de plusieurs étages qui, allant chacun en se rétrécissant, donnaient à l'ensemble une forme pyramidale; chaque étage avait une galerie extérieure. Ce monument, plusieurs fois ébranlé par des tremblements de terre, fut presque entièrement détruit par une dernière secousse en 1303. Les Romains établirent des phares dans un assez grand nombre d'endroits, entre autres à Ostie, à Ravenne, à Pouzzoles; celui qu'ils avaient fait construire à Boulogne-sur-Mer, pour guider les vaisseaux qui passaient de la Grande-Bretagne dans les Gaules, subsistait encore en 1643.

Les phares sont d'une grande utilité; mais, avant d'être perfectionnés tels qu'ils le sont aujourd'hui, ils ont été quelquefois funestes aux navigateurs, qui pouvaient les confondre avec les feux allumés près du rivage, et aussi confondre un phare avec un autre qui en était peu éloigné. Cette confusion n'est plus guère possible, grâce au nouveau système de phares, qui consiste dans une combinaison bien entendue des anciens feux fixes avec les feux tournants et à éclipses. C'est à un ingénieur français, nommé Fresnel, que sont dues principalement les améliorations introduites dans la construction des phares et le mode d'éclairage. Parmi ces feux qui s'allument exactement toutes les nuits, les uns sont composés de deux tours; les autres sont intermittents, parce qu'une moitié de la lanterne est aveuglée par une demi-cage de fer qui tourne sans cesse, et qui cache et découvre alternativement la vue du feu dans toutes les directions : ce sont ces variétés de formes qui les font facilement reconnaître des marins et empêchent toute méprise.

107.

Les armes anciennes et modernes.

L'homme n'a par lui-même que de très-faibles moyens pour se garantir des attaques de plusieurs animaux qui lui sont bien supérieurs par leur force et leur agilité; mais la Providence, en le douant d'une intelligence supérieure, lui a fourni en même temps toutes sortes de matières qui, façonnées en armes, le mettent en état de se défendre avec avantage contre ses plus redoutables ennemis. Si l'instinct de sa défense et de sa conservation a suggéré à l'homme l'idée de la plupart des armes dont il s'est servi à diverses époques, cette idée a pu aussi lui être inspirée par l'exemple de quelques animaux et la forme de certains objets naturels. Ainsi la cuirasse et le bouclier ont leur modèle dans l'enveloppe des tortues, dans les écailles du crocodile; les pointes des oursins, les épines des végétaux, ont pu donner l'idée des javelots et des dards; le museau de certains poissons, allongé en forme d'épée, ressemble assez à un glaive.

Chez les peuples de l'antiquité, et même jusqu'à l'époque où la poudre à canon fut inventée, les principales armes offensives étaient l'épée, la lance, le poignard, le javelot, la fronde, l'arc, l'arbalète; les armes défensives, le casque, la cuirasse et le bouclier. Dans les siéges des villes, on faisait usage de machines dont les unes, comme le bélier, servaient à battre les murailles, et dont les autres, comme la baliste, étaient destinées à lancer des pierres et des traits. Le bélier se composait d'une poutre plus ou moins longue, plus ou moins grosse, armée par un bout d'une masse de fer ou de bronze.

Lorsque la poudre à canon fut connue, les bouches à feu remplacèrent d'abord l'usage des balistes et des béliers dans l'attaque et la défense des places. Le premier emploi que l'on fit des canons en rase campagne eut lieu, dit-on, à la bataille de Crécy, en 1346. C'est aux Moscovites que l'on doit l'invention du mousquet; aux Arabes, celle de la carabine. Le pistolet fut inventé à Pistoie, en Toscane, et le fusil, en France, sous Louis XIII. L'arquebuse fut la première forme du mousquet et du fusil; son origine remonte au commencement du seizième siècle. Il fallait deux hommes pour porter une arquebuse : on l'appuyait sur une fourchette fixée en terre, on la chargeait avec de la poudre et des pierres rondes, et on y mettait le feu avec une mèche. On en diminua successivement la longueur et le poids, et on y adapta la batterie à pierre au lieu de la mèche. L'arme appelée baïonnette fut inventée à Bayonne; les Français s'en servirent pour la première fois en 1692, au combat de Turin, sous le règne de Louis XIV.

108.

Les tournois et les armoiries.

On ne saurait guère assigner une époque certaine à l'origine des tournois, sortes de fêtes militaires qui furent fort en honneur dans tout le cours du moyen âge. Les armes dont les combattants faisaient usage étaient ordinairement des lances sans fer ou à fer rabattu, des épées sans tranchant, qu'on nommait pour cela *courtoises* ou *gracieuses;* quelquefois cependant on se servait de lances à fer émoulu, de haches et de toutes les armes de bataille: celles-ci s'appelaient *armes à outrance*. Ce fut dans un tournoi donné au palais des Tournelles, à Paris, en 1559, que périt Henri II, roi de France. Depuis cette époque, ces combats furent à peu près abandonnés, et avec l'usage des tournois périt aussi l'ancien esprit de chevalerie qui avait brillé d'un si vif éclat, surtout à l'époque des croisades.

L'Église avait fait une cérémonie religieuse de la réception des chevaliers. Le jeune seigneur qui aspirait à devenir chevalier, après avoir jeûné et passé une nuit en prières dans l'église, s'approchait de la sainte table et communiait. Puis, quand il avait reçu son épée, sa cotte d'armes et ses éperons d'or, on lui donnait l'accolade, c'est-à-dire trois coups de plat d'épée sur l'épaule ou sur la nuque : alors il promettait de craindre Dieu, de protéger le faible, la veuve et l'orphelin, et de mourir pour la foi catholique.

L'usage des *armoiries* prit naissance au temps des croisades. Les nobles voulant se distinguer et reconnaître leurs vassaux par quelque signe particulier, au milieu de ces grands rassemblements d'hommes, adoptèrent certains emblèmes dont ils couvraient leur bouclier, leur cotte d'armes ou leur bannière. Ensuite on conserva par vanité un usage que la nécessité avait fait adopter, et les armoiries se transmirent de père en fils comme un héritage. Le roi de France Louis XI les consacra définitivement et par titres réguliers. On les faisait sculpter sur les tours et les murailles des châteaux ; plus tard on les mit sur les anneaux, les cachets qui servaient à signer les actes. La connaissance des armoiries est l'objet d'une science qu'on nomme *blason*.

C'est aussi de l'époque des croisades que datent les ordres religieux et militaires. L'ordre des hospitaliers de Saint-Jean de Jérusalem, connus plus tard sous le nom de chevaliers de Rhodes et de chevaliers de Malte, fut fondé en 1100, et celui des templiers en 1119. Comme moines, ils faisaient vœu de pauvreté et d'obéissance ; comme guerriers, ils se consacraient à la défense de la terre sainte.

109.

La poudre à canon.

La *poudre à canon* est un mélange intime de salpêtre raffiné, de soufre distillé et de charbon peu calciné. Les proportions de ces trois substances varient suivant les pays et suivant les usages auxquels la poudre est destinée. En France, la poudre de guerre, sur 100 parties de mélange, contient 75 parties de salpêtre et 25 parties moitié soufre et moitié charbon ; la poudre de chasse contient une proportion de salpêtre un peu plus forte, et la poudre de mine une proportion moindre.

Le salpêtre, appelé aussi nitre, est un produit qui se forme naturellement dans les lieux bas, sombres et humides, dans les écuries, les étables, les caves, à la partie inférieure des habitations. Dans les pays où les terres sont naturellement salpêtrées et renferment beaucoup de nitre, comme en Chine, dans l'Inde, en Égypte, on lessive ces terres, et, par des évaporations successives, on obtient du salpêtre cristallisé. C'est, du reste, à peu près le procédé qui est employé pour extraire la même substance des vieux plâtras provenant des caves, des écuries, etc.

La préparation de la poudre se réduit à un petit nombre d'opérations fort simples. On pulvérise séparément les matières, puis on les triture ensemble dans des mortiers, en y ajoutant une certaine quantité d'eau. Ce mélange ainsi comprimé prend la forme de pains, qu'on laisse sécher, et qu'on divise ensuite sur un crible à l'aide d'un disque de bois dur qui, en tournant sans cesse, écrase la matière, la brise et la force à passer à travers les trous du crible. Cette première opération ne produit que des grains inégaux et du poussier : on passe la poudre dans un second crible, appelé *grenoir,* qui donne les grains de grosseur voulue; un troisième crible, dit *égalisoir,* sépare les grains trop fins. Les poudres de guerre et de mine sont alors séchées à l'air; mais la poudre de chasse subit une dernière opération appelée *lissage,* qui a pour but de détruire les aspérités des grains, en les faisant frotter les uns contre les autres, et de leur donner un certain lustre qui les rend plus résistants.

La poudre à canon est d'origine chinoise, mais ce sont les Européens qui l'ont appliquée à l'art de la guerre dans le courant du treizième siècle et qui en ont perfectionné la préparation. Les Chinois ne l'employaient que pour les feux d'artifice. C'est encore de nos jours la base principale de ces compositions pyrotechniques, et des feux de diverses couleurs qu'on obtient en associant à la poudre ou au salpêtre des limailles de fer, d'acier, de cuivre et de zinc, de la résine, etc.

110.

La boussole.

Les peuples anciens, pour se diriger sur la mer, n'avaient d'autre moyen que d'observer la position des astres; mais souvent les nuages et les brouillards leur dérobaient la vue du ciel, et alors ils étaient forcés de s'arrêter ou bien ils erraient à l'aventure. En outre, ils ne pouvaient entreprendre des voyages de long cours, et ils ne perdaient presque jamais de vue les côtes, où la navigation est plus dangereuse qu'en pleine mer, à cause des écueils, des bancs de sable et des courants. L'invention de la boussole, en donnant aux navigateurs le moyen de se diriger sûrement à travers l'étendue des mers dans toutes les saisons, par tous les temps et dans tous les lieux, a fait faire des progrès immenses à l'art de la navigation et a été la cause des découvertes maritimes les plus importantes, telles que la route des Indes par le cap de Bonne-Espérance et la découverte de l'Amérique.

Voici sur quel principe est fondé ce précieux instrument. Quand on place sur un pivot une aiguille aimantée[1], on voit qu'après un certain

1. L'aimant est une substance qui a la propriété d'attirer le fer. En frottant l'acier avec un aimant, on lui fait acquérir la même vertu attractive, et cet acier aimanté peut à son tour la communiquer à un autre acier.

nombre d'oscillations elle s'arrête d'elle-même dans une position fixe, à laquelle elle revient constamment si on l'en écarte. Cette direction tend vers deux points qui sont peu éloignés du nord et du sud, ou, en d'autres termes, l'aiguille aimantée mise en équilibre et abandonnée à elle-même se dirige constamment dans le sens de la ligne qui va d'un pôle à l'autre de la terre.

Vers l'an 1300, l'Italien Flavio Gioja, à qui l'on attribue généralement l'invention de la boussole, frappé de la remarquable propriété de l'aiguille aimantée, eut l'idée de fabriquer une boîte vitrée dans laquelle l'aiguille, placée en équilibre sur un pivot, pouvait se mouvoir librement, et en se tournant constamment vers le nord, dans quelque direction que la boîte se trouvât placée, indiquer par cela même les autres points cardinaux. Cet instrument est la boussole, qu'on nomme aussi compas de route, en terme de marine. Sur les navires, la boîte, par un mécanisme fort simple, est suspendue de manière à être toujours maintenue de niveau, c'est-à-dire dans une position horizontale, malgré les agitations du navire.

On dit que la boussole était connue des Chinois plus de mille ans avant J. C., et que le Vénitien Marco Polo l'apporta de Chine en Europe vers l'an 1260. Mais on ne commença véritablement à s'en servir d'une manière un peu générale qu'au commencement du quatorzième siècle.

III.

Les lunettes, le télescope, le microscope.

L'invention des *lunettes* qu'on appelle *besicles* ou *binocles* paraît remonter au douzième siècle, ou tout au moins au treizième. On ne sait pas d'une manière positive à qui cette découverte doit être attribuée; mais on croit généralement que ce fut un Florentin, nommé Salvino, qui eut l'idée d'employer les verres grossissants pour distinguer plus nettement les objets, et de fabriquer ces petits instruments qui remédient à la faiblesse de la vue.

La *lunette d'approche* ou *longue-vue,* qui a donné naissance à ces grands instruments appelés *télescopes* à l'aide desquels on observe les astres, date seulement de la fin du seizième siècle, et c'est à des jeux d'enfants, dit-on, qu'on est redevable de cette découverte. Chez un opticien de Middelbourg, nommé Zacharie Jansen, des enfants s'amusaient à regarder les objets à travers des assemblages de verres, et le hasard mit sous leurs yeux les effets de deux verres dont la forme, les dimensions et la distance étaient telles que les rayons lumineux, après les avoir traversés, grossissaient l'image des objets et semblaient les rapprocher. Ce fut de la part des enfants une grande surprise et de bruyantes exclamations qui attirèrent l'attention de l'opticien. Jansen ajusta les verres grossissants dans un tube : la lunette d'approche ou télescope était trouvée.

Un illustre savant de cette époque, Galilée, perfectionna l'instrument : le dirigeant vers la voûte céleste, il se mit à observer la marche des astres, et il affirma que la terre, au lieu d'être immobile comme on l'avait cru jusqu'alors, est une planète qui tourne autour du soleil. Ces premières découvertes de la science en amenèrent d'autres, et le télescope, successivement perfectionné par Newton, Gregory, Herschell, ouvrit un nouveau monde aux recherches des astronomes. L'esprit humain, en contemplant toutes les merveilles des cieux, reste confondu devant la toute-puissance du Dieu qui a répandu les astres dans l'espace comme les grains de sable sur le rivage de la mer.

L'emploi des verres grossissants a été appliqué à un autre instrument d'optique, appelé *microscope*, dont l'effet est d'amplifier considérablement l'image des objets qui sont à peine visibles ou qui échappent totalement à notre vue. C'est à l'aide du microscope qu'on peut étudier les organes les plus délicats des plus petits animaux, et ces merveilles, tout aussi dignes de notre admiration que celles que nous découvrons dans les cieux, nous disent assez que la grandeur de Dieu se manifeste dans ses moindres œuvres.

112.

La cloche de plongeur.

L'air et tous les autres gaz sont très-compressibles et très-élastiques, et c'est une loi connue en physique que plus la pression qu'ils éprouvent est grande, plus leur volume est petit. Ainsi, en supposant qu'une certaine masse d'air, soumise à une pression de 1 kilogramme, ait un volume égal à 1 litre, ce volume sera réduit à 1/2 litre pour une pression de 2 kilogrammes, à 1/3 de litre pour une pression de 3 kilogrammes, et ainsi de suite.

La résistance de l'air à la compression a fait inventer un appareil fort ingénieux et fort utile connu sous le nom de *cloche de plongeur*. Si l'on enfonce dans l'eau un verre renversé, l'eau, loin de remplir l'intérieur de ce verre, n'y monte qu'à une assez faible hauteur. Il faudrait enfoncer le vase jusqu'à une dizaine de mètres de profondeur pour que le volume de l'air qui y est contenu fût réduit à moitié, jusqu'à vingt mètres pour que ce volume fût réduit au tiers. Ainsi, un grand vase solide et imperméable, en métal ou en bois, en forme de cloche renversée, pourra être plongé peu à peu dans une masse d'eau profonde, sans que les hommes qui y sont placés soient atteints par l'eau. En comprimant l'air fortement, on peut même réduire à rien la couche d'eau intérieure, et fournir ainsi aux plongeurs le moyen de travailler à sec au fond de l'eau.

La cloche de plongeur est un appareil de ce genre : elle est en fonte de fer, munie de vitraux, hermétiquement fermée de toutes parts, excepté à la base qui est ouverte. L'appareil est abaissé, élevé, transporté par des hommes qui le retiennent au moyen de cordages et de poulies, et qui se trouvent à la surface de l'eau dans des bateaux. Le plongeur, placé sous la cloche, fait savoir à ces hommes au moyen d'une sonnette les mouvements qu'ils doivent exécuter. Comme l'air contenu dans la cloche est assez promptement vicié par la respiration même des travailleurs, on adapte à la partie supérieure de l'appareil deux tuyaux en cuir qui s'élèvent au-dessus du niveau de l'eau; l'un de ces tuyaux sert à évacuer l'air vicié, et l'autre à faire arriver dans la cloche de l'air pur à l'aide d'une pompe.

C'est au moyen de la cloche de plongeur que des ouvriers sont occcupés à briser des rochers qui se trouvent au fond de l'eau, à rechercher les objets précieux qui y sont perdus, à explorer le sol à l'entrée des ports de mer, à établir les fondations de ponts dans les fleuves ou de digues dans la mer.

113.

Les monnaies.

Les métaux, et principalement les plus rares, l'or et l'argent, ont été dans tous les temps, et à peu près dans tous les pays, employés comme un moyen d'échange et comme signes représentatifs de toutes les valeurs. Chez certains peuples de l'antiquité, la monnaie fut de fer ou de plomb; les Grecs se servirent longtemps de monnaie de cuivre sans empreinte; plus tard, chaque peuple la marqua d'un emblème particulier. La première monnaie romaine date du règne de Servius Tullius; elle était en cuivre et portait pour empreinte un bœuf et une brebis. On ne se servit d'argent monnayé à Rome que vers l'an 485 de sa fondation, et de monnaie d'or que dans le siècle suivant. La plus ancienne monnaie d'or, en France, remonte à Théodebert, petit-fils de Clovis, et c'est en 864, sous Charles le Chauve, que l'on commença à marquer la monnaie de l'effigie du souverain.

Le droit de fabriquer la monnaie a toujours été considéré comme un attribut essentiel de la souveraineté. Pendant le moyen âge, les seigneurs, les barons, qui étaient autant de souverains indépendants, battaient monnaie dans leurs domaines; mais à mesure que toutes ces petites souverainetés furent absorbées par le pouvoir royal, le droit de fabriquer la monnaie resta concentré dans les mains du chef de l'État. L'or, l'argent et le cuivre sont les métaux employés dans la fabrication de nos monnaies. Les établissements où se fait cette fabrication, appelés hôtels des monnaies, sont affermés, avec leurs machines et leurs ustensiles, à des directeurs qui achètent les métaux à leur compte et livrent à l'État les monnaies frappées à des conditions convenues.

La valeur réelle des monnaies est celle de l'or et de l'argent qu'elles renferment; leur valeur nominale est celle que l'autorité publique attribue à chaque pièce, qui doit avoir les dimensions, le poids et le titre déterminés par la loi. Le titre des monnaies indique la quantité d'alliage qu'elles contiennent : en France, les pièces d'or et d'argent sont à 900 millièmes ou à 9 dixièmes de fin, c'est-à-dire qu'elles contiennent 900 millièmes ou 9 dixièmes de métal pur, d'or ou d'argent, et 100 millièmes ou 1 dixième de cuivre. Notre unité monétaire est le franc, pièce d'argent du poids de 5 grammes; toutes les autres pièces d'or, d'argent ou de cuivre expriment des multiples ou des fractions du franc. Le diamètre des monnaies est aussi fixé, afin qu'elles puissent s'empiler et se former en rouleaux. Le diamètre des pièces de 5 francs est de 37 millimètres; 27 pièces, mises bout à bout, ont la longueur d'un mètre.

114.

La fabrication de la monnaie.

Lorsque les matières d'or ou d'argent qui doivent servir à la fabrication des monnaies ont été alliées avec du cuivre dans les proportions voulues, on les travaille au feu, au marteau, au laminoir, de manière à les réduire en lames ayant l'épaisseur exigée par la loi. Dans ces lames on taille, au moyen d'un instrument appelé *emporte-pièce* ou *découpoir*, des rondelles de métal nommées *flans*.

Les flans sont de véritables pièces qui n'ont pas encore reçu l'empreinte. L'instrument chargé de donner cette empreinte est le balancier, dont on attribue l'invention à Nicolas Briot, tailleur des monnaies sous Louis XIII. Il se compose d'une barre de fer horizontale, armée à ses deux bouts d'une boule ou de masses de métal, et fixée en son milieu à une forte vis perpendiculaire qui tourne dans un écrou. Le tout est soutenu par une sorte d'arcade solide en fer reposant sur une table ou étau. La vis, avec sa barre, présente la figure de la lettre T. Des coins d'acier, portant en creux les empreintes des monnaies, sont fixés, l'un au bas de l'arbre de la vis, l'autre sur l'étau. Une virole est disposée au-dessus du coin inférieur;

une pièce qu'on appelle la *main*, et qui pivote sur l'une de ses extrémités, reçoit le flanc et le porte sur la virole. Des hommes font jouer le balancier, en tirant vivement avec des cordes les masses de la barre; la vis descend, pousse le coin supérieur sur le flan, qui reçoit du même coup les empreintes des deux coins. Le mécanisme du balancier est combiné de manière que, le coup une fois frappé, la vis se relève par l'effet de l'élasticité du métal, tire la pièce de la virole, et ramène la main au-devant de l'ouvrier pour qu'il y mette un autre flan. Le balancier, revenu à sa position primitive, recommence la même opération. Quant au cordon, c'est-à-dire à la devise qui est gravée sur la tranche, cette empreinte est donnée par une machine qui comprime le bord de la pièce au moyen d'un puissant levier manœuvré à la main.

Le balancier qui est aujourd'hui employé dans les hôtels des monnaies a été amené à un tel degré de perfection, que douze à quatorze hommes peuvent facilement frapper 2000 pièces de 5 francs par heure, et que six à huit hommes en frappent dans le même temps 6 000 de 50 centimes. En général, on doit tailler 40 pièces de 5 francs dans un kilogramme d'argent au titre de 0,9 (neuf dixièmes), et 155 pièces de 20 francs dans un kilogramme d'or, au même titre.

115.

Le baromètre.

L'air que nous respirons, et dont les couches profondes constituent l'atmosphère, est pesant ; il exerce une pression sur tous les corps qui y sont plongés. La physique nous apprend que la pesanteur d'une colonne d'air, dans toute la hauteur de l'atmosphère[1], est égale au poids d'une colonne de mercure de même largeur, d'environ 76 centimètres de haut. L'instrument destiné à mesurer la pression atmosphérique est le *baromètre,* dont l'invention est due à l'Italien Torricelli, disciple de Galilée, qui le premier avait découvert la pesanteur de l'air.

Voici en quoi consiste le baromètre. C'est un tube de verre rempli de mercure[2], fermé par en haut, ouvert par en bas, et plongeant dans une cuvette remplie du même métal. Le mercure, dans le tube, se soutient à la hauteur de 76 centimètres environ ; mais cette hauteur varie d'une petite quantité avec les circonstances atmosphériques. Ainsi on a remarqué que, lorsqu'il doit venter ou pleuvoir, ou que l'état de l'atmosphère annonce du mauvais temps, le mercure s'abaisse

1. Cette hauteur est évaluée à soixante kilomètres.
2. Le mercure ou vif-argent est un métal liquide qui a la couleur et l'éclat de l'argent.

dans le tube, comme aussi il s'élève quand le temps est beau; de telle sorte que les variations du baromètre servent à indiquer un changement probable dans l'atmosphère.

Pour évaluer en nombres les variations que subit la colonne de mercure dans le baromètre, on applique le tube sur une planchette portant des divisions en millimètres. On inscrit même les mots *variable*, *pluie* ou *vent*, *tempête*, *beau temps*, aux degrés que la colonne de mercure atteint ordinairement dans les circonstances ainsi indiquées, afin de mettre les personnes les moins instruites à même de comprendre les présages de l'instrument.

La mesure des hauteurs est une des plus importantes applications du baromètre. Lorsqu'on gravit une montagne, la pression de l'atmosphère diminuant de tout le poids de la couche d'air qui est au-dessous, le mercure baisse dans le baromètre, et il baisse d'autant plus qu'on s'élève davantage. A l'aide d'un calcul basé sur l'abaissement de la colonne de mercure, on mesure assez exactement l'élévation des montagnes.

Les baromètres varient dans leur forme, quoiqu'ils soient tous construits d'après le même principe, et on distingue principalement les baromètres *à cuvette*, les baromètres *à siphon* et les baromètres *à cadran*.

116.

Le thermomètre.

On désigne sous le nom de *calorique* le principe qui produit la chaleur et qui jouit de la propriété de dilater les corps, et on appelle *température* d'un corps la quantité plus ou moins grande de chaleur apparente qu'il renferme. Le *thermomètre* est l'instrument destiné à mesurer la température des corps.

Le thermomètre consiste en un tube de verre très-étroit, terminé en forme de boule à la partie inférieure, et renfermant soit du mercure, soit de l'esprit-de-vin coloré. Lorsque la chaleur pénètre l'instrument, le liquide se dilate et s'élève dans le tube; il se resserre au contraire et s'abaisse par le refroidissement. Ces divers mouvements font connaître si la température s'élève ou s'abaisse.

Afin d'obtenir une mesure exacte de ces variations, il a fallu graduer le thermomètre, et on a choisi pour cela deux points fixes de chaleur, c'est-à-dire deux phénomènes qui s'accomplissent dans des circonstances où la température se retrouve toujours la même. Ces deux points sont la glace fondante et l'eau bouillante. On marque d'un *zéro* (0) le point où s'arrête le liquide quand le tube est plongé dans la glace fondante, et du numéro *cent* (100) le niveau qu'il atteint quand on le plonge dans l'eau bouillante. Enfin on divise l'intervalle en cent parties égales, qui sont appelées les degrés du thermomètre, et on prolonge ces divisions au-dessous de zéro pour marquer les degrés de froid. Si le liquide descend à zéro, on est certain que le froid est voisin de la gelée; à 3 ou 4 degrés au-dessous de zéro, l'eau devient glace; plus bas encore les rivières charrient des glaçons et se gèlent. Au-dessus de zéro, au contraire, à 12 ou 15 degrés par exemple, on a une température douce; à 30 degrés, la chaleur est très-forte. Le thermomètre n'est pas propre seulement à mesurer les variations de température de l'atmosphère; il sert encore à connaître la température des appartements qui sont chauffés, des serres, des étuves, ainsi que le degré de chaleur d'un bain.

Les thermomètres dans lesquels l'intervalle compris entre les deux points fixes est divisé en cent parties ou en cent degrés sont appelés *thermomètres centigrades*. Un célèbre physicien français, Réaumur, a divisé cet intervalle en 80 degrés, et les thermomètres construits d'après ce système portent le nom de *thermomètres de Réaumur*. Pour convertir un nombre de degrés centigrades en degrés Réaumur, il faut de ce nombre retrancher son cinquième ; et pour convertir un nombre de degrés Réaumur en centigrades, il faut à ce nombre ajouter son quart.

117.

Les aérostats.

L'invention des *aérostats* ou des *ballons* est due aux frères Montgolfier, fabricants de papier à Annonay. Ce fut dans cette petite ville qu'ils firent l'essai de leur invention, en 1783. Alors tous ceux qui assistaient à cette expérience furent témoins d'un spectacle qui devait frapper les esprits d'étonnement et d'admiration. On vit tout à coup un globe immense s'élever majestueusement dans les airs et s'y soutenir comme par quelque puissance invisible. Cette espèce de prodige est cependant bien facile à expliquer et aussi facile à comprendre. La montgolfière (c'est ainsi qu'on appelle le ballon dont se servirent les frères Montgolfier) se compose d'un globe de papier verni ou de taffetas qui présente une petite ouverture à sa partie inférieure. Sous cette ouverture est suspendu un panier en fil de métal, contenant un corps combustible, soit de la paille hachée, soit une éponge imbibée d'alcool. Dès que le combustible est enflammé, l'air se dilatant par la chaleur gonfle le ballon. Or l'air chaud étant, à volume égal, plus léger que l'air froid, le poids du globe finit par être moindre que celui de l'air extérieur qu'il déplace ; le ballon monte donc, et il s'élève emportant avec lui le combustible qui produit sa force d'ascension.

L'année même où fut fait l'essai des montgolfières, un physicien, nommé Charles, eut l'heureuse idée de remplacer l'air chaud par le gaz hydrogène, que la chimie avait fait connaître et qui est environ quatorze fois plus léger que l'air. Cette innovation avait le double avantage de ne plus exposer le ballon au danger d'être brûlé, et de lui faire acquérir une force ascensionnelle beaucoup plus grande.

L'enveloppe des aérostats ou ballons à gaz hydrogène est formée de taffetas verni au moyen d'une dissolution de caoutchouc dans l'huile de térébenthine. Cette enveloppe est recouverte d'un filet à larges mailles, portant circulairement un assez grand nombre de cordes auxquelles est attachée une nacelle à quelques mètres au-dessous du ballon. C'est dans la nacelle que se tiennent les voyageurs avec une provision de lest ou de sable qui doit servir à alléger le ballon quand on veut monter. A la partie supérieure du ballon se trouve une soupape que l'aéronaute manœuvre à volonté au moyen d'une corde; quand il ouvre cette soupape, une partie du gaz s'échappe, le ballon diminue de volume, et, comme il déplace moins d'air, il descend. On adapte aussi à l'aérostat un parachute, à l'aide duquel on peut descendre quand on veut quitter le ballon ou en cas de quelque accident.

118.

Les paratonnerres.

L'invention des *paratonnerres*, destinés à préserver les édifices des effets désastreux de la foudre, est due à Franklin, l'un des hommes les plus illustres des États-Unis, en Amérique. Il n'est pas sans intérêt de connaître comment il fut amené à faire cette grande découverte qui a immortalisé son nom et qui lui a valu justement la reconnaissance de tous les peuples.

Franklin, doué au plus haut point d'un esprit observateur, avait remarqué que la foudre se dirige le plus souvent sur les arbres, sur les parties les plus élevées des édifices, qu'elle se porte de préférence sur les métaux, enfin que les pointes ont la propriété de déterminer lentement et à distance l'écoulement du fluide électrique. Guidé par ses expériences qui lui donnaient à penser qu'il y avait non pas seulement une grande analogie, mais une identité parfaite entre les effets de l'électricité et ceux de la foudre, il eut l'idée ingénieuse d'aller puiser, à l'aide d'un cerf-volant, au sein même des nuages orageux le fluide électrique dont il soupçonnait l'existence. Il arma d'une pointe métallique l'extrémité d'un cerf-volant, et muni d'une corde de chanvre d'une grande longueur, il le lança dans l'air vers un nuage orageux. Le cerf-volant était depuis quelque temps sous l'influence du nuage, lorsque survint une petite pluie qui mouilla la corde de chanvre et la rendit capable de conduire le fluide électrique du nuage orageux jusqu'à l'extrémité inférieure. En même temps un petit bruissement se fit entendre. Franklin présenta alors le doigt à la corde et il en jaillit de vives étincelles. Ainsi le génie de l'homme venait de surprendre le secret de la foudre. Si la corde eût été plus humide et le nuage plus chargé d'électricité, l'illustre savant aurait payé de sa vie son audacieuse expérience. C'est ce qui arriva à un physicien russe nommé Richmann ; il fut foudroyé par une lame de feu qui, s'élançant de l'extrémité inférieure de son appareil, vint le frapper au front.

Franklin avait fait son expérience à Philadelphie, en 1752. Il plaça ensuite sur sa maison une barre métallique isolée et terminée en pointe, à laquelle il suspendit un carillon électrique, et il reconnut par le bruit de l'appareil que la barre se chargeait d'électricité lorsqu'un nuage orageux venait à passer. Telle est l'origine du paratonnerre. Le premier appareil de ce genre qui ait paru en France fut construit sur la machine de Marly en 1753. On n'en vit à Paris qu'en 1782.

119.

Construction des paratonnerres.

Les paratonnerres sont composés d'une longue tige métallique terminée en pointe à sa partie supérieure, placée verticalement plus haut que tous les objets qu'elle doit protéger, et d'un conducteur pareillement métallique établissant une communication parfaite entre la base de la tige et le sol humide. La tige est en fer ; souvent on dore la pointe afin de la préserver de la rouille, mais le plus souvent cette pointe est faite de platine, parce que de tous les métaux le platine est celui qui s'altère le moins. Quant au conducteur lui-même, c'est une chaîne ou un câble de fils de fer ou de fils de cuivre, ou bien encore une tringle continue de fer. Si la foudre vient à frapper un appareil ainsi construit, elle suivra la tige, puis la chaîne métallique, et ira se perdre avec cette chaîne dans le sol. Souvent même, grâce à la propriété dont jouit la pointe de la tige, le fluide électrique dont est chargé un nuage orageux peut s'écouler sans explosion jusque dans le sol. Ainsi, sous l'influence d'un orage, on voit quelquefois, surtout pendant l'obscurité, comme une gerbe de feu à la pointe des paratonnerres : ce feu n'est autre chose que l'écoulement du fluide électrique.

Pour qu'un paratonnerre préserve efficacement

les lieux sur lesquels il est placé, il doit remplir certaines conditions. Avant tout, il faut qu'il n'y ait aucune solution de continuité dans la tige ni dans le conducteur : car s'il y avait la moindre solution, le fluide électrique, ne pouvant plus suivre le conducteur, se porterait sur d'autres points de l'édifice, et il pourrait en résulter les plus graves accidents. Dans ce cas, le paratonnerre serait un danger et non pas un préservatif.

De plus, il faut rendre aussi parfaite que possible la communication du conducteur avec le sol. Pour cela, on fait arriver l'extrémité du conducteur, soit dans un puits, soit dans une citerne, et, lorsqu'on n'a pas ce moyen à sa disposition, on pratique un trou de 4 à 5 mètres de profondeur dans la terre, à un endroit où la chute des eaux pluviales entretienne une constante humidité. Pour que la rouille n'altère pas la partie du conducteur enfouie sous la terre, on l'entoure de braise bien calcinée : la braise a d'ailleurs la propriété d'offrir une issue facile au fluide électrique.

Lorsque l'édifice qu'on veut protéger renferme de grosses pièces de métal, comme des lames de plomb, des barres de fer, on doit faire communiquer ces diverses pièces avec le conducteur. Enfin si l'édifice est d'une étendue considérable, il est nécessaire de l'armer de plusieurs paratonnerres, qu'on place généralement à une distance de vingt mètres les uns des autres.

120.

Les puits artésiens.

Dans certains endroits, il suffit de percer, à une profondeur plus ou moins considérable, un trou dans la terre pour obtenir une source d'eau jaillissante. Ces sources sont connues sous le nom de *puits artésiens*, ainsi nommés parce que les premières tentatives de ce genre furent faites dans l'Artois, province de France. On les appelle aussi *puits forés*, *fontaines forées*, parce qu'on les creuse au moyen de sondes de mineur.

Il est constant que les sources sont alimentées par les eaux qui tombent du ciel et par les vapeurs aqueuses de l'atmosphère que les montagnes, les plateaux élevés, absorbent continuellement. Ces diverses eaux se réunissent dans certaines cavités que la nature a ménagées dans le sein de la terre, ou dans des bancs de sables, de cailloux : si elles trouvent des issues, elles vont surgir à la surface du sol dans des lieux plus bas ; mais si ces eaux sont contenues de tous côtés par des couches imperméables de terre glaise, de craie, elles remplissent totalement les cavités, et font constamment effort contre les obstacles qui les empêchent de s'écouler, parce que les liquides tendent sans cesse à se mettre de niveau. Il est facile de comprendre que si, en creusant la terre, on rencontre une nappe d'eau comprise entre deux couches imperméables, cette eau, trouvant une issue et cherchant son niveau, s'échappera par le trou qu'on a pratiqué et s'élèvera à une hauteur égale à celle de son point de départ. La hauteur du jet d'eau sera donc déterminée par la différence de niveau entre ces deux points. Aussi tous les puits artésiens ne donnent pas des eaux jaillissantes ; ces eaux s'arrêtent quelquefois à plusieurs mètres au-dessous de la surface du sol; cela doit arriver dans les circonstances où leur point de départ est moins élevé que la surface du terrain dans lequel on perce le puits.

Les outils dont on fait usage pour forer les puits artésiens sont le plus souvent en fer ou en acier; ils se montent avec des vis et des écrous au bout d'une sonde formée de barres de fer qui s'ajustent les unes à la suite des autres et sont maintenues solidement. On appelle *tête* de la sonde la barre terminée par un anneau qui reste toujours hors de terre, et avec lequel on fait tourner l'instrument. A mesure que le forage se fait, on introduit dans le trou de sonde des tuyaux, soit de bois, soit de fonte ou de tôle de fer. Parmi les travaux de ce genre les plus remarquables, on peut citer les puits artésiens de Grenelle et de Passy à Paris.

121.

La lampe de mineur.

Dans les mines d'où l'on extrait la houille, il se dégage souvent du gaz hydrogène ou gaz inflammable auquel les mineurs ont donné le nom de *grisou*. Lorsque ce gaz est mélangé dans une certaine proportion avec l'air atmosphérique, la présence d'une chandelle ou d'une lampe allumée lui fait prendre feu et détermine une explosion qui ébranle et bouleverse la terre et cause souvent la mort d'un grand nombre d'ouvriers. En 1815, Humphrey Davy, physicien anglais, ayant reconnu la nature du gaz inflammable des mines et analysé les diverses circonstances de sa combustion dans son mélange avec l'air, inventa une lampe avec laquelle les ouvriers peuvent s'éclairer dans les mines sans avoir à redouter ces accidents désastreux. La construction de cette lampe est fondée sur la propriété dont jouissent les toiles métalliques d'un tissu serré, qui est de diviser la flamme, de la refroidir, tellement qu'elle est incapable de communiquer le feu aux matières combustibles qui environnent le foyer.

La lampe de Davy se compose d'une double enveloppe, en toile de fils de cuivre ou de fer, dont le tissu contient au moins 140 ouvertures par centimètre carré. La flamme est entourée d'une spirale de platine dont la propriété est d'empêcher que les matières qui se dégagent par l'effet de la combustion de l'huile et de la mèche ne noircissent les fils et ne bouchent les ouvertures de la toile métallique. Lorsque l'ouvrier, muni de sa lampe, arrive dans une galerie où se trouve un mélange de gaz inflammable, une portion de ce gaz pénètre dans l'intérieur de la lampe et y brûle; mais sa flamme ne peut en sortir pour communiquer l'inflammation au dehors, attendu que la toile métallique refroidit le gaz, qui brûle de manière à réduire sa chaleur au-dessous du point où il est lumineux. C'est cet appareil si simple qui constitue la lampe de sûreté de Davy, qui a rendu de si grands services à l'humanité, et à laquelle, par reconnaissance, les mineurs ont donné le nom de *davyne*.

La lampe de sûreté n'a pas seulement la propriété d'empêcher la flamme de communiquer avec le gaz hydrogène, elle indique encore au mineur l'état de l'air qui l'environne, et l'avertit ainsi du moment où il doit se retirer. En effet, si le mineur s'aperçoit que la flamme de la lampe augmente de volume, c'est un signe que le gaz inflammable est mêlé à l'air dans de petites proportions. Quand la proportion du gaz devient assez considérable pour qu'il y ait un véritable danger, le cylindre de toile métallique se remplit d'une flamme bleue ou pâle : alors on emploie les moyens convenables pour chasser le gaz nuisible qui se trouve dans la mine.

122.

L'éclairage au gaz.

Nous qui voyons aujourd'hui les rues des villes si bien éclairées, nous qui pouvons circuler aussi sûrement la nuit que le jour, grâce aux flots de lumière répandus avec profusion de toutes parts, nous avons peine à nous imaginer qu'il fut un temps, et un temps qui a duré des siècles, où les rues restaient enveloppées dans les plus profondes ténèbres aussitôt que le jour avait disparu. Aussi ce que les bourgeois d'alors avaient de mieux à faire, la nuit une fois venue, c'était de fermer leur porte et de rester tranquillement chez eux. Ce n'est que vers le milieu du dix-septième siècle, sous le règne de Louis XIV, qu'on commença à faire l'essai d'un éclairage régulier, et cet éclairage consista à placer au milieu et au bout de chaque rue une lanterne dans laquelle brûlait une chandelle. Plus tard, au dix-huitième siècle, sous Louis XV, on inventa les réverbères, tels qu'on les voyait il n'y a pas encore bien longtemps, et ce mode d'éclairage, qui fut alors regardé comme une chose merveilleuse, a subsisté jusqu'au moment où il a été remplacé par l'éclairage au gaz.

La première idée de l'emploi du gaz est due à un ingénieur français nommé Lebon, qui proposa, dès 1785, de tirer parti, pour l'éclairage des maisons, du gaz provenant de la distillation du bois. Il voulait établir dans chaque maison, comme meuble de ménage, un appareil fort ingénieux, qu'il nommait thermolampe, au moyen duquel, en distillant le bois, on se procurait : 1° du charbon de bois, résidu de la distillation du bois; 2° de la chaleur produite par le feu du fourneau et répandue dans les appartements par un calorifère; 3° du vinaigre et du goudron provenant de la condensation de la fumée; 4° enfin du gaz hydrogène, dégagé par la distillation du bois et appliqué à l'éclairage des appartements. Cette invention ne fut pas adoptée, bien que Lebon eût indiqué la houille comme très-propre à remplacer le bois dans ce genre d'appareil. La France eut donc en cette circonstance, comme en tant d'autres, l'honneur de l'invention, et l'Angleterre celui de l'application.

Les premiers essais pour l'éclairage en grand par le gaz de la houille furent faits, au commencement de notre siècle, par un ingénieur anglais qui introduisit ce mode d'éclairage dans quelques grands ateliers. Ces essais ayant parfaitement réussi, le gaz se répandit bientôt dans la plupart des villes manufacturières. Ce n'est qu'en 1815 que le gaz fut importé en France : aujourd'hui il ne sert pas seulement à éclairer les rues, mais aussi les magasins, les ateliers, les usines et les manufactures.

123.

Préparation du gaz pour l'éclairage.

Le gaz employé pour l'éclairage peut être fourni par différentes substances soumises à la distillation, mais on l'extrait ordinairement de la houille, appelée aussi charbon de terre. Voici quels sont les procédés de cette préparation. Dans un fourneau construit en briques on place des cornues en fonte qu'on remplit de charbon de terre et qu'on ferme exactement au moyen d'une plaque retenue par des vis. On chauffe le fourneau et on y entretient une chaleur régulière jusqu'à ce que les cornues soient portées à la chaleur rouge. Alors la houille se décompose, et le gaz hydrogène, ainsi que diverses autres substances volatiles, se dégage et est conduit par un tuyau dans un vase froid où se condensent le goudron, l'huile, etc., contenus dans la houille, et dont l'industrie sait tirer parti. Le gaz s'écoule par un long tuyau plusieurs fois replié, et, continuant de se refroidir, va déposer dans un autre réservoir d'eau les matières fétides qui le rendent encore impur. Enfin il achève de s'épurer en traversant une masse considérable d'eau de chaux ou de mousse saupoudrée de chaux par couches.

Dépouillé ainsi de toute odeur bitumineuse ou sulfureuse, le gaz est propre à l'éclairage. Il s'agit alors de l'amasser dans un lieu de dépôt d'où on pourra le faire sortir, en le mesurant, quand le moment de le distribuer sera venu. Ce lieu de dépôt est le gazomètre. Qu'on se figure une grande cloche, en tôle de fer, suspendue par une chaîne à une poulie avec contre-poids. Cette cloche, hermétiquement fermée de toutes parts, mais ouverte par en bas, plonge par ses bords inférieurs dans une cuve remplie d'eau. Le gaz arrive sous la cloche, la soulève par son élasticité naturelle, s'y accumule, et finit par la remplir entièrement. Du gazomètre, le gaz s'écoule par un tuyau conduit ordinairement sous terre, et va se distribuer par divers embranchements dans tous les lieux où on veut le faire arriver.

Les becs destinés à brûler le gaz et à donner la lumière ne sont autre chose que les bouts des tuyaux, qui présentent des formes variées. Tantôt le bec est simplement une pointe percée d'un trou; tantôt, au lieu d'un trou, c'est une fente, qui a l'avantage de produire une flamme plus large. Le plus souvent le tube qui conduit le gaz est terminé par un anneau creux dont le contour est percé d'une multitude de petits trous. Il suffit, pour allumer le gaz, d'y présenter de la flamme, un charbon ardent, et la combustion dure tant que le bec est alimenté par les tuyaux de conduite.

124.

L'imprimerie.

Parmi toutes les inventions anciennes ou modernes, l'imprimerie est sans contredit celle qui a le plus contribué à éclairer et à perfectionner l'esprit humain. Il faut beaucoup de temps pour écrire des livres à la main ou pour reproduire les copies d'un manuscrit, et il n'est pas étonnant que l'instruction ait été si lente à se répandre, les manuscrits étant trop chers pour être à la portée du peuple. Les livres dus au travail des copistes étaient si rares avant l'invention de l'imprimerie, que sous le règne de Guillaume Ier, en Angleterre, une copie de Virgile fut achetée au prix de deux cents moutons et d'une voiture de froment. Cependant au quinzième siècle, à cette époque où le vieux régime féodal était à son déclin, où la bourgeoisie était presque organisée, le besoin d'apprendre se faisait vivement sentir; mais comment faire, lorsqu'il fallait payer cinq ou six cents francs le moindre manuscrit? L'imprimerie devait changer cet état de choses et opérer dans le monde une révolution pacifique.

Cette merveilleuse découverte, qui a tiré de l'oubli ou sauvé de la destruction une foule de chefs-d'œuvre qui seraient peut-être perdus pour nous, cet art admirable qui permet de multiplier à l'infini, promptement et à bon marché, les copies d'un livre, fut inventé vers le milieu du quinzième siècle par Gutenberg, de Mayence. On imprima d'abord au moyen de lettres sculptées sur des planches de bois; mais ce procédé imparfait fut bientôt remplacé par les caractères mobiles tels que nous les connaissons et qu'ils sont employés aujourd'hui. L'imprimerie ne tarda pas à se répandre dans les diverses contrées de l'Europe. Elle fut introduite en France en 1469, sous le règne de Louis XI : Guillaume Fichet, recteur de l'université de Paris, et Jean de La Pierre, prieur de Sorbonne, firent venir à leurs frais trois ouvriers de Gutenberg, et l'année suivante parut le premier livre, imprimé dans la Sorbonne même. Ces encouragements portèrent leurs fruits, et bientôt les imprimeurs se multiplièrent autour de la montagne Sainte-Geneviève. Parmi les plus célèbres il faut citer les Estienne, au commencement du seizième siècle. En Italie, l'art naissant de l'imprimerie fut encouragé par le pape Paul II, et Venise se fit remarquer entre toutes les autres villes par les belles éditions des Alde Manuce, qui se succédèrent de 1470 à 1590. L'imprimerie ne fut importée en Espagne et en Angleterre que vers l'an 1474. En Hollande, les plus célèbres imprimeurs furent les Elzevirs, au dix-septième siècle.

125.

Les procédés de l'imprimerie.

L'impression de tous les ouvrages que nous lisons se fait avec des caractères mobiles. Ces caractères sont de petites pièces de métal au bout desquelles est en saillie une lettre de l'alphabet. Ils sont distribués et rangés séparément dans les nombreux compartiments ou cellules d'une table inclinée appelée *casse*. Ces compartiments, nommés *cassetins*, renferment, dans un ordre déterminé, non-seulement toutes les lettres de l'alphabet, lettres ordinaires, grandes et petites capitales (majuscules et minuscules), lettres accentuées, mais aussi les signes de ponctuation, les guillemets, les parenthèses, les chiffres, etc. L'ouvrier compositeur, placé devant la casse et ayant sous les yeux le manuscrit ou la copie qu'on veut reproduire ou imprimer, tient de la main gauche un petit instrument en fer, nommé *composteur*, qui se compose de deux parties ajustées à angle droit par un de leurs bords. La largeur de cet instrument se règle à volonté, pour que toutes les lignes aient une longueur donnée, qu'on appelle *justification*. L'ouvrier, guidé par la copie qu'il a sous les yeux, prend un à un, dans les divers compartiments de la casse, les caractères dont il a besoin, et les place successivement dans le composteur, de manière à former les mots et à compléter une ligne. Plusieurs lignes étant ainsi achevées, le composteur est vidé sur une planche à rebords, nommée *galée*, puis rempli de la même manière, puis vidé de nouveau, jusqu'à ce qu'il y ait la matière d'une page ou d'un paquet, qu'on lie fortement avec une ficelle. Lorsqu'il y a assez de pages pour couvrir une feuille de papier avec le texte composé, on met en *forme*[1], c'est-à-dire qu'on dispose les diverses pages, chacune à la place qui lui convient, dans un châssis ou cadre en fer appelé *forme*. Pour toute feuille, il faut deux formes, une pour chaque côté ou surface de la feuille. Les formes sont ensuite portées aux ateliers d'impression, et alors commence l'opération appelée *tirage* : elle se fait soit à la presse à bras, soit à la presse mécanique.

La *presse à bras* est manœuvrée par deux ouvriers : l'un dépose avec un rouleau de gélatine, et avant chaque coup de presse, une couche d'encre sur la forme; l'autre met la feuille de papier sur les caractères et donne le coup de presse. Il faut deux coups de presse pour imprimer chaque feuille : un coup pour chacun des côtés. La *presse mécanique* est plus compliquée; mais elle permet d'imprimer plus vite et les deux côtés de la feuille d'un seul coup. Elle est mise en mouvement, soit au moyen d'une manivelle tournée à bras d'homme, soit au moyen de la vapeur.

1. Le format d'un livre se désigne par le nombre de feuillets que présente chaque feuille quand elle est pliée.

126.

Les machines à vapeur.

La physique nous apprend que les gaz et les vapeurs font un effort continuel pour vaincre la résistance de la paroi des vases qui les contiennent: dans ce simple fait se trouve le secret des inventions les plus merveilleuses qu'aient pu produire le génie et le hasard. Les hommes, en soumettant à leur volonté la force expansive de la vapeur des liquides ont trouvé le moyen d'en graduer les effets, de les maîtriser, de les approprier à tous les besoins de la vie. Une des plus belles applications de cette force est celle qu'on en a faite pour imprimer le mouvement à des machines connues sous le nom de *machines à vapeur*.

L'idée d'employer la vapeur comme force motrice est déjà ancienne. Au commencement du dix-septième siècle, Salomon de Caus, ingénieur français, donna la première notion des machines à vapeur, et un peu plus tard un autre savant français, nommé Papin, en indiqua la construction. Mais ces premiers essais n'étaient encore que de peu d'importance ; de nouvelles combinaisons furent dues à un Anglais, nommé Savery, qui, vers la fin du dix-septième siècle, inventa la machine à vapeur à simple effet, perfectionnée quelques années après par Newcommen. Il est facile de concevoir qu'en introduisant de la vapeur sous le piston d'une pompe, ce piston sera chassé avec force jusqu'à une certaine distance, et y sera maintenu tant que la vapeur conservera sa force élastique; mais si la vapeur vient à se condenser, il se formera un vide sous le piston, qui dès lors rentrera dans la pompe en vertu de la pression de l'atmosphère, et aussi en vertu de son poids, s'il agit verticalement de haut en bas. En faisant rentrer de nouveau de la vapeur, on reproduira les mêmes effets, et on aura ainsi un mouvement de va-et-vient qu'on pourra convertir en tel autre mouvement qu'on voudra.

Au dix-huitième siècle, l'Écossais Watt modifia complétement, par les combinaisons les plus ingénieuses, la machine à vapeur à simple effet. D'abord, au lieu d'opérer la condensation de la vapeur dans le corps de pompe, ce qui avait le grave inconvénient de le refroidir, Watt imagina de condenser la vapeur dans un récipient particulier, après qu'elle a produit son effet sur le piston. De plus, il eut l'idée de supprimer l'effet de la pression atmosphérique, et fit arriver la vapeur alternativement au-dessus et au-dessous du piston : de cette manière, on obtient par la vapeur seule les deux mouvements du piston. Ce sont ces machines ainsi perfectionnées qu'on désigne sous le nom de *machines à double effet*, et qui sont généralement employées aujourd'hui.

127.

Appareils et applications des machines à vapeur.

Parmi les appareils dont se compose une machine à vapeur, les uns, tels que la chaudière, les bouilleurs, sont destinés à produire la vapeur; les autres, tels que le piston, le condenseur, sont destinés à employer cette vapeur comme force motrice. La chaudière est un grand cylindre de tôle de fer communiquant à sa partie inférieure, par des tubes, avec des cylindres plus petits qu'on nomme bouilleurs et dont les extrémités reposent sur les briques du fourneau. L'eau qui doit être réduite en vapeur remplit complétement les bouilleurs et la moitié de la chaudière. L'eau entre en ébullition dans les bouilleurs, où elle produit de la vapeur; cette vapeur passe dans la chaudière et s'accumule au-dessus de l'eau dans la chambre à vapeur, c'est-à-dire dans tout l'espace de la chaudière où il n'y a point d'eau. De là elle est conduite au piston par un tube particulier; elle agit alternativement sur chacune des deux faces du piston, auquel elle imprime ainsi un mouvement de va-et-vient, et se condense après qu'elle a produit son effet. La tige du piston met en mouvement un levier à bras égaux ou balancier, lequel fait tourner un cylindre nommé arbre de couche. C'est à l'arbre de couche que s'adapte une roue dentée qui donne le mouvement à une mécanique quelconque ; c'est aussi à l'arbre de couche que se trouvent adaptées les roues à palettes d'un bateau à vapeur ou les roues motrices d'une locomotive.

Les applications des machines à vapeur à l'industrie sont aujourd'hui aussi nombreuses qu'importantes. On emploie ces machines à élever ou à épuiser les eaux; elles sont d'un usage journalier dans l'exploitation des mines, dans les filatures, dans les scieries mécaniques, pour l'impression des journaux, la fabrication des monnaies et une infinité d'autres industries. Enfin, on les applique spécialement aux chemins de fer et à la navigation. Les machines employées sur les chemins de fer sont à haute pression, c'est-à-dire que la vapeur est à une pression plus que double de celle de l'atmosphère, et alors on lui donne directement issue dans l'air après qu'elle a produit son effet sur le piston. On peut faire des machines à vapeur de toutes les forces, depuis la force d'un cheval[1] jusqu'à celle de mille chevaux.

1. On appelle *force d'un cheval*, ou *cheval-vapeur*, la force qui est nécessaire pour élever en une seconde, à un mètre de hauteur, un poids de 75 kilogrammes. Ainsi, une machine à vapeur de 10, de 20 chevaux, etc., est une machine à vapeur capable d'élever à un mètre par seconde un poids de 750 kilogr., de 1500 kilogr., etc. La force appelée cheval-vapeur équivaut à peu près à la force de deux chevaux.

128.

Les télégraphes[1].

L'idée de transmettre des ordres ou des nouvelles importantes d'un lieu à un autre au moyen de signaux est assurément fort ancienne. D'après les témoignages de l'historien Diodore, les Perses, pendant les guerres de Médie, disposaient en cordons des sentinelles qui transmettaient les nouvelles et les ordres au moyen de la voix. Homère, dans ses poëmes, parle de signaux exécutés par des feux, et l'historien Polybe en décrit le système. César nous apprend, dans ses Commentaires, que nos ancêtres, les Gaulois, s'avertissaient, d'une province à l'autre, de tous les mouvements de son armée au moyen de feux allumés sur les montagnes. Au quatrième siècle, les Romains construisirent, sur les grandes voies, des tours à signaux dont Végèce fait mention. Les Arabes d'Espagne s'en servirent également au moyen âge. Il ne s'agissait sans doute, à ces anciennes époques, que de la transmission de signaux réglés d'avance pour exprimer des événements prévus d'après un vocabulaire fort restreint; on n'avait point pensé à distribuer ces signes d'après un alphabet régulier.

1. Ce mot est composé de deux mots grecs qui signifient *écriture* ou *correspondance au loin*.

C'est seulement au dix-huitième siècle que la télégraphie est devenue un art véritable, dont Amontons eut la première idée. Le système aérien, tel qu'il fonctionnait autrefois sur les tours des églises ou la cime des montagnes, est dû aux frères Chappe. Ce système, qui avait été perfectionné depuis son invention, consistait en un régulateur mobile dont les ailes ou petites branches étaient également mobiles, indépendantes les unes des autres, à l'aide de cordes, de poulies et de pédales. Le régulateur et les ailes pouvaient ainsi prendre des positions différentes et former des figures diversement combinées. On trouvait dans 192 combinaisons prises une à une les 24 lettres de l'alphabet et tous les signaux qui, bien connus des employés de chaque poste, indiquaient l'activité, le repos, le brouillard ou les autres obstacles qui interrompaient la transmission d'un poste à un autre. Mais comme ce n'était pas assez pour traduire une longue dépêche, on avait réuni deux à deux les 192 signes primitifs, ce qui donnait 36864 signes. Bien qu'à l'aide des appareils dus aux frères Chappe une nouvelle pût être transmise de Paris à Toulon en vingt minutes, la science a récemment imaginé un moyen beaucoup plus rapide de transmission, le télégraphe électrique. Ce nouveau système est actuellement adopté partout, et le télégraphe aérien a cessé d'être employé.

129.

Le télégraphe électrique.

La science moderne a observé ce fait fondamental, que l'électricité circulant autour d'une barre de fer doux, c'est-à-dire de fer parfaitement pur, communique à ce métal les propriétés de l'aimant. Si l'on enroule autour d'une barre de fer doux plusieurs tours de fil de cuivre, et qu'on fasse passer dans ce fil un courant électrique, en le mettant en communication avec une pile [1] en activité, aussitôt la barre de fer doux est transformée en un aimant très-énergique; mais dès qu'on supprime la communication avec la pile, l'effet magnétique disparaît, de telle sorte qu'en établissant et rompant alternativement la communication avec la pile, on peut successivement donner et enlever au fer son aimantation.

C'est sur ce fait capital de l'aimantation temporaire du fer doux qu'est fondé le principe essentiel des télégraphes électriques. C'est en utilisant cette propriété des électro-aimants qu'on produit à de grandes distances les signaux télégraphiques à l'aide desquels on transmet instantanément une dépêche. Supposons, en effet, qu'il s'agisse d'établir une communication entre Paris et Rouen.

1. On appelle *pile* un instrument particulier de physique au moyen duquel on développe de l'électricité.

Plaçons à Paris une pile en activité; étendons jusqu'à Rouen le fil conducteur de la pile, et enroulons à Rouen l'extrémité de ce fil conducteur autour d'une lame de fer doux. Le fluide électrique, en circulant autour de la lame de fer, l'aimantera, et si l'on place au-devant de cette lame ainsi aimantée un disque de fer mobile, aussitôt ce disque sera attiré et viendra se coller contre l'aimant. Maintenant qu'on interrompe le courant électrique, en supprimant la communication du fil conducteur avec la pile, aussitôt la lame de fer doux revient à son état habituel; elle cesse d'être aimantée, elle n'attire plus le disque de fer. Or, admettons que, pour se porter vers l'aimant, la pièce de fer ait eu à vaincre la résistance d'un petit ressort, dès que le courant sera interrompu, le petit ressort ramènera la pièce de fer mobile à sa position primitive, puisque la puissance de l'aimant ne contre-balancera plus la tension du ressort. Ainsi, chaque fois que l'on établira et que l'on interrompra le courant, la pièce de fer sera portée en avant, puis repoussée en arrière; par la seule action de la pile, on pourra exercer de Paris à Rouen une action mécanique qui donnera naissance à un mouvement de va-et-vient. Ce mouvement une fois produit, la science de la mécanique offre vingt moyens différents d'en tirer parti pour l'appliquer au jeu des télégraphes électriques.

130.

Suite du télégraphe électrique.

Tout système de télégraphie électrique se compose essentiellement de quatre parties, qui sont une *pile*[1], un *conducteur*, un appareil *manipulateur*, un appareil *récepteur*.

La pile est l'instrument destiné à produire le courant électrique. Le conducteur est formé par des fils de fer galvanisés que soutiennent des poteaux en bois, plantés le long d'un chemin de fer ou d'une grande route à une distance de 50 mètres les uns des autres. Sur ces poteaux sont fixés, à 2 ou 3 mètres au-dessus du sol, des supports isolants en porcelaine ou en terre cuite ayant généralement la forme d'anneaux dans lesquels passent les fils. Ceux-ci sont en outre tendus de kilomètre en kilomètre au moyen de petits treuils dits appareils de traction, que portent des poteaux plus forts. Bien que le cuivre soit meilleur

1. La pile, inventée par Volta, consiste en un assemblage de *couples* ou *éléments* composés chacun de deux disques, zinc et cuivre, soudés ensemble et superposés dans le même ordre. Des rondelles de drap, imbibées d'eau salée ou acidulée, sont placées entre les couples. Cet appareil a reçu des modifications et des perfectionnements. Les piles qu'on emploie pour les télégraphes électriques sont celles de Bunsen, de Daniell ou de Breguet. Le nombre de leurs éléments est ordinairement de dix à trente, selon la résistance que le courant doit vaincre.

conducteur de l'électricité que le fer, cependant on a adopté ce dernier métal parce qu'il résiste mieux aux tractions et qu'il est beaucoup moins cher. On peut également faire passer les fils conducteurs sous terre et même au fond de la mer; mais alors les fils doivent être recouverts d'une couche isolante de gutta-percha[1]. C'est ainsi qu'il existe entre l'Angleterre et la France une communication établie à l'aide de conducteurs sous-marins dans le détroit du pas de Calais.

Le manipulateur est l'appareil placé au point de départ du fil conducteur, c'est-à-dire près de la pile. C'est à l'aide de cet appareil que l'on règle l'emploi du courant en ouvrant ou en fermant le circuit à volonté, pour produire à l'autre extrémité de la ligne le mouvement de va-et-vient nécessaire à la transmission des signaux. On appelle récepteur l'appareil qui reçoit la dépêche transmise par le manipulateur. Il renferme l'électro-aimant et son levier, ainsi que le mécanisme destiné à la formation des signaux.

Il existe plusieurs systèmes de télégraphes électriques. Ceux que l'on emploie le plus généralement sont le télégraphe écrivant de Morse, le télégraphe imprimant de Hugues, et le télégraphe à cadran.

1. C'est une substance dont la nature est analogue à celle du caoutchouc ou de la gomme élastique.

131.

Les sciences et les beaux-arts.

Parmi les nations de l'antiquité, l'Égypte est regardée comme le berceau des sciences et des beaux-arts. Les Égyptiens avaient l'esprit inventif, et ils le tournaient aux choses utiles. Comme leur ciel était toujours sans nuages, ils furent les premiers à observer les astres, à calculer leurs révolutions et à régler le cours de l'année sur celui du soleil : leur année était de trois cent soixante-cinq jours. Ces observations et les calculs qu'elles nécessitent leur firent trouver l'arithmétique. Pour reconnaître leurs terres, couvertes tous les ans par le débordement du Nil, les Égyptiens furent obligés de recourir à l'arpentage, qui leur apprit bientôt la géométrie. On a la preuve qu'ils étaient parvenus à connaître les dimensions de leur pays avec une singulière exactitude, et même qu'ils avaient acquis une connaissance assez précise de la grandeur d'un degré terrestre. Il y a lieu de croire que les cartes géographiques ne leur étaient point inconnues. Ils étaient grands observateurs de la nature, qui, sous un soleil si ardent, était forte et féconde ; c'est aussi ce qui leur fit inventer, ou du moins perfectionner, la médecine. Les historiens ajoutent que les Égyptiens apprenaient à leurs enfants une musique généreuse, capable d'élever l'esprit et le cœur. Enfin, les pyramides, les obélisques et les précieux restes de temples et de palais qu'on trouve encore dans toute l'Égypte montrent que l'architecture et la sculpture y étaient arrivées à un remarquable degré de perfection.

Les colonies égyptiennes qui abordèrent en Grèce à diverses époques y apportèrent les éléments des arts avec ceux de la civilisation. Ces germes se développèrent rapidement sous l'influence d'un beau ciel, au milieu d'une population active, intelligente, qui se passionnait pour tout ce qui présentait quelque caractère de grandeur et de beauté. Aussi les Grecs ne tardèrent-ils pas à surpasser les Égyptiens, leurs maîtres, et devinrent-ils à leur tour les maîtres des autres nations, auxquelles ils ont laissé, principalement pour l'architecture et la sculpture, des modèles dont la perfection n'a jamais été surpassée. Les Grecs cultivèrent aussi les sciences avec succès, et principalement les mathématiques, l'astronomie, la mécanique. Parmi les savants illustres que la Grèce a produits, il faut citer Thalès, qui expliqua physiquement le phénomène des éclipses, Pythagore, qui fit plusieurs découvertes en géométrie, et surtout Aristote, génie universel qui a embrassé toutes les sciences connues de son temps et en a même créé plusieurs.

132.

Suite des sciences et des beaux-arts.

Rome, maîtresse du monde entier, reçut des divers peuples soumis à sa domination le dépôt des connaissances humaines, les sciences et les beaux-arts. Tout périt avec l'invasion des barbares : sciences, industrie, arts, législation. Vers le huitième siècle, la civilisation des Arabes prit un essor rapide ; l'astronomie, la médecine et les mathématiques firent des progrès remarquables. Les écoles de Bagdad et de Cordoue attiraient des étudiants de tous les points de l'Europe et de l'Asie. Charlemagne, dans le même temps, appelait à sa cour les savants des pays étrangers pour répandre l'instruction dans ses États, et Alfred le Grand, roi d'Angleterre, imitant Charlemagne, fondait l'université d'Oxford et encourageait les lettres, les sciences et les arts. Cette première époque de la renaissance fut complétée par les croisades, qui eurent pour résultat d'introduire en Europe les derniers vestiges de la civilisation grecque et romaine, dont l'Orient avait conservé le dépôt.

Au quinzième siècle, après la prise de Constantinople par les Turcs, les Grecs se réfugient en Italie et y portent les traditions des arts et de la littérature antique. Les artistes byzantins y font connaître l'architecture grecque, l'art de la mosaïque, de la peinture sur verre; les savants y apportent les connaissances physiques, mathématiques, médicales, des Grecs, des Romains et des Arabes. L'Europe ouvre les yeux à toutes ces merveilles, et son propre génie s'en trouve excité. Alors commence à briller du plus vif éclat cette grande époque appelée la Renaissance, pendant laquelle les beaux-arts, protégés par les papes, s'élevèrent en Italie au plus haut degré de perfection. La peinture, la sculpture et l'architecture produisirent à l'envi les plus admirables chefs-d'œuvre. La France ne resta pas étrangère à ce grand mouvement : à cette époque, François Ier fondait le collége de France, appelait dans son royaume les savants, les artistes les plus célèbres, et encourageait tous les talents par ses bienfaits.

Dans les siècles suivants, les beaux-arts n'ont pas cessé de fleurir; et en France, c'est principalement sous le règne de Louis XIV que la peinture, la sculpture et l'architecture firent de grands progrès et produisirent des œuvres remarquables. Les sciences se sont perfectionnées avec les méthodes d'observation et ont étendu prodigieusement leurs limites : quelques-unes d'entre elles ont été, pour ainsi dire, créées tout entières dans les temps modernes, et toutes, par leurs belles et utiles applications, ont rendu les plus grands services à l'industrie et aux arts.

133.

L'arithmétique[1] ou la science des nombres.

L'origine de l'*arithmétique* se perd dans l'obscurité des siècles. Quant aux méthodes écrites sur la science des nombres, elles datent d'une époque où la civilisation avait déjà fait de grands progrès. Il est probable que les Indiens, les Égyptiens et les Phéniciens posèrent les premiers principes de cette science, à laquelle les Grecs donnèrent ensuite de plus grands développements. Mais c'est dans les temps modernes que l'arithmétique est devenue, pour ainsi dire, une science toute nouvelle par la clarté et la facilité de ses procédés.

On appelle numération l'art de former tous les noms de nombre, et de les exprimer soit par le langage, soit par l'écriture, à l'aide d'un petit nombre de mots et de caractères. En effet, c'est avec vingt-huit mots tout au plus, *un, deux, trois, quatre, cinq, six, sept, huit, neuf, dix, cent, mille, million, etc.*, et dix chiffres, 1, 2, 3, 4, 5, 6, 7, 8, 9, 0, diversement combinés entre eux, qu'on peut représenter tous les nombres.

L'invention des caractères ou chiffres employés dans notre système de numération est généralement attribuée aux Indiens et aux Arabes. Les Grecs et les Romains écrivaient les nombres au

1. Ce mot est formé d'un mot grec qui signifie *nombre*.

moyen des lettres de leurs alphabets; mais il paraît aussi certain que les Romains faisaient usage, dans leurs calculs mathématiques, de chiffres très-analogues aux nôtres et fort différents de ceux qu'ils employaient pour les écritures courantes, et qui ont conservé le nom de chiffres romains. Comme on emploie encore souvent les chiffres romains, notamment pour paginer certaines parties des livres et pour marquer les dates, il est utile d'en connaître la valeur et les principales combinaisons.

Ces caractères sont I, qui vaut *un;* V, *cinq ;* X, *dix;* L, *cinquante ;* C, *cent ;* D, *cinq cents;* M, *mille*. Les chiffres I, X, C, répétés plusieurs fois, expriment autant d'unités, de dizaines, de centaines: ainsi, II vaut *deux;* III, *trois ;* XX, *vingt;* XXX, *trente ;* CC, *deux cents;* CCC, *trois cents*. Lorsque deux chiffres différents sont écrits à la suite l'un de l'autre, le chiffre de moindre valeur placé à la droite de celui qui a la plus grande valeur augmente de sa valeur celle du chiffre qu'il suit : ainsi, VI, XI, LX, CL, DC, MD, valent *six, onze, soixante, cent cinquante, six cents, mille cinq cents*. Placé à la gauche de celui qui a la plus grande valeur, il diminue de sa valeur le chiffre qu'il précède : ainsi, IV, IX, XL, XC, CD, CM, valent *quatre, neuf, quarante, quatre-vingt-dix, quatre cents, neuf cents*.

134.

L'algèbre et la géométrie.

L'*algèbre* a pour but d'abréger et de simplifier la résolution des questions relatives aux quantités en général. Elle emploie dans ses calculs des signes particuliers : d'abord les lettres de l'alphabet, qui servent à désigner les nombres sur lesquels on doit raisonner, ensuite les signes abrégés des quatre premières opérations de l'arithmétique, savoir : le signe +, qui tient lieu du mot *plus*, pour l'addition ; le signe —, qui tient lieu du mot *moins*, pour la soustraction ; le signe de la multiplication, qui s'écrit ainsi × et s'énonce *multiplié par* ; les signes de la division, qui sont soit deux points qu'on écrit entre le dividende et le diviseur, soit une barre au-dessus et au-dessous de laquelle on écrit le dividende et le diviseur. Les autres signes principaux sont le signe d'égalité =, et le signe d'inégalité >, qui tourne toujours sa pointe vers la quantité la plus petite.

L'invention de l'algèbre est attribuée au Grec Diophante, d'Alexandrie, qui vivait au quatrième siècle. Toutefois il est plus vraisemblable que les principes de cette science n'étaient pas inconnus de son temps, et que Diophante, la prenant dans l'état où elle se trouvait alors, la perfectionna et l'enrichit de nouvelles applications.

La *géométrie*[1] a pour objet la mesure de l'étendue. L'étendue a trois dimensions : longueur, largeur, hauteur ou profondeur. La géométrie élémentaire se divise naturellement en trois sections principales : 1° la mesure des lignes (la longueur); 2° celle des surfaces (longueur et largeur); 3° celle des volumes ou solides (longueur, largeur et profondeur).

L'étude de la géométrie remonte à une haute antiquité. On croit qu'elle prit naissance chez les Égyptiens, qui ne pouvant plus reconnaître les limites des propriétés, après que les eaux du Nil s'étaient retirées, se trouvaient dans la nécessité de mesurer la surface de leurs champs : de là le nom de *géométrie* (mesure de la terre) donné à ces méthodes d'arpentage. Comme tous les arts et toutes les sciences, la géométrie reçut des Grecs un développement extraordinaire. Du septième au sixième siècle avant Jésus-Christ, Thalès et Pythagore enrichirent cette science de plusieurs inventions; plus tard, Euclide, d'Alexandrie, réunit en corps de doctrine toutes les découvertes qu'on avait faites avant lui en géométrie, et son livre, reçu alors comme un chef-d'œuvre, est encore regardé aujourd'hui comme un des meilleurs traités scientifiques que les anciens nous aient légués.

1. Ce mot est formé de deux mots grecs qui signifient *mesure de la terre.*

135.

La mécanique et les machines.

Un corps ne peut jamais entrer en mouvement sans y être sollicité par une cause quelconque. La cause qui met un corps en mouvement, quelle que soit sa nature, est désignée sous le nom de *force*. Ainsi l'action du vent qui fait tourner les ailes d'un moulin, l'action de l'eau qui frappe les palettes d'une roue, la pression de la main sur les objets qu'elle soulève, sont autant de forces. Pour mesurer l'intensité d'une force, il faut la comparer à une force de même nature prise pour unité : quand une force a deux fois, trois fois plus de puissance qu'une autre, on dit qu'elle est double, triple de cette autre force.

La *mécanique* est la science qui s'occupe de l'étude des forces : elle a pour objet de donner aux forces naturelles et à celles des animaux la direction et l'intensité qui les rend propres à équilibrer les poids, à surmonter les obstacles, enfin à produire des effets déterminés. Les agents ou les moyens qu'elle emploie sont appelés *machines*; ce sont des appareils de constructions très-variées, dans lesquels la puissance agit d'une part et la résistance de l'autre, par l'intermédiaire de pièces mobiles et de parties fixes. Voici les noms des principales machines avec leurs principaux usages.

La plus simple des machines est le *levier*, consistant en une pince ou grosse barre de fer amincie par un bout, qui sert à soulever des pierres ou d'autres fardeaux très-lourds. La *balance ordinaire*, qui est d'un si fréquent usage, se compose d'un levier, aux extrémités duquel sont suspendus, par des cordons, deux bassins ou plateaux destinés à recevoir les corps dont on veut comparer les poids.

Parmi les machines qui servent à élever les fardeaux considérables, on peut citer le *treuil*, le *cabestan*, la *grue*, la *chèvre;* cette dernière est principalement employée aux constructions de bâtiments pour monter les pierres aux étages supérieurs. Parmi les machines de percussion, il faut distinguer le *marteau*, les *pilons*, dont les usages sont bien connus; le *balancier*, qui sert à frapper les monnaies et les médailles; parmi les machines de pression, les *étaux*, les *presses d'imprimerie*, les *laminoirs*, qui réduisent les métaux en lames plus ou moins minces; parmi les machines dont on fait usage pour diviser les substances, les diverses espèces de *moulins;* parmi celles qui sont destinées à user les surfaces, le *tour*, la *meule de rémouleur*, le *rouet à filer;* enfin, parmi les machines employées pour élever l'eau, les différentes espèces de *pompes*.

136.

L'astronomie.

L'*astronomie*, ou la *cosmographie*, est la science qui a pour objet l'étude des astres et des lois qui régissent leurs mouvements. L'histoire de cette science remonte aux temps les plus reculés de l'antiquité. Les hommes, dès l'origine, dûrent être frappés de l'aspect imposant du ciel, et leurs premiers besoins dûrent les rendre attentifs au retour des saisons et aux différentes phases de la lune. Les plus anciennes observations astronomiques qui nous soient connues furent faites par les Chinois et les Indiens. Les Chaldéens furent aussi de bonne heure versés dans la connaissance du ciel, et firent des observations précises d'éclipses. Les Égyptiens cultivèrent également l'astronomie, et on en trouve la preuve dans leurs zodiaques et dans l'orientation de leurs pyramides, dont les faces sont dirigées avec précision vers les points cardinaux.

La science de l'astronomie, transportée d'Égypte en Grèce dans le sixième siècle avant J. C., ne tarda pas à s'enrichir de nombreuses et importantes découvertes. Elle fit encore de plus grands progrès sous le règne des Ptolémées à Alexandrie. Aristarque de Samos enseigna le double mouvement de la terre autour de son axe et autour du soleil, et après lui, Hipparque de Nicée donna le premier catalogue d'étoiles, décrivit ces astres sur un globe artificiel, et s'illustra par un grand nombre d'autres travaux astronomiques. Au deuxième siècle après J. C., un illustre savant, nommé Claude Ptolémée, publia un système complet d'astronomie, dans lequel il soutint que la terre était immobile et que tous les astres tournaient autour d'elle. Ce système, malgré sa fausseté, fit autorité jusqu'au seizième siècle : ce fut alors que le célèbre Copernic démontra que le soleil est immobile au centre de l'univers et que la terre, comme les autres planètes, tourne autour de cet astre. La vérité du système de Copernic fut mise en pleine évidence par les grandes découvertes de deux hommes de génie, Képler et Newton. Depuis cette époque, l'astronomie, grâce à l'invention des télescopes et aux travaux des savants de tous les pays, a pris rang parmi les sciences les plus belles et les plus utiles. Les avantages que nous en retirons pour la mesure du temps, pour la navigation, pour la fixation de la position d'un lieu sur la terre, n'ont pas besoin d'être démontrés. De plus, l'idée que cette étude nous donne de l'immense étendue de l'univers, de la puissance et de la sagesse du Créateur, nous pénètre d'admiration et excite dans nos cœurs des sentiments d'humilité et d'adoration.

137.

L'histoire naturelle.

L'*histoire naturelle* est une science qui a pour but de nous faire connaître tous les corps animés ou inanimés dont se compose l'ensemble de notre globe. Tous les corps ou tous les êtres dont la connaissance constitue le domaine de cette science ont été répartis en trois grandes séries appelées *règnes,* savoir : le règne minéral, le règne végétal et le règne animal. De là la science des minéraux, êtres inanimés et bruts, ou la *minéralogie;* la science des végétaux, êtres animés, mais incapables de sentir, ou la *botanique;* et la science des animaux, êtres doués de la vie et du sentiment, ou la *zoologie.* L'homme seul, parmi les animaux, est doué de raison et de volonté et a la conscience de ses actions.

Afin d'arriver plus sûrement à la connaissance de cette prodigieuse variété d'êtres de toute espèce disséminés sur tous les points du globe, on a inventé des classifications ou méthodes, sortes de catalogues raisonnés dans lesquels les êtres que l'on veut distinguer sont groupés entre eux d'après leurs différents degrés de ressemblance. C'est ainsi qu'on a formé des genres avec les espèces, des ordres avec les genres et des classes avec les ordres.

La définition de l'histoire naturelle, cette science

qui embrasse tous les corps animés ou inanimés que renferme notre globe, suffit pour nous faire comprendre son importance et son utilité. Quel intérêt puissant, en effet, cette étude n'offre-t-elle pas à notre curiosité, en faisant passer sous nos yeux tous les êtres des trois règnes de la nature! L'un de ces règnes nous donne la connaissance des minéraux enfouis dans les entrailles de la terre, et que l'industrie de l'homme sait en retirer pour les appliquer à des usages si divers; l'autre nous fait connaître les propriétés des nombreux végétaux, qui nous offrent des aliments ou des remèdes salutaires, l'abri de leur ombre ou le parfum de leurs fleurs; le troisième, enfin, décrit cette foule d'animaux dont la plupart sont si utiles à l'homme et dont l'instinct nous pénètre d'admiration. La science de l'histoire naturelle a rendu aussi d'importants services à l'humanité en détruisant un grand nombre de préjugés et d'erreurs. Enfin, cette étude instructive, variée, pleine d'intérêt, si digne de notre attention, sert aussi, plus que toute autre, à nous élever à la connaissance de la grandeur de Dieu, de sa sagesse, de sa bonté, et nous apprend à remonter jusqu'à lui par la considération des merveilles de la nature. Elle nous rappelle sans cesse l'idée de cette Divinité qui meut tout, qui produit tout, qui se montre à nous partout, et se fait sentir à chaque moment par ses bienfaits et ses libéralités.

138.

La minéralogie, la botanique, la zoologie.

La *minéralogie* embrasse, comme on l'a déjà dit, toutes les substances inanimées dont se compose le globe. Les métaux, les pierres, les combustibles, les terres, les eaux, les sels, les produits volcaniques, sont de son domaine. L'utilité de cette science se fait sentir dans une foule d'arts : elle apprend à connaître le terrain pour l'agriculture; elle fournit les matières premières pour la porcelaine, pour le verre, pour le ciment et pour les constructions de l'architecte : elle donne à la peinture le bleu d'outremer, au dessin les crayons de plombagine. A la minéralogie se rattache l'étude de la *géologie* (science de la terre) : celle-ci nous fait connaître la structure du globe, c'est-à-dire l'ordre dans lequel sont groupées et disposées les diverses substances qui entrent dans la composition de la terre. Elle fournit des documents utiles à diverses branches d'industrie, surtout à celle qui a pour objet de tirer les métaux des entrailles de la terre.

La *botanique* est la science du règne végétal : elle nous apprend à connaître les plantes, à les distinguer par leurs propriétés et par leurs noms, et à retirer tout le fruit possible de cette connaissance. Considérée dans ses applications, elle est une des sciences les plus utiles à l'existence de l'homme; et, par sa liaison avec les autres sciences physiques, elle reçoit et donne tour à tour des lumières qui servent à perfectionner l'étude de l'agriculture, de la médecine, de l'économie rurale et domestique, et qui tournent au profit des arts et de l'industrie.

Si ces deux premiers règnes offrent à l'homme de précieux avantages, la *zoologie* est pour lui d'une utilité plus grande encore et la source de richesses plus importantes. Les oiseaux qui volent dans les airs, les poissons qui nagent dans les eaux de la mer, des fleuves et des lacs, les animaux qui marchent ou rampent sur la terre, sont mis à contribution pour les besoins de la vie. Parmi tous ces êtres si variables de forme et d'habitudes, les uns nous donnent dans leur chair une nourriture excellente, les autres des vêtements dans leur toison ; plusieurs nous procurent diverses matières employées dans les arts. C'est à l'abeille que nous devons la cire et le miel ; c'est aussi à un faible insecte que nous devons la soie, qui sert à faire de si belles étoffes. Il faudrait de longues pages pour énumérer tous les services que nous rendent les animaux et tous les avantages que nous en retirons.

139.

La physique.

Le mot *physique* est dérivé d'un mot grec qui signifie *nature*. Considérée dans toute l'étendue de son étymologie, la physique embrasserait l'étude de la nature entière, et tel fut en effet, dans l'origine, l'immense domaine de cette science. Mais peu à peu, avec les progrès et les développements des connaissances humaines, cette vaste science s'est partagée en plusieurs sciences particulières. Aujourd'hui la science spécialement désignée sous le nom de physique a pour objet la connaissance des propriétés des corps et des modifications accidentelles et passagères qu'ils éprouvent. Les principales divisions que comprend la physique sont : la *pesanteur* et ses effets, la *chaleur* et ses moyens de propagation, l'*électricité* et ses merveilles, l'*optique* ou l'étude des phénomènes de la lumière, l'*acoustique* ou l'étude des phénomènes du son.

Les corps (on entend par là les parties de la matière qui forment des touts distincts) peuvent s'offrir à nous sous trois états différents, à l'état solide, à l'état liquide, à l'état gazeux. Un même corps subit rapidement ces trois modifications sous l'influence de la chaleur. Ainsi le soufre, qui est solide à l'état de nature, devient liquide et ensuite gazeux par l'action de la chaleur. La température de chaque corps, c'est-à-dire son degré de chaleur, résulte d'un fluide particulier qui a reçu le nom de *calorique*. Ce fluide est d'un poids inappréciable, parce qu'il est tellement subtil, qu'on ne peut le renfermer dans un vase ni l'isoler d'aucune manière. La lumière, l'électricité et le magnétisme sont dans le même cas : aussi appelle-t-on ces quatre fluides *corps impondérables*.

La physique est une des sciences qui offrent l'attrait le plus puissant à notre curiosité. C'est elle qui décrit ou qui explique ces phénomènes qui se passent, pour ainsi dire, tous les jours sous nos yeux, tels que les mouvements de l'eau, de l'air et des nuages ; la chute des corps, qui obéissent aux lois de la pesanteur, l'ascension des ballons au milieu de l'atmosphère ; la chaleur et la lumière qui pénètrent les corps ; c'est elle qui a inventé le baromètre, le thermomètre et une foule d'instruments et d'appareils aussi variés qu'utiles aux progrès de la science et de l'industrie. La physique nous fait connaître les effets merveilleux de l'électricité et du magnétisme, les paratonnerres, la boussole, les télégraphes électriques et les effets non moins merveilleux de la vapeur d'eau appliquée à la navigation et aux chemins de fer. C'est elle enfin qui nous initie à la connaissance des causes et des lois générales auxquelles sont soumis les phénomènes si nombreux que la nature présente à notre admiration.

140.

La météorologie.

La *météorologie* est une branche des sciences physiques ; elle s'occupe des phénomènes qui se passent à la surface du globe terrestre et dans l'atmosphère. On désigne sous le nom d'atmosphère cette enveloppe continue qui entoure la terre de tous côtés, qui s'élève environ à soixante-dix kilomètres au-dessus de nous et qui est formée par l'air. La couleur brillante du ciel est une preuve de la profondeur de l'air, comme la couleur de l'océan est une preuve de la profondeur de l'eau. L'atmosphère participe au mouvement de la terre et tourne avec elle dans l'espace.

Parmi les divers phénomènes qui font l'objet de la météorologie, les uns sont relatifs à la chaleur, les autres à l'électricité, à la lumière, au magnétisme. Ainsi la distribution de la chaleur à la surface de la terre, l'étude des températures à diverses hauteurs et à diverses profondeurs du sol, un grand nombre de météores proprement dits, ou de phénomènes qui se passent journellement sous nos yeux, sont du domaine de la météorologie. Elle nous apprend en effet quelle est la cause des vents et des trombes, et comment se forment les brouillards, la pluie, la rosée, la gelée blanche, la neige. Ce ne sont pas les seuls faits intéressants que cette science offre à notre curiosité; elle nous fait aussi connaître les effets singuliers et quelquefois si désastreux de la foudre et les moyens de s'en préserver ; enfin elle décrit d'admirables phénomènes, parmi lesquels il suffira de citer l'arc-en-ciel, dont les couleurs s'offrent bien souvent à nos regards; les aérolithes ou pierres qui tombent de l'air; les étoiles filantes, météores qui se portent d'un point de la voûte céleste à un autre, en laissant après eux un sillon de lumière ; les aurores boréales, phénomène très-rare dans nos climats, mais qui se produit assez fréquemment dans les régions polaires.

La météorologie reçoit de nombreuses et utiles applications. Ainsi, la botanique y puise la connaissance des causes qui président à la distribution des végétaux à la surface du globe, et qui donnent des caractères si différents à la végétation des plaines, des montagnes, des côtes et de l'intérieur des continents. L'étude de la météorologie n'est pas moins utile à l'agriculture; elle peut guider le cultivateur, soit dans ses essais de plantations, soit dans l'appréciation des époques les plus favorables pour les semailles et la récolte. Enfin, la connaissance des phénomènes atmosphériques est d'une haute importance pour la construction des voies de communication et surtout pour l'établissement des canaux.

141.

La chimie.

Chacun de nous, sans être bien savant, peut reconnaître que tous les corps dont s'occupe la science ne sont pas formés d'une seule et même matière, qu'il y a une grande différence entre la nature du fer et celle du cuivre ou de l'argent, et une grande différence aussi entre l'eau, le bois et la craie. Lorsqu'on examine plus attentivement ces corps, on acquiert bientôt également la preuve que les uns ont une composition très-compliquée, tandis que celle des autres est aussi simple que possible. Ainsi du fer, du cuivre, de l'argent, on n'a pu jusqu'à présent extraire autre chose que du fer, du cuivre, de l'argent. Mais si l'on soumet du bois à l'action d'une forte chaleur, on parvient facilement à isoler plusieurs corps distincts, des gaz, de l'eau, de l'huile, du charbon; si l'on chauffe de la craie, on obtient un gaz particulier et de la chaux. On doit conclure de ces faits que le fer, le cuivre, l'argent, ne contiennent qu'une seule matière, différente pour chacun d'eux, tandis que le bois, la craie, sont des substances formées de plusieurs sortes de matières. Les corps dont on ne peut ainsi retirer qu'une seule espèce de matière sont appelés *corps simples* ou *éléments*; ceux, au contraire, et ce sont les plus nombreux, dont on extrait plusieurs matières d'espèces différentes ont reçu le nom de *corps composés.*

La *chimie* a pour objet de composer et de décomposer les corps, d'étudier les propriétés qu'ils présentent, et d'expliquer les phénomènes qui résultent des actions réciproques qu'ils exercent les uns sur les autres. Elle est sans contredit une des sciences les plus fécondes en applications; la médecine, la pharmacie, l'agriculture, les arts industriels, ne peuvent se passer de son concours. Habile à tout transformer, à tout utiliser, la chimie sait donner de la valeur à des matières qui n'en ont pas dans leur état primitif, et très-souvent elle crée des industries lucratives en tirant parti de substances incommodes ou nuisibles. C'est ainsi que des os et des cornes des animaux, des débris de nos vêtements de laine, elle sait extraire une espèce de sel qui sert à produire une des plus belles couleurs connues, le bleu de Prusse. Avec le sel marin, elle fait de la soude; avec le suif, de la bougie; avec le bois, du vinaigre. Enfin, c'est à la chimie que nous devons une foule de produits nécessaires à nos besoins journaliers.

Plusieurs arts pratiqués dans les temps anciens sont réellement des arts chimiques; mais la science elle-même, la chimie proprement dite, avec ses grandes et utiles découvertes, appartient tout entière aux temps modernes.

142.

La géographie.

La *géographie*, ou description de la terre, est la science qui a pour objet la connaissance du globe que nous habitons. Nous avons aujourd'hui des notions exactes, précises, sur la configuration de la terre et sur ses dimensions ; nous savons qu'elle est à peu près ronde, que sa surface est inégalement partagée en terres et en eaux ; que les mers occupent environ les trois quarts de cette surface ; enfin, que les terres comprennent cinq parties principales, appelées les cinq parties du monde, savoir : l'Europe, l'Asie et l'Afrique, formant l'ancien continent ; l'Amérique ou nouveau continent ; l'Océanie, ou monde maritime, avec un troisième continent appelé Australie.

Les peuples anciens ne pouvaient pas posséder en géographie les connaissances dont nous sommes redevables aux progrès de la science, aux découvertes des voyageurs et des navigateurs de tous les siècles et de tous les pays. Homère et les poëtes de son temps considéraient la terre comme un disque entouré et limité par le fleuve Océan. La Méditerranée divisait la surface du disque en deux parties : l'une septentrionale, région de la nuit ; l'autre méridionale, région du jour, qu'Anaximandre nomma Europe et Asie au sixième siècle avant J. C. Les ouvrages de l'historien grec Hérodote nous offrent le premier cours complet de géographie qui nous soit parvenu, et les connaissances géographiques des anciens, déjà plus précises, s'accrurent considérablement par les célèbres expéditions d'Alexandre. Au troisième siècle avant J. C., Ératosthène, bibliothécaire d'Alexandrie, essaya de réduire en système la description de la terre, et il admit trois parties du monde : l'Europe, l'Asie et la Libye ou Afrique.

Les conquêtes des Romains reculèrent bientôt les limites du monde connu et firent faire de grands progrès à la géographie. Strabon en profita pour entreprendre une nouvelle description de la terre, et rédigea un ouvrage qui était le dépôt précieux des connaissances déjà acquises et qu'il enrichit de détails nouveaux sur des pays presque ignorés de ses prédécesseurs. La géographie fit peu de progrès pendant le moyen âge. Le quinzième siècle ouvre l'époque des grandes découvertes maritimes. Les Portugais trouvent une route nouvelle pour arriver aux Indes ; Christophe Colomb découvre l'Amérique ; Magellan fait le premier le tour du monde. L'élan une fois donné ne s'arrête plus. Des navigateurs intrépides vont explorer les côtes des continents, découvrent les nombreuses îles de l'Océanie et pénètrent jusque dans les mers glacées des deux hémisphères.

143.

La chronologie.

La *chronologie* est, avec la géographie, une des bases fondamentales de l'histoire. Si la géographie a pour objet la distinction des lieux, la chronologie a pour objet la distinction des temps, et son but est de déterminer le moment où s'est passé un fait historique, ou, en d'autres termes, sa date précise.

On appelle *ère* une époque mémorable, adoptée par un ou plusieurs peuples, et servant à déterminer, en quelque sorte, l'âge d'un événement accompli, soit avant, soit après cette époque. Tous les peuples modernes de la chrétienté ont adopté pour époque la naissance de N. S. Jésus-Christ; cette époque mémorable est dite *ère chrétienne* ou *ère vulgaire*. Toutefois l'usage de compter les années par celles de Jésus-Christ ne remonte pas à la naissance du Sauveur; il ne fut introduit qu'au sixième siècle en Italie, et vers le septième siècle en France.

Parmi les ères les plus remarquables adoptées par les peuples anciens, il faut distinguer, chez les Babyloniens, l'*ère de Nabonassar*, qui date de l'avénement de Nabonassar au trône de Babylone et de l'année 747 avant Jésus-Christ; chez les Grecs, l'*ère des olympiades*[1], qui commença l'an 776 avant Jésus-Christ; l'*ère des Séleucides*[2], adoptée par la plupart des historiens des trois derniers siècles avant l'ère chrétienne, et qui datait de l'année 311 avant Jésus-Christ; enfin, chez les Romains, l'*ère consulaire,* qui remontait à l'institution du consulat, l'an 509 avant Jésus-Christ.

On divise généralement l'histoire universelle en trois grandes périodes, qui sont : 1° l'*histoire ancienne,* qui s'étend depuis la création du monde (4000 ans avant J. C.) jusqu'à la chute de l'empire romain d'Occident (476 ans après J. C.), et embrasse ainsi une durée de 4476 ans; 2° l'*histoire du moyen âge,* qui commence après la destruction de l'empire d'Occident par les barbares (476 ans après J. C.) et se prolonge jusqu'à la chute de l'empire d'Orient, c'est-à-dire à la prise de Constantinople par les Turcs en 1453, ce qui fait une durée de 977 ans; 3° l'*histoire moderne,* qui commence vers l'an 1453, se poursuit jusqu'en 1789, époque de la révolution française, et embrasse une durée de 336 ans; 4° l'*histoire contemporaine,* qui commence avec la révolution française de 1789 et se continue jusqu'à nos jours.

1. Une olympiade était un espace de quatre années qui s'écoulaient entre deux célébrations consécutives de jeux Olympiques.

2. Dynastie macédonienne dont Séleucus Ier, roi de Syrie, fut chef.

144.

De l'architecture.

L'*architecture* est l'art de construire et de décorer les édifices publics et particuliers d'une manière convenable à leur destination. Cet art prit naissance dans les temps les plus reculés. La nécessité de se mettre à l'abri des intempéries des saisons avait fait construire des cabanes grossières. L'imagination des architectes transforma chacune des parties de ces constructions primitives, établit de l'harmonie dans leurs proportions, et les embellit par des ornements habilement distribués.

On ne peut assigner à l'architecture une patrie particulière : chaque peuple a trouvé, pour ainsi dire, l'origine de son art en employant les matériaux qui étaient à sa portée et en leur donnant les formes appropriées à son goût et à ses besoins. Les ruines de Persépolis, bâtie par les Perses ; celles de Ninive, qui était la capitale des Assyriens ; les pyramides, les obélisques des Égyptiens, attestent que l'architecture avait atteint un certain degré de perfection chez ces anciens peuples.

Les Grecs furent les premiers qui surent donner à l'architecture des règles fixes et allier dans leurs constructions la simplicité et la grandeur d'où résulte la beauté. Ils donnèrent ainsi naissance à l'ordre dorique, auquel vinrent s'ajouter plus tard l'ordre ionique et l'ordre corinthien. Bientôt dans toutes les parties de la Grèce et dans l'Asie Mineure s'élevèrent des temples et des monuments admirables : les ruines du Parthénon, à Athènes, sont un des plus magnifiques restes de l'architecture grecque. Les Romains ont aussi laissé de beaux monuments d'architecture, soit en Italie, soit dans la plupart des contrées soumises à leur domination, et principalement dans la Gaule, aujourd'hui la France : ce sont des amphithéâtres, des arcs de triomphe, des ponts, des aqueducs.

L'architecture mauresque ou des Arabes, remarquable par la légèreté des formes, la magnificence des ornements et la délicatesse des détails, se montre avec tout son éclat dans l'Alhambra, l'ancien palais des rois maures à Grenade, en Espagne. L'architecture gothique ou plutôt ogivale, qui a produit tant de chefs-d'œuvre dans les nombreuses églises bâties au moyen âge, se distingue par ses voûtes hautes et hardies, ses piliers élancés, ses tours percées à jour, ses rosaces découpées comme de la dentelle, ses vitraux peints, mais surtout par un caractère profondément religieux. Vers la fin du moyen âge, l'époque appelée la Renaissance ramena les œuvres d'architecture aux principes et aux traditions des Grecs et des Romains.

145.

La sculpture.

La *sculpture* est l'art de façonner, de modeler une pâte molle, de tailler avec le ciseau des matières dures, telles que le bois, l'ivoire, la pierre, le marbre; enfin de faire couler dans un moule le bronze ou tout autre métal en fusion, pour imiter en relief les corps organisés ou représenter d'autres objets de la nature. Quand les figures sont isolées et terminées sur toutes les faces, l'ouvrage prend le nom de ronde bosse. On l'appelle bas-relief, lorsque les figures sont adhérentes à un fond. L'artiste, avant de sculpter une figure, fait d'abord un modèle en argile; il façonne cette argile en la pétrissant, pour lui faire prendre la forme grossière de ce qu'elle doit représenter, et perfectionne ensuite cette forme à l'aide du pouce et de quelques outils fort simples. Quand le modèle en terre est terminé, on le reproduit au moyen du moulage en plâtre. Une statue de marbre n'est qu'une copie de la statue moulée en plâtre : pour l'exécuter, l'artiste fixe solidement sur une base le bloc de marbre, à une même hauteur que le modèle, taille ce bloc avec ses instruments, le travaille, le polit, et lui fait prendre peu à peu toutes les formes qu'il veut lui donner.

L'art de la sculpture remonte à la plus haute

antiquité. Les historiens parlent de statues du roi Bélus et de la reine Sémiramis faites en bronze. Des fragments de sculpture colossale ont été découverts par les voyageurs modernes sur les ruines de Persépolis; les statues antiques de l'Égypte se font également remarquer par la grandeur des proportions. Mais nulle part, à aucune époque, la sculpture ne fut portée à un aussi haut degré de perfection que dans l'ancienne Grèce. Phidias, le prince des statuaires, exécuta à Athènes un grand nombre de chefs-d'œuvre, dont les plus célèbres étaient la statue de Minerve et celle de Jupiter Olympien, toutes deux d'une grandeur colossale, en or et en ivoire. Parmi les autres sculpteurs renommés, on doit citer Polyclète, contemporain et émule de Phidias; Praxitèle, qui avait embelli Athènes d'une foule de beaux ouvrages; Lysippe, qui fit un grand nombre de statues en bronze, et à qui seul Alexandre le Grand avait donné le droit de le représenter.

Dans les temps modernes, la sculpture a produit aussi des artistes illustres, à la tête desquels il faut placer Michel-Ange, qui fut tout à la fois un grand sculpteur, un grand architecte et un grand peintre. En France, les sculpteurs les plus célèbres ont été : Jean Goujon, Germain Pilon, Jean de Bologne, Puget, Girardon, Coysevox, Coustou.

146.

La peinture.

La *peinture* est l'art de reproduire sur une surface plane, au moyen du dessin et du coloris, l'apparence des objets visibles, celle des êtres animés aussi bien que celle des êtres inanimés. L'origine de cet art remonte à la plus haute antiquité; on en trouve la trace sur les murs des temples de l'ancienne Égypte, dans les pagodes de l'Inde, sur quelques monuments des premiers peuples du Mexique, et les historiens rapportent que, plus de deux mille ans avant l'ère chrétienne, Sémiramis, reine de Babylone, fit peindre des animaux fantastiques sur le pont de cette ville.

La peinture, comme tous les beaux-arts, ne s'est perfectionnée que peu à peu; elle fut d'abord monochrome, c'est-à-dire à une seule couleur, et les figures des anciens vases dits étrusques nous en donnent l'idée. On adopta pour cet emploi diverses couleurs, gris sur gris, rouge sur rouge. Un nouveau progrès que fit la peinture avant d'arriver à son entier développement consiste dans l'application de la couleur à l'imitation des objets naturels. Mais l'art n'avait pas tout fait en donnant à chaque objet sa couleur; il fallait que, par une entente profonde de l'ombre et de la lumière, il parvînt à représenter les choses avec la teinte exacte qu'elles offrent à l'œil, selon la manière dont elles sont éclairées. Cet important perfectionnement ne vint que beaucoup plus tard.

Avant la découverte de la peinture à l'huile, les couleurs étaient délayées à l'eau d'œuf, et le mot tableau, formé du mot latin *tabula*, indique que c'était sur des panneaux de bois qu'on peignait anciennement. Aujourd'hui on peint sur toile. Les toiles destinées à cet usage, après avoir été recouvertes d'un enduit particulier, sont tendues et fixées sur des châssis en bois. La peinture à l'encaustique fut universellement pratiquée dans l'ancienne Grèce et employée surtout à la décoration des temples. Quand la peinture était terminée, on ramollissait, à l'aide du feu, la cire et les résines avec lesquelles les couleurs étaient mélangées, et on les incorporait ainsi au fond. Du reste, on ne sait pas exactement en quoi consistait le procédé des anciens.

L'invention de la peinture à l'huile remonte à l'année 1428 ; elle est généralement attribuée à Jean van Eyck, plus connu sous le nom de Jean de Bruges. Ce nouveau mode d'amalgamer les couleurs fit bientôt abandonner les procédés qui avaient été pratiqués jusqu'alors.

La peinture à fresque, ainsi nommée parce qu'elle s'exécute sur un enduit encore frais dans lequel pénètre la couleur, est un genre de peinture particulièrement employé pour couvrir de grandes surfaces dans de vastes édifices.

147.

Suite de la peinture.

De toutes les nations de l'antiquité, la Grèce est celle qui s'est le plus illustrée dans l'art de la peinture et qui a porté cet art au plus haut degré de perfection. Parmi les peintres grecs les plus célèbres, il faut citer Polygnote, qui peignit de grands sujets au Pœcile[1], ou portique d'Athènes; Zeuxis, d'Héraclée, qui peignit Hercule étouffant deux serpents, et qui se distingua par la supériorité de son dessin; Parrhasius, qui excellait principalement dans l'art d'exprimer les passions de l'âme, et à qui son mérite fit donner le nom de législateur; Timanthe, qui atteignit aussi un haut degré de perfection et s'acquit un renom universel en peignant le sacrifice d'Iphigénie; Pausias, de Sicyone, qui s'illustra le premier et ne fut surpassé par personne dans le genre de peinture dit à l'encaustique; enfin, et surtout, Apelle, aussi célèbre par la beauté que par la ressemblance de ses peintures : Alexandre le Grand ne voulut être peint que par lui.

Arrivé à son plus haut point de perfection, l'art de la peinture déclina peu à peu, comme c'est le

1. Ce célèbre portique tirait son nom des peintures variées dont il était orné.

sort de toutes les choses humaines, et il touchait à sa décadence lorsque la Grèce fut réduite en province romaine. Les Romains, toujours en guerre, cultivèrent peu les beaux-arts. A la prise de Corinthe, telle était l'ignorance des vainqueurs, que le général romain Mummius, après avoir dépouillé la Grèce de ses chefs-d'œuvre, disait aux entrepreneurs chargés de les transporter à Rome que s'ils les perdaient ou les détérioraient, ils seraient tenus de les remplacer.

C'est au treizième siècle, en Italie, que la peinture commence à briller d'un nouvel éclat avec les peintres Cimabué et Giotto. Bientôt paraissent Léonard de Vinci, Michel-Ange, Paul Véronèse, le Titien, et surtout Raphaël, aussi remarquable par la richesse du coloris et la pureté du dessin que par la magnificence et la variété de ses compositions. C'est dans la religion chrétienne que ces grands artistes ont puisé leurs sublimes inspirations, et les chefs-d'œuvre qu'ils ont produits font l'admiration du monde entier. Les écoles espagnole, flamande et hollandaise comptent aussi des peintres illustres, et parmi ceux que la France a produits, il faut nommer en première ligne Lesueur, Lebrun, Mignard, Poussin, Claude Lorrain, Philippe de Champagne, et, de nos jours David, Paul Delaroche, Horace Vernet, Flandrin, Ingres, etc.

148.

La gravure.

La *gravure* est l'art de tracer sur bois, sur cuivre ou sur acier des dessins qui, multipliés par l'impression, prennent le nom d'*estampes* ou de *gravures*. La gravure est en creux lorsqu'elle est faite sur acier ou sur cuivre, et en relief quand elle est sur bois. La première est la plus estimée, et on lui donne le nom de *gravure en taille-douce*.

La *gravure sur acier* ou *sur cuivre* se fait à l'eau-forte et au burin. On termine avec le burin le travail préparé d'abord par l'eau-forte. Le burin est une petite barre d'acier trempé dont le bout ou bec est coupé de biais, et présente ainsi une pointe dont se sert le graveur pour achever la planche sur laquelle les traits ont été déjà marqués au moyen de l'eau-forte. Pour graver à l'eau-forte, on couvre la planche d'une couche très-unie et très-mince d'un vernis particulier, noirci à la fumée; on trace sur cet enduit, avec des pointes d'acier, le trait et les ombres des objets qu'on veut représenter. Ce travail terminé, il ne reste plus qu'à verser sur la planche un acide qui attaque le métal dans les parties découvertes par les pointes et qui le creuse plus ou moins profondément, selon qu'on prolonge plus ou moins l'opération.

La *gravure sur bois* consiste à conserver en saillie les traits du dessin et à creuser toutes les parties qui doivent rester blanches. Le buis est le bois le plus généralement employé à cet usage, et on le dispose en morceaux d'une épaisseur convenable. Sur la surface, parfaitement polie et blanchie avec de la céruse, on dessine au crayon ou à la plume, et le graveur n'a plus qu'à creuser et à enlever avec son burin les parties blanches que le dessin a laissées. La gravure sur bois offre le grand avantage, pour les ouvrages où des figures doivent être mêlées au texte, de pouvoir imprimer texte et figures à la fois : utile auxiliaire de l'imprimerie, elle contribue par ses figures à la clarté et au développement des sciences.

L'art de graver était connu des anciens; mais la gravure en taille-douce, qui donne le moyen de tirer épreuve d'une planche gravée, est un art moderne qui remonte au quinzième siècle et dont l'invention est attribuée à Maso Finiguerra, orfévre et sculpteur florentin. L'Italie, la France, l'Angleterre, l'Allemagne, ont eu, à diverses époques, des artistes célèbres qui ont reproduit par la gravure les tableaux des plus grands peintres. Depuis quelques années, la gravure sur bois a pris un grand développement pour l'illustration des livres et des journaux.

149.

La musique.

Il serait aussi difficile d'assigner une origine à la musique qu'à la poésie. La musique et ses harmonies s'expriment par le chant et par les instruments. On distingue deux sortes d'instruments : les instruments à vent, tels que le cor, la clarinette, et les instruments à cordes, tels que le violon, la harpe.

Dès que les hommes ont cherché, pour exprimer leurs sentiments, un langage supérieur au langage ordinaire, ils ont rencontré la poésie et la musique, deux arts qui ont la même origine et qui se sont développés simultanément. Les premiers poëtes étaient en même temps musiciens, et chantaient leurs vers en s'accompagnant de la lyre. Les plus anciennes traditions sacrées citent les chants par lesquels les hommes célébraient le nom et les louanges du Seigneur. La Genèse, en énumérant la postérité de Caïn, dit que Jubal fut le père de tous ceux qui jouent de la harpe et de l'orgue. Depuis Moïse, qui, après le passage de la mer Rouge, composa le sublime cantique que les Israélites chantaient en chœur, on voit la musique faire constamment partie des cérémonies religieuses des Hébreux; de plus, à la guerre, des chanteurs marchaient à la tête des armées. Les instruments connus à cette époque étaient la harpe, la cithare, le tambourin, la trompette et les cymbales. L'invention de la plupart de ces instruments est attribuée aux Égyptiens, chez lesquels la musique fit de grands progrès au temps des Ptolémées. Elle fut, dit-on, importée dans la Grèce par Cadmus, fils d'Agénor, roi de Phénicie; mais la tradition a conservé les noms de plusieurs musiciens qui vécurent avant les temps historiques. Les plus célèbres sont Linus, Amphion et Orphée.

Les Grecs perfectionnèrent l'art musical : Terpandre imagina un système de notation musicale qui consistait dans l'usage des lettres de l'alphabet, modifiées dans leurs formes, leurs situations, ou combinées entre elles. Admise dans les temples, dans les jeux publics et au théâtre, la musique resta toujours associée à la poésie et fut cultivée avec le même succès jusqu'à l'époque où la Grèce passa sous la domination romaine. La première musique des Romains leur vint, dit-on, des Étrusques; mais ce fut seulement après la conquête de la Grèce que la musique s'enrichit, à Rome, de tous les progrès que l'art avait faits chez les Grecs.

Sous le règne de Théodose le Grand, saint Ambroise, évêque de Milan, introduisit dans son église le chant ecclésiastique d'Orient, auquel il adapta des paroles latines, et qui prit le nom de chant ambroisien.

150.

Suite de la musique.

Au sixième siècle, le pape saint Grégoire s'appliqua à perfectionner le chant ecclésiastique et fonda, pour le propager et le maintenir, des écoles publiques qui furent longtemps florissantes. Le chant grégorien fut introduit en Angleterre par le moine Augustin, en Allemagne par saint Boniface, et c'est celui qui subsiste encore de nos jours dans les églises chrétiennes. L'orgue, déjà connu en Orient, ne fut admis dans les églises que vers le milieu du neuvième siècle.

C'est dans les premières années du onzième siècle que l'art musical commença à prendre la forme moderne. On attribue cet important progrès à un bénédictin italien nommé Guy d'Arezzo, qui simplifia la notation ancienne et réduisit en système toutes les tentatives antérieures à son époque. Au lieu du *la*, par lequel commençait l'échelle musicale des Grecs, Guy d'Arezzo la fit partir de l'*ut*; et comme cette note portait la lettre grecque γ (gamma) dans la notation alphabétique, son système prit le nom de *gamme*. Il donna à chacune des notes de la gamme un nom particulier, qu'il emprunta aux premières syllabes de l'hymne de saint Jean : ces syllabes sont *ut*, *ré*, *mi*, *fa*, *sol*, *la*; le *si* ne fut admis dans la gamme que beaucoup plus tard : cette notation est dite *notation par portée.*

Au moyen âge, les troubadours auxquels remontent les premiers essais de notre poésie en langue d'*oc*, parcouraient les châteaux, chantant des ballades, des virelais, des sirventes, et accompagnés de ménestrels qui jouaient de la harpe, de la vielle, de la mandoline. Les croisés rapportèrent de l'Orient quelques nouveaux instruments entre autres la viole, qui a donné naissance au violon et aux autres instruments de ce genre.

Au seizième siècle, les écoles de musique commencent à prendre un caractère particulier en Italie, en France, en Allemagne. En même temps, plusieurs instruments nouveaux furent inventés, l'orgue se perfectionna, et le violon, succédant au luth, prit, sous les mains des habiles luthiers d'Italie, la forme qu'il a conservée depuis. Dans les siècles suivants, l'art musical se développa et se perfectionna : la musique dramatique et la musique instrumentale firent d'immenses progrès et produisirent, à diverses époques et dans différents pays, de nombreux chefs-d'œuvre et des maîtres illustres.

Outre l'ancienne notation par portée, il y a la *notation par chiffres*, qui consiste à représenter les sept notes par les sept premiers chiffres de la numération, et qui a pour auteur J. J. Rousseau.

151.

Les institutions de bienfaisance.

Jésus-Christ, notre divin maître, qui a passé sur la terre en faisant le bien, est venu apprendre aux hommes à s'aimer les uns les autres, et leur révéler le plus beau privilége de leur nature, en leur imposant comme un devoir, comme une obligation rigoureuse, la bienfaisance, cette vertu excellente, à laquelle le christianisme a donné le nom de charité. Chez les nations païennes, dans les sociétés antiques, où il n'y avait que des maîtres et des esclaves, la bienfaisance était à peine connue ; tout ce qui était faible, pauvre, souffrant, était sans appui, sans secours, sans consolation. La charité, vertu absolument chrétienne, a pris naissance dans Jésus-Christ ; c'est la vertu qui le distingua principalement du reste des hommes. Ce fut par la charité, à l'exemple de leur divin maître, que les apôtres gagnèrent si rapidement et séduisirent saintement les cœurs.

La religion chrétienne, en proclamant que tous les hommes sont égaux devant Dieu, a pris sous sa protection tous les malheureux, tous ceux qui souffrent. Elle parle le langage du cœur, elle prêche l'amour et l'union entre les hommes. A la voix de la charité, l'esclave devient libre, un lien d'affection unit le serviteur au maître, le cœur du riche s'ouvre à des sentiments inconnus, et les pauvres deviennent un objet d'attention et de sollicitude. La société jette un regard de compassion sur ses membres affligés, et elle fonde des asiles pour l'indigence qui souffre; elle recueille les enfants abandonnés, les orphelins, elle veille sur eux dès leur naissance, plus tard elle les instruit et les protége; elle nourrit, elle soutient les vieillards, les infirmes laissés sans ressources, sans appui; elle assure l'avenir des soldats qui ont blanchi sous les armes, qui ont été mutilés dans les combats. C'est ainsi que la religion chrétienne, en apportant la charité parmi les hommes, a trouvé des secours et des consolations pour toutes les misères, pour toutes les douleurs. Sous ses inspirations se sont formées ces congrégations religieuses, ces associations charitables dévouées au soulagement des malheureux, ces missions qui vont porter les enseignements et les bienfaits de la vraie foi dans les contrées les plus lointaines et chez les peuples les plus sauvages. C'est encore sous ses auspices, et avec l'appui soit des gouvernements, soit des hommes les plus recommandables, qu'ont été fondées, à diverses époques, ces grandes et belles institutions connues sous le nom d'*établissements de bienfaisance*.

152.

Les hôpitaux et les hospices.

L'antiquité ne nous offre rien de comparable aux établissements de bienfaisance que nous appelons hôpitaux et hospices. Les secours que les peuples anciens accordaient, sous le nom d'hospitalité, aux voyageurs, quelle que fût l'humilité de leur fortune, ne ressemblent en rien aux secours qui sont accordés aux malades dans les hôpitaux, aux vieillards et aux infirmes dans les hospices, aux indigents dans leur modeste demeure.

C'est à l'esprit religieux inspiré par le christianisme qu'il faut attribuer l'origine des établissements dans lesquels le malade pauvre, le vieillard, l'infirme, reçoivent une assistance gratuite. L'Évangile a dit : « Les pauvres et les malades sont les membres de Jésus-Christ. » Aussi, d'après les témoignages les plus incontestables, les premiers hôpitaux furent établis au quatrième ou au cinquième siècle à Jérusalem et à Bethléem. En France, les rois donnèrent l'exemple de ces pieuses et utiles fondations. L'hôtel-Dieu de Lyon fut fondé par Childebert, celui de Paris sous le règne de Clovis II. Charlemagne recommandait et encourageait de semblables créations. Ses successeurs l'imitèrent surtout à l'époque où de nombreux pèlerins se rendaient à la terre sainte. Les premiers hôpitaux furent connus sous les noms de maison de Dieu, d'hôtel-Dieu, d'aumônes, de charité, de miséricorde. Plus tard la charité privée s'efforça de rivaliser avec la munificence des princes ; les seigneurs, les bourgeois eux-mêmes, contribuèrent pour beaucoup à la fondation de ces établissements de bienfaisance, qui ne tardèrent pas à se multiplier dans toute l'Europe chrétienne; chaque abbaye, chaque monastère, chaque cathédrale eut, pour ainsi dire, son hôpital.

Les indigents, atteints de maladie, ont le droit d'être admis dans un hôpital, et ils y sont soignés gratuitement jusqu'à leur complète guérison. Moyennant une rétribution qui est, à Paris, de 1 fr. 50 c. par jour, toute personne appartenant aux classes laborieuses sans être dans l'indigence, peut être reçue et traitée dans un hôpital, et c'est un précieux avantage surtout pour les malades qui doivent être soumis à une opération chirurgicale.

Les hospices sont plus particulièrement destinés à recevoir les vieillards indigents ou infirmes, les personnes qui, sans être indigentes, n'ont pas des ressources suffisantes pour vivre seules. Dans les uns on est admis gratuitement, dans d'autres on paye une pension dont le prix est généralement très-modéré.

153.

Les bureaux de bienfaisance et les sociétés charitables.

Les bureaux de bienfaisance ont été établis par le gouvernement dans le but de distribuer des secours à domicile aux indigents, aux infirmes, aux malades. L'origine de cette institution remonte à saint Louis, qui, s'occupant sans cesse d'œuvres pieuses et charitables au milieu des devoirs de la royauté, avait fait dresser l'état des pauvres laboureurs auxquels l'âge ou les infirmités ne permettaient pas de travailler et qui leur avait assuré des soulagements. Au seizième siècle, diverses ordonnances royales chargèrent les curés, les vicaires et les marguilliers des paroisses du soin d'établir un rôle des indigents pour leur distribuer l'aumône. Dans le siècle suivant furent institués les bureaux des pauvres, et c'est vers la fin du siècle dernier que furent établis les bureaux de bienfaisance, dont l'organisation a été depuis modifiée et perfectionnée.

La distribution des secours à domicile est une œuvre essentiellement morale : elle laisse le pauvre au milieu des siens, auprès de ses enfants. Les liens de famille sont ainsi resserrés, et les enfants aussi bien que les parents apprennent à remplir les devoirs sacrés que leur prescrit la nature et que leur commande la religion. Les bureaux de bienfaisance, très-multipliés en France, sont administrés par des hommes dévoués qui visitent les indigents et leur distribuent à domicile des secours de toute nature; ils sont aidés dans cette pieuse mission par les médecins des bureaux qui soignent les malades, et par ces saintes sœurs de la Charité qui, à l'exemple de Jésus-Christ, notre divin maître, passent sur la terre en faisant du bien.

Outre les bureaux de bienfaisance, il y a des sociétés ou associations charitables qui ont été fondées pour distribuer des secours et les multiplier : telles sont les sociétés de Saint-Vincent de Paul, dont les membres vont assister eux-mêmes les pauvres, leur apportant des consolations et des secours dans leurs tristes demeures; les Maisons des Petites-Sœurs des pauvres, destinées à recueillir et à soigner les pauvres vieillards; l'association de Charité maternelle, la société des Mères de famille, l'asile de la Providence, qui ont pour but d'assister les vieillards, les enfants et les pauvres femmes en couches, d'aider et d'encourager celles-ci à nourrir elles-mêmes leurs enfants. Ajoutons encore les associations de jeunes gens qui, sous le nom de sociétés des Amis des pauvres, visitent les malheureux et les assistent en toute circonstance; enfin la société des Amis de l'enfance et celle des jeunes Économes, dont le but est de secourir les jeunes garçons et les jeunes filles.

154.

L'hospice des Quinze-Vingts et l'institution des jeunes aveugles.

C'est à la France qu'appartient l'honneur d'avoir ouvert le premier asile aux infortunés privés de la vue. Avant le treizième siècle, les aveugles indigents formaient une sorte de corporation, dont les membres n'avaient d'autres ressources que les secours qu'ils obtenaient individuellement de la charité publique. Ce fut saint Louis qui, en 1254, fonda pour trois cents (quinze-vingts) de ces malheureux l'asile connu sous le nom d'*hospice des Quinze-Vingts*. L'opinion la plus accréditée est que cette fondation fut faite en faveur de trois cents chevaliers qui avaient perdu la vue en combattant les infidèles dans la terre sainte, ou à qui, selon une tradition, les Sarrasins avaient crevé les yeux. Non content de leur donner une demeure, saint Louis dota la maison d'une rente spécialement destinée à fournir des aliments aux Quinze-Vingts, et les papes Clément IV et Clément V recommandèrent aux évêques de recueillir des aumônes dans tout le royaume pour soutenir une institution si charitable. Plus tard les Quinze-Vingts furent transférés dans un local plus vaste qui permit de recevoir un plus grand nombre de pauvres aveugles et de toutes les parties de la France.

L'institution des jeunes aveugles, qui a une

existence distincte de l'hospice des Quinze-Vingts, a pour but de faire l'éducation de ces jeunes gens et de leur donner les moyens de gagner leur vie par le travail. Le premier établissement qui ait été consacré à l'éducation des pauvres enfants aveugles ne remonte qu'à la fin du siècle dernier. Un modeste professeur d'écriture, Valentin Haüy, frère du célèbre minéralogiste de ce nom, conçut la généreuse pensée d'améliorer le triste sort de ces infortunés, et, après avoir médité une méthode d'enseignement, il en fit l'essai sur un jeune mendiant aveugle qu'il avait rencontré à la porte d'une église. Cet essai réussit au delà de ses espérances. Suppléant à la vue par le toucher, l'aveugle lisait avec ses doigts des caractères saillants aussi facilement que nous lisons avec nos yeux des caractères imprimés. Bientôt des dons et des secours permirent à Haüy de fonder une maison avec douze élèves, et le roi Louis XVI, frappé des merveilleux résultats de cette œuvre excellente, ordonna que l'établissement serait désormais entretenu aux frais de l'État. L'institution des jeunes aveugles rend à la société les élèves qui lui ont été confiés pourvus d'une instruction suffisante, d'une éducation morale et religieuse, d'une profession industrielle, et de la connaissance d'un ou de plusieurs instruments de musique dont la pratique est pour eux une ressource qui leur fait rarement défaut.

155.

Les institutions des sourds-muets.

Pendant longtemps, les enfants pauvres sourds-muets furent confondus avec les idiots et les insensés et condamnés à la plus misérable existence. Si le sort de ces infortunés s'est considérablement amélioré, s'ils peuvent aujourd'hui communiquer avec leurs semblables, c'est grâce au zèle charitable, au dévouement sans bornes d'un saint prêtre, de l'abbé de l'Épée, que la reconnaissance des peuples bénit comme un des plus grands bienfaiteurs de l'humanité.

L'art ingénieux qui, substituant le geste aux articulations de la voix, peut donner, en quelque sorte, la parole aux sourds-muets, prit naissance en Espagne, au seizième siècle. Un religieux bénédictin du monastère d'Ona, nommé Pierre de Ponce, mit le premier cet art en usage pour les deux frères et une sœur du connétable de Castille, sourds-muets, auxquels il apprit à lire, à écrire et à calculer, à connaître les principes de la religion, et même les langues et les sciences. Mais il ne fonda rien de durable, et son art périt avec lui. Au milieu du dix-huitième siècle, l'abbé de l'Épée résolut de se consacrer tout entier à l'éducation des sourds-muets. Sans livres, sans guide, mais puisant toutes ses forces dans une ardente charité, il eut le dévouement de se charger d'une immense tâche et le bonheur de l'accomplir. Il créa cet art admirable qui consiste à communiquer des idées aux sourds-muets par le moyen de signes et de gestes, sorte de langage en action, et dès lors ces pauvres créatures, auparavant déshéritées, purent recevoir les bienfaits de l'instruction et de l'éducation, apprendre un état et se préparer ainsi pour l'avenir des moyens d'existence. Et ce qui recommande encore davantage la mémoire de l'abbé de l'Épée à la vénération publique, c'est qu'il consacra non-seulement tout son zèle, tous les efforts de son intelligence, mais aussi toute sa fortune, à ceux qu'il appelait ses enfants d'adoption, et auxquels, disait-il, il devait donner gratuitement ce qu'il avait reçu lui-même gratuitement de Dieu, l'ouïe et la parole. On le voyait porter des habits usés, se contenter des aliments les plus grossiers, s'imposer les plus dures privations, afin que ses chers élèves ne manquassent de rien. Son œuvre ne périt pas. Louis XVI réalisa les vœux de cet homme de bien en fondant à Paris l'établissement public et national connu sous le nom d'*institut des sourds-muets*. L'abbé Sicard a été le digne successeur de l'abbé de l'Épée.

156.

L'hospice des enfants orphelins ou délaissés.

Nommer les pauvres petits enfants abandonnés, c'est nommer saint Vincent de Paul, qui fut leur sauveur et leur père en fondant à Paris l'hospice des enfants trouvés. Avant ce saint prêtre, qui fut un des plus admirables apôtres de la charité chrétienne, on trouvait souvent de pauvres petits enfants abandonnés au coin des rues, sur les places publiques, exposés aux rigueurs du froid, aux souffrances de la faim, et la plupart périssaient sans abri et sans secours. Quelques-uns de ces infortunés étaient recueillis dans une petite maison appelée *la Couche;* mais cet asile, le seul qui existât alors à Paris, n'avait que de très-faibles ressources, et le mal allait toujours s'aggravant. Saint Vincent de Paul, ému de pitié à la vue d'une si grande infortune, obtint des secours de quelques personnes charitables et put recueillir et soigner dans une maison de la rue Saint-Victor douze petits enfants délaissés. Le saint homme allait lui-même, au milieu de la nuit, et par les froids les plus rigoureux, chercher dans les rues les innocentes créatures qu'on y avait abandonnées : il les emportait dans ses bras, se dépouillant de ses vêtements pour les couvrir, et il veillait ensuite avec la plus touchante sollicitude aux soins qui leur étaient donnés.

Bientôt les ressources dont saint Vincent de Paul pouvait disposer furent insuffisantes pour le nombre toujours croissant des enfants ainsi recueillis et secourus. Ne pouvant supporter l'idée que ces pauvres créatures seraient de nouveau abandonnées, il réunit les dames qui l'avaient aidé à fonder cette bonne œuvre, et faisant apporter les petits enfants au milieu de l'assemblée, il prononce quelques paroles où respire toute son âme : « Or sus, mesdames, dit-il, la charité et la compassion vous ont fait adopter ces pauvres enfants ; vous avez été leurs mères selon la grâce, depuis que leurs mères selon la nature les ont délaissés. Voyez, maintenant, si vous voulez les abandonner à votre tour. Leur vie et leur mort sont entre vos mains. Il est temps de prononcer leur arrêt, et de savoir si vous ne voulez plus avoir de miséricorde pour eux ! » Tous les cœurs furent émus, les larmes coulèrent de tous les yeux ; les dons et les offrandes furent considérables ; les dames les plus distinguées secondèrent les efforts de saint Vincent avec un rare dévouement ; et l'hospice des enfants trouvés fut fondé et doté. L'œuvre de saint Vincent de Paul a reçu les plus heureux développements : il y a aujourd'hui dans chaque département un hospice pour les enfants orphelins ou délaissés.

157.

Les colonies et les pénitenciers agricoles.

Les colonies agricoles sont des institutions de bienfaisance qui ont été fondées de nos jours par des hommes recommandables et qui rendent les plus grands services à la société par le but éminemment moral qu'elles se proposent. Parmi ces établissements, les uns, comme la colonie de Mettray, dans le département d'Indre-et-Loire, et le pénitencier agricole et industriel de Marseille, dans le département des Bouches-du-Rhône, sont destinés à recevoir les jeunes détenus, les enfants âgés de moins de quinze ans que l'abandon, la misère ou les mauvais exemples ont entraînés au mal et qu'une faute grave a déjà placés sous la main de la justice; les autres, comme la colonie agricole de Vaujours, dans le département de Seine-et-Oise, et celle d'Ostwald près de Strasbourg, dans le département du Bas-Rhin, ont été fondés pour recueillir des enfants pauvres, des orphelins qui n'ont pas eu le malheur de paraître devant les tribunaux, mais qui, n'ayant aucunes ressources, aucun moyen d'existence, sans appui, sans soutien, seraient exposés à commettre des actions coupables. Ainsi les premières de ces belles et utiles institutions ont pour but de réparer le mal déjà fait, les secondes se proposent de le prévenir.

Dans les unes comme dans les autres, les jeunes

colons sont formés à la connaissance des arts industriels et de l'agriculture, aux principes de la religion et de la morale, à des habitudes d'ordre, d'activité laborieuse et de bonne conduite. Les travaux des champs, l'air pur, la régularité des exercices, ont l'influence la plus salutaire sur la santé de ces enfants : cette vie calme et pieuse, les bons exemples, les conseils paternels, ramènent au repentir et au bien ceux qui ont déjà failli, ceux qui furent égarés et coupables, et les prémunissent pour l'avenir contre les dangers et les mauvaises occasions qui pourraient encore les entraîner dans des fautes graves. La même prévoyance, la même sollicitude veille sur les enfants pauvres, sur les orphelins qui n'ont pas, comme les autres, de fautes à expier, mais que la misère et l'abandon auraient privés des bienfaits de l'éducation. Et plus tard, tous ces jeunes colons, sortis des établissements où ils ont trouvé des soins si généreux, bénissent les protecteurs qui veillent encore sur eux, et ils les récompensent de tant de dévouement et de charité par une vie honnête et laborieuse.

Le gouvernement, de son côté, a établi dans les grands centres de population des prisons organisées suivant le régime cellulaire et destinées à recevoir les enfants vagabonds ou condamnés par la justice. Ils y reçoivent de salutaires leçons qui les ramènent dans la bonne voie.

158.

Les salles d'asile et les crèches.

Les salles d'asile sont des établissements charitables qui ont pour objet de réunir, durant le jour, les enfants de deux à six ans que leurs parents ne peuvent surveiller eux-mêmes, et qui. par suite de ce défaut de surveillance, seraient exposés à tous les dangers de l'isolement et de l'oisiveté. Les jeux et les exercices s'y succèdent sans fatigue et sans ennui pour ces jeunes enfants, qui reçoivent, avec les éléments d'une instruction appropriée à leur âge, les premiers et salutaires principes de la religion et de la morale.

Vers la fin du siècle dernier, une humble jeune fille, habitant au milieu des montagnes des Vosges, conçut et exécuta la généreuse pensée de prendre soin des petits enfants que les travaux des champs privaient de la surveillance de leurs parents. Cinq villages et trois hameaux de la paroisse du Ban de la Roche furent les heureuses contrées où se déploya pour la première fois cet esprit de prévoyante charité qui devait se répandre sur le monde entier. En 1801, madame la marquise de Pastoret, dont la vie fut consacrée à de bonnes œuvres, péniblement émue des dangers que couraient les enfants qu'elle rencontrait dans ses visites pour la société de Charité maternelle, institua une salle d'hospitalité pour de jeunes enfants, qu'elle confia aux soins des sœurs de la Charité. Ce premier essai d'une salle d'asile ne fit pendant longtemps aucun progrès dans notre pays, tandis que ces établissements charitables se multipliaient rapidement en Angleterre et en Italie. Enfin, en 1826, M. Cochin propagea cette belle institution à Paris, et depuis les salles d'asile se sont multipliées dans toutes les parties de la France, avec l'assistance de l'Université et sous la surveillance toute maternelle d'un comité supérieur dévoué à une œuvre si utile.

L'institution des crèches a complété le bienfait des salles d'asile, en s'ouvrant dès les premiers jours de la vie aux enfants que leurs parents ne peuvent, en raison de leurs occupations et de leurs ressources, environner d'une surveillance de tous les instants. Elle est due à l'active charité et aux soins intelligents de M. Marbeau, ancien adjoint au maire d'un des arrondissements de la ville de Paris. Le but de cette œuvre, aussi utile que morale, est de recueillir les enfants au-dessous de deux ans, et trop jeunes pour être reçus dans les salles d'asile, d'entourer ces petites créatures de tous les soins que réclame la faiblesse de leur âge, et de laisser ainsi à leurs mères pauvres le libre emploi de leur temps et le moyen de gagner leur vie. La première crèche a été ouverte à Paris en 1844, et depuis cette institution s'est propagée dans toute la France.

159.

Les caisses d'épargne; les caisses de retraite pour la vieillesse.

L'économie est la vertu du riche aussi bien que du pauvre, de celui qui possède beaucoup comme de celui qui possède peu ; ils doivent l'un et l'autre faire le meilleur emploi des ressources qu'ils possèdent. L'épargne va au delà de l'économie; elle demande au présent des ressources pour l'avenir ; elle retranche les dépenses superflues et met de côté tout ce qui n'a pas été dépensé, afin d'en faire un fonds de prévoyance. Mais ici ce qui n'est que sagesse pour le riche est nécessité impérieuse pour le pauvre, pour celui qui n'attend que du travail de ses bras ce pain quotidien qu'il demande à Dieu dans sa prière. Le travail peut manquer; la maladie, un accident grave, peuvent condamner momentanément à une inaction forcée ; et puis la vieillesse viendra avec ses infirmités, qui rendent incapable de toute occupation lucrative. Que fera l'ouvrier si, dans son insouciante prévoyance, il n'a rien mis de côté, s'il a vécu au jour le jour, sans se préoccuper un seul instant des embarras que tôt ou tard il rencontrera ? Ira-t-il demander à la charité publique un secours toujours humiliant pour celui qui aurait pu s'en passer et qui ne l'invoque que par sa faute? Ne vaut-il pas mieux pour lui prévoir longtemps à l'avance les mauvais jours et se précautionner contre eux, même en s'imposant des privations ?

Recueillir l'épargne du pauvre, la mettre en sûreté, la protéger également et contre les chances fortuites et contre les tentations du besoin, la faire fructifier et la grossir par les produits obtenus, tel est le but de la création des caisses d'épargne. Cette belle institution, fondée à Paris en 1818, répandue depuis dans toute la France, gratuitement administrée par les hommes les plus éminents et les plus recommandables, qui ont bien voulu se faire les mandataires du pauvre, a rendu et rend tous les jours les plus grands services à la société, et la preuve la plus éclatante des bienfaits de ces établissements et de l'influence salutaire qu'ils exercent, c'est l'empressement avec lequel les classes si nombreuses des travailleurs viennent y déposer leurs économies et leurs épargnes.

Les caisses de retraite pour la vieillesse, plus récemment instituées, sont venues compléter les mesures de prévoyance si heureusement mises en pratique par les caisses d'épargne. En déposant chaque année une certaine somme, on s'assure des ressources pour la vieillesse, une pension payable à l'âge de cinquante à soixante ans. Le nombre des déposants, qui tend à s'accroître tous les jours, démontre quelle est l'utilité de cette excellente institution.

160.

Les sociétés de prévoyance ou de secours mutuels; les prêts au travail.

Les sociétés de prévoyance ou de secours mutuels sont des réunions d'ouvriers ou d'artisans qui s'assujettissent à verser dans une caisse commune une cotisation déterminée et périodique, afin de former un capital destiné à fournir des secours aux souscripteurs dans une mesure fixée à l'avance et dans les cas prévus par les règlements. Les causes qui donnent droit aux secours de la société sont le plus ordinairement la maladie, l'infirmité et la vieillesse. Si la prudence, l'ordre et l'économie sont, pour ceux qui vivent du salaire de leur travail, l'unique moyen d'échapper aux angoisses de la misère et à l'avilissement de l'aumône, les sociétés de secours mutuels sont, sans aucun doute, un des meilleurs placements qu'ils puissent trouver pour leurs épargnes. D'après le mode d'assurance mutuelle qui régit ces institutions, une faible cotisation mensuelle met le sociétaire à même de traverser une maladie qui lui aurait enlevé d'un seul coup les épargnes de quelques années, et lui assure dans sa vieillesse une pension viagère proportionnelle à ses versements et aux ressources de la société.

Les hommes qui vivent de leur travail éprouvent souvent de grandes difficultés, lorsqu'ils ont à emprunter un petit capital pour acheter des instruments d'agriculture, des outils ou des matières premières. C'est dans le but d'adoucir ces difficultés que, par la généreuse initiative de S. M. l'impératrice, a été fondée la *société du Prince Impérial* pour les prêts au travail. La caisse des prêts au travail est alimentée avec les dons de l'enfance et de la jeunesse : 10 centimes par semaine ou 5 fr. 20 cent. par an, voilà l'obole que chaque jeune associé est invité à donner : mais ces mains d'enfants qui laissent tomber chaque mois quelques centimes finissent par verser des trésors, trésors de bienfaisance employés, avec certaines garanties, à des avances secourables faites à de pauvres et honnêtes familles, à des artisans laborieux, qui prennent l'engagement de les rembourser : chaque remboursement accompli sert à un prêt nouveau, c'est-à-dire à un nouveau bienfait.

Outre les associés qui sont enfants, la société du Prince Impérial compte des fondateurs appartenant à toutes les conditions, depuis le plus grand dignitaire de l'État jusqu'au plus modeste citoyen. Pour acquérir le titre de fondateur, il suffit de verser une fois pour toutes une somme fixe de 100 fr., et chaque année une somme de 10 fr.

QUESTIONNAIRES.

1. L'agriculture a-t-elle une origine très-ancienne? — Que furent les mœurs chez les peuples de l'antiquité, tant que l'agriculture y fut en honneur? — Pourquoi l'agriculture mérite-t-elle une protection particulière? — Quels sont les avantages qu'elle procure?

2. Comment les terres peuvent-elles être améliorées? — Qu'est-ce que le sol arable ou la terre végétale? — Qu'est-ce que l'humus ou le terreau? — Quels sont les principaux éléments dont se compose le sol arable? — Quelles sont les trois principales espèces de sols?

3. Quels sont les trois moyens généraux d'améliorer les terres? — En quoi consistent les labours? — Avec quels instruments se font-ils? — Décrivez les parties principales d'une charrue. — Quel est le moment le plus favorable pour les labours? — Qu'est-ce que le labour à plat, le labour par billons?

4. De quel instrument se sert-on pour herser la terre? — Quel est le but de cette opération? — Comment se font les grands semis des champs? — Quelles règles et quelles précautions faut-il observer? — En quoi consiste le sarclage? — Quel est le double but de cette opération?

5. Que désigne-t-on sous le nom d'amendements? — Quelles sont les principales matières qu'on y emploie? — Qu'est-ce que la marne? — Quelle attention doit avoir l'agriculteur dans l'emploi de cette substance? — A quelle époque et comment se pratique le marnage? — Dans quels cas peut-on employer la chaux?

6. Que désigne-t-on sous le nom d'engrais? — Pourquoi fume-t-on les terres? — Quel est l'engrais le plus généralement employé? — En quoi consiste le parcage? — Qu'appelle-t-on engrais verts? — A quelles terres conviennent-ils principalement? — Sur quelles terres peut-on employer les cendres, le plâtre?

7. Quelles sont les plantes connues sous le nom de *céréales?* — Quelle est l'importance des produits qu'elles donnent? — Quelle est la plus utile des céréales? — Quels sont les produits qu'on retire du froment? — Dans quelles terres le blé prospère-t-il principalement? — A quelle époque se sème-t-il? — A quelle époque le coupe-t-on? — Qu'est-ce que le blé de mars? — Quelle opération fait-on subir au blé pour le préserver de certaines maladies?

8. Quels sont les produits que donne le seigle? — Quels sont les sols qui lui conviennent? — A quelles époques se sème-t-il et se moissonne-t-il? — Mêmes questions pour l'orge et l'avoine, etc.

9. De quels instruments se sert-on pour faire la moisson? — Comment se fait la moisson? — Qu'appelle-t-on javelles, gerbes et meules? — Quels sont les divers moyens qu'on emploie pour séparer les grains de leurs enveloppes? — Qu'est-ce que vanner les grains?

10. Qu'est-ce que le riz? — Dans quelles contrées le cultive-t-on? — Quels sont les inconvénients attachés à cette culture? — Quelles sont les diverses opérations qu'elle exige? Comment débarrasse-t-on le grain de son enveloppe? — Quelle utilité retire-t-on du riz?

11. Qu'est-ce que le maïs? — Quels produits donne cette plante? — Quels sont les soins que demande la cul-

ture du maïs? — Comment se fait la récolte? — A quoi sert la farine de maïs? — A quoi servent les feuilles des tiges?

12. Quelles sont les plantes qu'on désigne sous le nom de racines fourragères? — Pourquoi les appelle-t-on aussi cultures sarclées? — De quel pays la pomme de terre est-elle originaire? — A quelle époque a-t-elle été importée en Europe? — Donnez quelques détails sur la culture des pommes de terre.

13. Sous quel rapport les betteraves sont-elles remarquables? — A quelle époque sème-t-on la graine? — A quelle époque arrache-t-on les plantes? — A quel usage sont employées les racines ou les feuilles? — Donnez quelques détails sur la culture en grand des carottes, des navets, des choux, des topinambours.

14. Quelles sont les plantes qu'on désigne sous le nom de plantes fourragères? — Qu'est-ce que les prairies? — N'y a-t-il pas des herbages qu'on ne fauche pas? — Qu'est-ce que les prairies naturelles? — Quels sont les soins qu'elles exigent?

15. Qu'est-ce que les prairies artificielles? — Quelles sont les plantes dont elles sont le plus ordinairement formées? — A quelle époque et de quelle manière les sème-t-on? — Donnez quelques détails sur la luzerne, le sainfoin et le trèfle. — Qu'appelle-t-on fenaison et regains?

16. Pourquoi y a-t-il utilité à ne pas semer plusieurs fois de suite la même nature de plante dans le même terrain? — Qu'est-ce qu'un assolement? — Qu'est-ce que les jachères? — La méthode des jachères ne peut-elle pas être remplacée avec avantage par d'autres procédés?

17. Quels sont les deux moyens qu'on emploie pour former les bois et les forêts? — Quels soins demandent les jeunes arbres qui ont été semés dans des terrains entièrement découverts? — Comment se forment les bois par le procédé des plantations? — Quels soins exigent celles-ci?

18. Quelles sont les principales espèces d'arbres forestiers? — Quel est le plus précieux et le plus utile de tous les arbres des forêts? — Quels sont les divers usages du bois du chêne? — A quoi sert son écorce? — Que fait-on des glands ou des fruits? — Quelle est l'espèce de chêne qui fournit le liége? — Donnez quelques détails sur le hêtre, l'orme, le charme, le frêne, l'érable, l'acacia et le châtaignier.

19. Quels sont les arbres forestiers qui prospèrent dans les terrains humides? — Donnez quelques détails sur le platane, le peuplier, le saule, l'aune, et dites les divers usages auxquels on applique le bois de ces arbres. — Qu'est-ce que les arbres résineux? — Quelles sont les principales espèces? — Quels produits donnent-elles?

20. Quel est le but des défrichements? — A quels terrains s'appliquent spécialement les dessèchements? — Dans quelles circonstances les défrichements sont-ils plutôt nuisibles qu'avantageux? — Quels procédés emploie-t-on pour défricher des landes et des bruyères? — Qu'est-ce que l'écobuage? Comment se font les dessèchements?

21. Quels sont les moyens qu'on emploie pour élever les arbres fruitiers? — Qu'est-ce que la greffe? — Quelles conditions sont nécessaires pour que cette opération réussisse? — Quelles sont les manières de greffer les plus usitées?

22. Quelles sont les diverses manières de cultiver les arbres fruitiers? — Quels soins doit-on donner aux arbres en plein vent? — Comment sont plantés les arbres en es-

palier? — Quels soins exigent-ils? — Quels avantages offrent-ils? — Quelles sont les principales espèces de fruits?

23. Qu'appelle-t-on plantes potagères ou légumes? — Dans quelles conditions doit être établi un potager? — Comment divise-t-on le terrain? — Nommez les principales plantes potagères? — Quels sont les soins que ces plantes exigent?

24. Donnez quelques détails sur la culture des asperges. — Après quel temps un plant d'asperges est-il en plein rapport? — Donnez quelques détails sur la culture des artichauts, des cardons et des salades.

25. Qu'est-ce que la vigne? — Qu'appelle-t-on cep et sarments? — Quels sont les procédés qu'on emploie généralement pour la plantation de la vigne? — Quels soins exige-t-elle? — En quoi consiste l'opération appelée provignage?

26. Quel produit donne le fruit de l'olivier? — Dans quelles contrées cet arbre est-il principalement cultivé? — Quelles sont les diverses manières de le multiplier? — Comment se fait la récolte des fruits? — A quelle époque l'olivier a-t-il été introduit dans notre patrie?

27. Citez quelques insectes nuisibles aux plantes ou aux récoltes. — Quels sont les ravages causés par le charançon, l'alucite et l'aiguillonnier? — Quels sont les insectes qui nuisent aux vignes? — Les oliviers ne sont-ils pas aussi attaqués?

28. Qu'appelle-t-on plantes oléagineuses et plantes textiles? — Qu'est-ce que le colza et la navette? — Quels produits donnent ces plantes? — Que retire-t-on de leurs graines? — Dans quel but cultive-t-on le chanvre et le lin? — Donnez quelques détails sur cette culture.

29. Qu'est-ce que les plantes tinctoriales? — Quelles sont les principales? — Donnez quelques détails sur la culture des indigotiers, de la garance, de la gaude, de la graine d'Avignon, et sur la nature de la couleur qu'on extrait de ces plantes.

30. Qu'appelle-t-on plantes médicinales? — Citez parmi ces plantes celles dont l'usage est le plus ordinaire. — Donnez quelques détails sur la rhubarbe, le ricin, la manne, le quinquina, la gomme, et sur certaines plantes vénéneuses.

31. Pourquoi cultive-t-on les fleurs? — Quels sont les divers procédés artificiels appliqués à la multiplication des fleurs? — Quelles sont les fleurs qu'on peut cultiver sans beaucoup de dépenses et de soins? — Qu'appelle-t-on plantes vivaces et plantes annuelles?

32. Sous quel rapport le mûrier est-il un arbre précieux? — Quelle espèce de mûrier préfère-t-on pour l'éducation des vers à soie? — Comment récolte-t-on les feuilles? — Donnez quelques détails sur la culture du houblon, sur celle du tabac et sur l'usage de ces plantes.

33. Où croissent les champignons? — Quelles sont les principales espèces de champignons comestibles? — Comment cultive-t-on les champignons de couche? — Qu'est-ce que les truffes? — Dans quels terrains les trouve-t-on principalement?

34. De quelles contrées le cotonnier est-il originaire? — Dans quelle partie de l'arbuste est renfermé le coton? — Dans quel pays le cotonnier est-il principalement cultivé? — Comment se fait la récolte du coton? — Quels sont les divers usages auxquels il est employé?

35. De quel pays les arbres à épices sont-ils originaires ? — Par qui et à quelle époque ont-ils été introduits dans les colonies françaises? — A quels usages sont employés les produits de ces arbres? — Donnez quelques détails sur chacun de ces arbres.

36. Qu'est-ce que le thé? — Quelles sont les diverses préparations qu'on fait subir aux feuilles après qu'elles ont été récoltées? — Qu'est-ce que le thé noir? le thé vert? — A quelle époque le thé a-t-il été introduit en Europe?

37. De quelles contrées le caféier est-il originaire? — Quel est le café le plus estimé? — Comment et à quelle époque le caféier a-t-il été transporté aux Antilles? — Dans quelles contrées s'est-il ensuite répandu? — Comment se fait la récolte des fruits?

38. Qu'est-ce que le chocolat? — Donnez quelques détails sur les cacaoyers et sur les fruits de ces arbres. — Quels sont les procédés employés pour la fabrication du chocolat? — A quelle époque le cacao fut-il importé en Europe?

39. Que désigne-t-on sous le nom de bétail? — Que comprend le gros bétail? le petit bétail? Quels sont les animaux que l'on appelle ruminants? — Donnez quelques détails sur la conformation particulière de ces animaux.

40. Quels sont les services que le bœuf et la vache rendent à l'homme? — Quelles qualités doit réunir un bœuf bon pour la charrue? — A quels usages sert le lait de la vache? — Que fait-on avec la peau du bœuf et de la vache? avec les cornes et les sabots?

41. Quels sont les services que rend le cheval pour les travaux de la campagne? — Quels sont les soins qu'on doit donner à cet animal domestique? — Quelles sont les eaux nuisibles aux animaux? — Comment doivent être construits les logements?

42. Quels sont les services que l'âne rend aux habitants de la campagne? — Cet animal coûte-t-il beaucoup à nourrir? — Que fait-on de la peau de l'âne? — Quel est l'emploi du lait d'ânesse?

43. Quels doivent être les soins d'un berger qui a la garde d'un troupeau? — Quels sont les divers produits que donnent les moutons et les brebis? — Quel profit retire-t-on de la peau de ces animaux? — A quel usage sert leur graisse? — Que fait-on de leur poil?

44. Quels produits donne la chèvre? — Exige-t-elle des soins assidus et une nourriture choisie? — Sous quel rapport le cochon domestique est-il un des animaux les plus utiles? — A quel âge l'engraisse-t-on?

45. Comment doivent être établis les logements destinés aux animaux? — Que doit être la nourriture qu'on leur donne? — De quoi se compose cette nourriture? — Comment doit-on traiter les animaux domestiques, si l'on veut en obtenir de bons services?

46. Qu'appelle-t-on oiseaux de basse-cour? — Quels sont ces oiseaux? — Quels sont les produits que donne la poule? — Combien d'œufs peut-elle couver? — Quelle nourriture donne-t-on aux poussins?

47. De quelle contrée le dindon et la dinde sont-ils originaires? — Comment se nourrissent-ils? — A quelles époques la dinde pond-elle le plus ordinairement? — Donnez quelques détails sur l'oie, le canard, les pigeons, et sur les produits qu'on en retire.

48. Quels sont les produits que donnent les abeilles? — Comment s'appelle leur habitation? — Qu'est-ce que la cire? — Quelle forme les abeilles lui donnent-elles? — Où déposent-elles le miel? — A quels usages sert la cire?

49. De quelle contrée le ver à soie est-il originaire? — Donnez quelques détails sur ce précieux insecte. — Comment se fait en Europe l'éducation des vers à soie? — A quoi sert la soie?

50. Quelle est la superficie totale du territoire de la France? — Dites quelle est l'importance des principales cultures dans les diverses parties de la France. — Donnez quelques détails sur les produits annuels de l'agriculture, sur ceux qu'on retire des animaux domestiques.

51. Qu'est-ce que l'industrie? — Dites ce qu'était l'industrie chez les peuples de l'antiquité. — Quelles villes furent florissantes, au moyen âge, par le commerce et l'industrie? — Quels ont été depuis les progrès de l'industrie?

52. Avec quoi se fait le pain? — Quels sont les principaux procédés de cette fabrication? — Qu'est-ce que le levain? — Avec quelle farine fait-on le pain le plus estimé? — Qu'est-ce que le pain bis?

53. Qu'est-ce que le gruau blanc? — Que fait-on avec les gruaux d'avoine et d'orge? — Qu'est-ce que la fécule? — Donnez quelques détails sur les fé ules appelées salep, sagou, arrow-root et tapioca. — Qu'est-ce que l'amidon? l'empois? la colle?

54. Qu'est-ce que le vin? — Comment se fait la récolte des raisins? — Comment foule-t-on la vendange? — Qu'est-ce que le marc? — Quel parti en tire-t-on? — Sous quel rapport la fabrication des vins blancs diffère-t-elle de celle des vins rouges?

55. D'où s'extrait l'huile? — Quelle est l'huile la plus estimée? — Quels sont les procédés qu'on emploie pour extraire l'huile des olives? — Donnez quelques détails sur l'huile de noix, sur les huiles d'œillette et de faîne, de graines de lin, de colza et de navette.

56. Donnez quelques détails sur la culture de la canne à sucre. — Quels procédés emploie-t-on pour en extraire le jus? — Quelles opérations fait-on subir à ce jus? — Comment raffine-t-on le sucre brut? — Donnez quelques détails sur le sucre de betteraves.

57. Quelles sont les différentes substances dont se compose le lait? — Quels procédés emploie-t-on pour faire le beurre? — Comment le conserve-t-on? — En quoi consiste le procédé le plus ordinairement employé pour la fabrication du fromage?

58. Qu'est-ce que le sel gemme? — Comment retire-t-on le sel des sources salées? — Quels sont les procédés qu'on emploie pour extraire le sel des eaux de la mer? — Quels sont les divers usages du sel?

59. Quels sont les combustibles généralement employés pour les besoins du chauffage? — Quels sont les arbres qui fournissent principalement le bois de chauffage? — Qu'appelle-t-on bois neuf? bois flotté? bois pelard?

60. Sur quel principe est fondé l'art de réduire le bois en charbon? — Dites les procédés qu'on emploie pour faire le charbon de bois. — En quoi consiste la distillation du bois? — Quel est le but principal de cette opération?

61. Qu'est-ce que la houille? — A quels usages l'emploie-t-on principalement? — Pourquoi distille-t-on la houille? — Comment s'appelle la houille ainsi carbonisée? — A quoi sert le coke? — Qu'est-ce que la tourbe?

62. Avec quelle matière se font les chandelles? — Quelles sont les deux manières de fabriquer les chandelles? — Quels sont les principes que la science a découverts dans la composition de la graisse? — A quelle industrie cette découverte a-t-elle donné lieu?

63. Qu'est-ce que le briquet? — Comment à l'aide d'un briquet et d'une pierre à fusil se procure-t-on du feu? — Qu'est-ce que l'amadou? — Comment fait-on les allumettes ordinaires? — Comment fabrique-t-on les allumettes chimiques?

64. Quel est le but du tannage? — Quelles opérations exige-t-il? — A quels usages sont destinées les peaux des animaux tels que le bœuf, le cheval, le daim? — Qu'appelle-t-on cuirs blancs? — Qu'est-ce que le maroquin? le cuir de Russie? la basane? le parchemin?

65. En quoi consistent les étoffes appelées feutres? — Quels sont les poils d'animaux qu'on emploie pour les feutres qui servent à la confection des chapeaux? — Dites comment on prépare ces poils, et comment on les feutre. — En quoi consistent les chapeaux de soie?

66. Sur quelle propriété repose la fabrication des savons? — Qu'appelle-t-on savons durs et savons mous? — Décrivez le procédé employé pour faire le savon. — Quelles sont les matières qu'on emploie dans le blanchissage?

67. Quelle est la couleur qui est fournie par la cochenille? — Où vit cet insecte? — Comment fait-on la récolte des cochenilles? — Par quel procédé en extrait-on le carmin? — A quels usages est employée cette substance?

68. Quelle espèce de productions sont les éponges et le corail? — De quoi sont formées les éponges? — Dans quels parages sont-elles communes? — A quels usages servent-elles? — Donnez quelques détails sur le corail et sur ses usages.

69. D'où provient l'écaille? — Quelle préparation lui fait-on subir? — A quoi sert-elle? — Qu'est-ce que l'écaille fondue? Donnez quelques détails sur la nacre et sur les perles.

70. Qu'est-ce que l'ivoire? — Quel usage en fait l'industrie? — Par quel procédé peut-on appliquer différentes couleurs sur l'ivoire? — A quels usages emploie-t-on les bois du cerf et les cornes de certains animaux?

71. Quels sont les arbres de notre pays dont le bois peut servir aux ouvrages d'ébénisterie? — Quels sont les principaux bois étrangers qu'on emploie plus ordinairement pour ces sortes d'ouvrages? — Donnez quelques détails sur chacun de ces bois. — Qu'appelle-t-on placage?

72. Qu'est-ce que la gomme élastique? — De quel arbre provient le caoutchouc? — Quel procédé emploie-t-on pour l'obtenir? — Quelles sont les substances qui peuvent le dissoudre? — Pour quels usages l'industrie emploie-t-elle le caoutchouc?

73. Avec quelle matière se font les aiguilles à coudre? — Indiquez les diverses opérations que comprend la confection d'une aiguille. — Quel procédé emploie-t-on pour la tremper et pour la polir?

74. Quelle est la matière qui sert à faire les épingles? — Dites les diverses opérations de cette fabrication. — Quels sont les procédés que l'on emploie pour nettoyer et blanchir les épingles? — Dans quelle ville de France sont-elles principalement fabriquées?

75. Avec quoi se fait le papier? — Quelles sont les préparations qu'on fait subir aux chiffons? — Comment les réduit-on en pâte? — Par quels procédés les blanchit-on? — Sur quoi écrivait-on anciennement? — A quelle époque fut inventé le papier de chiffons?

76. En quoi consistaient les procédés de fabrication pour le papier fait à la main? — Comment fabrique-t-on le papier aujourd'hui? — Décrivez le travail des machines qui opèrent cette fabrication. — A qui est due l'invention du papier mécanique?

77. De quel instrument les anciens se servaient-ils pour écrire? — A quelle époque a-t-on commencé à faire usage de plumes? — Qu'est-ce que les plumes métalliques? — Quelles sont les substances qui entrent dans la composition de l'encre noire? — Avec quelle matière et comment se font les crayons de poche et de bureau?

78. Comment s'est faite pendant longtemps la filature des matières propres à confectionner les tissus? — Comment se fait-elle aujourd'hui? — Qu'est-ce que le tissage? — Qu'appelle-t-on chaîne et trame? — A quels hommes sont dues principalement les inventions de la filature et du tissage mécaniques?

79. Quelles sont les diverses opérations qu'on fait subir au coton avant de le filer? — Par quelle machine est opéré le filage proprement dit? — Décrivez le travail de cette machine. — Comment le coton est-il mis ensuite en écheveau ou pelotonné?

80. A quelles opérations préparatoires est soumise la laine. — Dites comment s'opère la filature mécanique de la laine? — Comment se fait le tissage? — En quoi consistent les dernières opérations qu'on fait subir aux draps?

81. Quel est le but de l'opération appelée rouissage? — Comment se fait-elle? — Qu'est-ce que teiller le chanvre et le lin? — Comment se fait la filature du chanvre et du lin? — Les fils de chanvre et de lin sont-ils employés pour les mêmes tissus? — Quels procédés emploie-t-on pour blanchir les toiles?

82. Qu'est-ce que le tirage et le moulinage de la soie? — Quels sont les procédés qu'on emploie pour la dévider? — Qu'appelle-t-on soies gréges et soies ouvrées? — Comment sont formées les soies pour trames et les soies pour chaînes? — Qu'est-ce que le décreusage?

83. L'art de colorer les tissus était-il pratiqué chez les peuples anciens? — A quelle époque cet art a-t-il commencé à faire des progrès en France? — Qu'appelle-t-on bain de teinture? — Qu'appelle-t-on mordants? — Quelles sont les diverses manières d'appliquer les mordants et les couleurs?

84. Quelle différence y a-t-il entre la teinture des étoffes et l'impression sur tissus? — De quelle contrée nous est venu l'art de réaliser des dessins sur les tissus? — Comment imprimait-on autrefois ces dessins? — Quel est le procédé qu'on emploie aujourd'hui?

85. Qu'est-ce que les mines? — Qu'est-ce que les carrières? — Comment emploie-t-on la poudre à canon dans le travail des mines? — De quelle manière se fait l'exploitation des mines? — A quoi sont destinées les pompes? — Comment le minerai est-il transporté au dehors?

86. Où se trouvent les métaux? — Qu'est-ce que le minerai? — Quelles sont les propriétés dont jouissent les métaux? — Quels sont les métaux les plus remarquables par les usages auxquels on les applique? — Donnez quelques détails sur chacun d'eux et sur leur emploi.

87. Quel est le plus utile des métaux? — Le fer est-il pur quand on l'extrait des mines? — Quels sont les procédés qu'on emploie pour faire fondre le minerai? — A quels usages sert la fonte? — Par quels procédés convertit-on la fonte en fer? — Qu'appelle-t-on fer forgé?

88. Qu'est-ce que l'acier? — Quelle est sa propriété la plus remarquable? — Comment donne-t-on aux outils qu'on fabrique le degré de trempe qui leur est nécessaire? — Quelles sont les diverses sortes d'acier et quels sont leurs usages?

89. Qu'est-ce que les alliages? — Donnez quelques détails sur les principaux alliages employés dans les arts et dans l'industrie? — Quels sont les divers procédés de dorure et d'argenture?

90. Qu'est-ce que le diamant? — Sous quel rapport est-il remarquable? — Comment lui donne-t-on plus d'éclat? — Dans quelles contrées trouve-t-on les diamants? — Quelles sont les autres pierres précieuses les plus recherchées?

91. Quelles sont les pierres qui sont principalement employées dans les constructions? — Donnez quelques détails sur chacune d'elles. — A quels usages sert le plâtre? — Qu'est-ce que le stuc? — Avec quoi se fait la chaux? — Comment fait-on les mortiers?

92. Avec quelle matière fabrique-t-on les poteries? — Quelles sont les diverses espèces d'argiles? — Quelles préparations fait-on subir à l'argile? — Comment emploie-t-on cette pâte, une fois qu'elle est préparée? — Qu'est-ce que la couverte?

93. Qu'est-ce que la faïence? — A quelle époque cette industrie a-t-elle pris naissance? — Citez quelques-uns de ses produits les plus remarquables? — Qu'est-ce que la porcelaine? — Indiquez les procédés de fabrication.

94. Quelle est la matière qui sert à fabriquer le verre ? — Quelles préparations fait-on subir à cette matière? — Par quels procédés la travaille-t-on? — Comment se fait le verre à vitres? — Quel est le but de l'opération appelée recuit?

95. Quels sont les procédés usités pour la fabrication des glaces? — Avec quelle matière sont-elles faites? — Comment les polit-on? — Comment se font les verres à bouteilles? — Qu'est-ce que le cristal? — Comment colore-t-on le verre?

96. En quoi consistent les routes ordinaires? — Comment sont pavées les chaussées? — Qu'est-ce qu'une chaussée dite à la Mac-Adam? — En quoi consistent les chemins de fer? — Donnez quelques détails sur leur construction.

97. Qu'est-ce que les canaux? — Qu'est-ce que le chemin de halage? — Qu'est-ce que les écluses? — Qu'appelle-t-on bief et bief de partage? — Comment fait-on descendre ou monter les bateaux?

98. Qu'est-ce qu'un pont? — De quelles parties est-il formé? — Qu'est-ce que les ponts métalliques? — Dans quelles circonstances les établit-on principalement? — Qu'est-ce que les ponts suspendus? — Quels avantages offrent-ils?

99. En quoi consiste la grande pêche maritime? — Dans quels parages se fait la pêche de la morue? — Comment se fait-elle? — Qu'est-ce que les baleines? — Dans quel but va-t-on les capturer? — Comment se fait cette pêche?

100. Quelle est la valeur des produits qui sortent tous les ans des manufactures et des fabriques de la France? — Donnez quelques détails sur les principales industries et sur le commerce d'importation et d'exportation.

101. A quelle cause doit-on attribuer les premières inventions? — Dans quelles contrées apparaissent les premiers germes des arts et des métiers? — Quelles sont les inventions attribuées aux peuples anciens? — Donnez quelques détails sur les inventions et les découvertes les plus remarquables depuis le huitième jusqu'au quinzième siècle.

102. Quelles sont les grandes découvertes qui ont signalé le quinzième siècle? — Quelles sont celles du dix-septième siècle? — Indiquez les principales inventions et découvertes qui ont signalé le dix-huitième et le dix-neuvième siècle?

103. Quelle est la plus ancienne collection de livres dont l'histoire fasse mention? — Quelle est la plus célèbre des bibliothèques de l'antiquité? — Que renfermait-elle? — Quels ont été les commencements de la bibliothèque impériale à Paris? — Comment s'est-elle accrue successivement?

104. Les moulins ont-ils une origine ancienne? — Donnez quelques détails sur les moulins à eau. — A quelle époque les moulins à vent ont-ils été connus en Europe? — Faites connaître le mécanisme des moulins et la manière dont le blé est moulu.

105. L'usage des cheminées était-il connu des peuples de l'antiquité? — Comment y suppléaient-ils? — Indiquez sur quel principe repose la construction des cheminées.

106. Qu'est-ce qu'un phare? — Quel est le plus ancien monument de ce genre? — Quel est le phare le plus fameux de l'antiquité? — Les Romains n'ont-ils pas construit quelques phares? — Quels sont les perfectionnements qu'ils ont reçus?

107. Quelles étaient les principales armes offensives et défensives chez les peuples anciens et avant l'invention de la poudre à canon? — De quelles machines faisait-on usage dans le siége des villes? — A quelle époque fit-on le premier emploi des canons? — Qu'était-ce que l'arquebuse? — Quelles modifications reçut-elle?

108. Connaît-on l'origine des tournois? — De quelles armes se servait-on dans ces sortes de combats? — A quelle époque furent-ils abandonnés? — Comment se faisait la réception des chevaliers? — Donnez quelques détails sur l'usage des armoiries et sur les ordres religieux et militaires.

109. Qu'est-ce que la poudre à canon? — Dans quelles proportions entrent les différentes substances qui la composent? — Quelles sont les opérations qu'exige la fabrication de la poudre? — A quelle époque l'a-t-on appliquée à l'art de la guerre?

110. Quel moyen avaient les peuples anciens pour se diriger sur la mer? — Quel est l'instrument qui a fait faire des progrès immenses à l'art de la navigation? — Sur quel principe repose-t-il? — A qui est attribuée l'invention de la boussole?

111. A quelle époque remonte l'invention des lunettes appelées bésicles? — A qui est-elle attribuée? — Comment s'est faite la découverte de la lunette d'approche? — Par qui cet instrument a-t-il été perfectionné? — Qu'est-ce que le microscope?

112. De quelle propriété jouissent l'air et les autres gaz? — Quel est l'appareil que cette propriété de l'air a fait inventer? — En quoi consiste la cloche de plongeur? — Pour quels travaux est-elle employée?

113. De quelle espèce de monnaie se servaient les peuples anciens? — A quelle époque remonte la première monnaie d'or en France? — A quelle époque fut-elle marquée à l'effigie du souverain? — Qu'est-ce que le titre des monnaies?

114. Quelles opérations fait-on subir aux matières d'or et d'argent destinées à la fabrication des monnaies? — Qu'appelle-t-on flans? — Quel est l'instrument chargé de donner l'empreinte? — En quoi consiste-t-il? — Dites comment on le manœuvre.

115. Quel est l'instrument destiné à mesurer la pression de l'air? — Par qui a-t-il été inventé? — En quoi consiste-t-il? — Quels sont les usages principaux du baromètre?

116. Qu'est-ce que le thermomètre? — En quoi consiste-t-il? — Comment a-t-on gradué ces instruments? — Qu'indiquent les degrés au-dessus ou au-dessous de zéro? — Quels sont les usages du thermomètre centigrade? du thermomètre de Réaumur?

117. A qui est due l'invention des aérostats? — En quoi consistait la montgolfière? — Par quel gaz l'air chaud a-t-il été remplacé? — Indiquez la construction des ballons à gaz hydrogène. — Par quel moyen les aéronautes peuvent-ils monter ou descendre à volonté?

118. A qui est due l'invention des paratonnerres? — Comment Franklin fut-il amené à faire cette grande découverte? — A quelle époque fit-il son expérience? — Quelle fut l'origine du paratonnerre?

119. De quoi sont composés les paratonnerres? — En quoi consiste la tige? — Qu'est-ce que le conducteur? — Comment cet appareil préserve-t-il les édifices des effets de la foudre? — Quelles conditions doit remplir un paratonnerre bien construit?

120. Qu'est-ce que les puits artésiens? — A quelle cause sont dues les sources jaillissantes? — Comment en creusant la terre obtient-on ces sources? — Quels sont les procédés qu'on emploie pour forer les puits artésiens?

121. Quelle espèce de gaz se dégage souvent dans les mines de houille? — Quel est le danger de la présence de ce gaz? — Par quelle invention Davy a-t-il conjuré ce danger? — Sur quel principe repose la construction de la lampe qu'il a inventée?

122. A quelle époque a-t-on commencé à éclairer les rues? — Comment se fait cet éclairage? — A quelle époque furent inventés les réverbères? — A qui est due la première idée de l'emploi du gaz pour l'éclairage?

123. D'où extrait-on le gaz employé pour l'éclairage? — Dites les procédés qu'on emploie pour cette préparation. — Comment distribue-t-on le gaz partout où on veut le faire arriver?

124. Pourquoi l'imprimerie est-elle une des plus admirables inventions? — A qui cette invention est-elle due? — Comment imprima-t-on d'abord? — Quel procédé employa-t-on ensuite? — A quelle époque l'imprimerie fut-elle introduite en France?

125. En quoi consistent les caractères mobiles? — Décrivez le travail du compositeur. — Qu'appelle-t-on mettre en forme? — Comment se fait le tirage? — Comment opèrent la presse à bras et la presse mécanique?

126. Quel parti a-t-on tiré de la force expansive de la vapeur? — A quelle époque remonte l'idée d'employer la vapeur comme force motrice? — Quelles nouvelles combinaisons furent successivement trouvées? — En quoi consistent les modifications imaginées par l'Écossais Watt?

127. Quels sont les principaux appareils dont se compose une machine à vapeur? — Comment se forme la vapeur? — Comment agit-elle sur le piston? — Quelles sont les plus importantes applications des machines à vapeur?

128. De quels moyens les peuples anciens se servaient-ils pour transmettre des ordres ou des nouvelles? — A quelle époque la télégraphie est-elle devenue un art véritable? — En quoi consiste le système dû aux frères Chappe?

129. Sur quel fait scientifique est fondé le principe des télégraphies électriques? — Montrez comment, en utilisant cette propriété des électro-aimants, on parvient à produire, à de grandes distances, les signaux télégraphiques.

130. De quoi se compose tout système de télégraphe électrique? — Donnez quelques détails sur chacune de ces parties et sur la manière dont les télégraphes sont établis le long des chemins de fer. — Quels sont les systèmes qui sont principalement employés?

131. Quelle est la nation qui est regardée comme le berceau des sciences et des beaux-arts? — Donnez quelques détails sur l'état des sciences et des beaux-arts chez les Égyptiens et chez les Grecs.

132. Dites ce que furent les sciences et les beaux-arts pendant le moyen âge et principalement sous la domina-

tion des Arabes. — Dites les progrès que les sciences et les beaux-arts ont faits dans les temps modernes.

133. Peut-on assigner une époque certaine à l'origine de l'arithmétique? — Qu'est-ce que la numération? — A qui est attribuée l'invention des chiffres employés dans notre système de numération? — Donnez quelques détails sur les chiffres romains.

134. Qu'est-ce que l'algèbre? — Quels sont les signes principaux qu'elle emploie? — Par qui fut-elle inventée? — Qu'est-ce que la géométrie? — Où croit-on qu'elle prit naissance? — Que fut-elle chez les Grecs?

135. Que désigne-t-on sous le nom de force? — Quel est l'objet de la mécanique? — Quels sont les agents ou les moyens qu'elle emploie? — Donnez quelques détails sur les principales machines et sur leurs usages.

136. Qu'est-ce que l'astronomie? — Quels sont les peuples anciens qui cultivèrent principalement cette science? — En quoi consistait le système de Ptolémée? — Qu'est-ce que le système de Copernic? — Comment l'astronomie a-t-elle fait de grands progrès dans les temps modernes?

137. Quel est le but de l'histoire naturelle? — Quelles parties comprend-elle? — Qu'est-ce que les classifications? — Quel intérêt et quels avantages offre l'étude de l'histoire naturelle?

138. Que comprend la minéralogie? — Quelle est l'utilité de cette science? — Qu'est-ce que la géologie? — Que nous apprend la botanique? — Quelle utilité retire-t-on de cette étude? — De quelle utilité est l'étude de la zoologie?

139. Quel est l'objet de la physique? — Quelles divisions comprend-elle? — Sous quels états les corps peuvent-ils s'offrir à nous? — Qu'appelle-t-on corps impondérables? — Dites ce que l'étude de la physique a d'intéressant.

140. Qu'est-ce que la météorologie? — Quels sont les divers phénomènes dont elle s'occupe? — Que nous fait-elle encore connaître? — Quelles sont les plus utiles applications qu'elle peut recevoir?

141. Qu'est-ce que les corps simples? — Qu'appelle-t-on corps composés? — Quel est l'objet de la chimie? — Quelles sont les principales applications de cette science? — A quelle époque a-t-elle fait les progrès les plus remarquables?

142. Qu'est-ce que la géographie? — Les anciens avaient-ils les connaissances que nous possédons aujourd'hui? — Quelles étaient leurs idées sur la configuration de la terre? — Quels sont les progrès qu'a faits la géographie sous les Romains et à partir du quinzième siècle?

143. Quel est l'objet de la chronologie? — Qu'est-ce qu'une ère? — Qu'est-ce que l'ère chrétienne? — Quelles sont les principales ères des peuples anciens? — Qu'est-ce qu'une olympiade? — Quelles sont les quatre grandes périodes de l'histoire universelle?

144. Qu'est-ce que l'architecture? — Comment s'est-elle peu à peu perfectionnée? — Que fut-elle chez les Grecs et chez les Romains? — Donnez quelques détails sur l'architecture mauresque, sur l'architecture gothique et sur celle de la Renaissance.

145. Qu'est-ce que la sculpture? — Qu'appelle-t-on ronde bosse et bas-reliefs? — Que fait l'artiste avant de

sculpter le marbre? — L'art de la sculpture est-il ancien? — Dans quelle contrée fut-il porté au plus haut degré de perfection? — Nommez les sculpteurs les plus célèbres des temps anciens et des temps modernes.

146. Qu'est-ce que la peinture? — A quelle époque remonte l'origine de cet art? — Quels sont les perfectionnements qu'il reçut peu à peu? — A qui est attribuée l'invention de la peinture à l'huile? — Qu'est-ce que la peinture à l'encaustique? la peinture à fresque?

147. Quelle est parmi les nations de l'antiquité celle qui s'est le plus illustrée dans la peinture? — Nommez les peintres grecs les plus célèbres. — A quelle époque la peinture brilla-t-elle d'un grand éclat en Italie? — Citez les noms les plus illustres. — Nommez quelques-uns des peintres célèbres de la France.

148. Qu'est-ce que la gravure? — Qu'appelle-t-on gravure en creux et gravure en relief? — Qu'est-ce que la gravure en taille-douce? — Comment se fait-elle? — A qui est attribuée l'invention de la gravure? — En quoi consiste la gravure sur bois?

149. Peut-on assigner une origine à la musique? — Les Hébreux connaissaient-ils cet art? — Quels étaient alors les instruments connus? — Par qui la musique fut-elle importée dans la Grèce? — Y fit-elle des progrès? — Que fit saint Ambroise pour le chant ecclésiastique?

150. Qu'est-ce que le chant grégorien? — A quelle époque l'orgue fut-il admis dans les églises? — A quelle époque l'art musical commença-t-il à prendre la forme moderne? — Qu'est-ce que la gamme? — Quels sont les progrès que la musique a faits depuis le seizième siècle? — Qu'est-ce que la notation par chiffres?

151. Qui a appris aux hommes à s'aimer les uns les autres? — La bienfaisance était-elle connue chez les nations païennes? — Qu'a fait la religion chrétienne pour les malheureux? — Énumérez ses nombreux bienfaits. — A quelles institutions la charité a-t-elle donné naissance?

152. A quelle époque furent établis les premiers hôpitaux? — Sous quels noms furent-ils connus? — Comment ces établissements se propagèrent-ils? — Donnez quelques détails sur les conditions d'admission dans les hôpitaux et les hospices.

153. Quel est le but de l'institution des bureaux de bienfaisance? — A quelle époque remonte l'origine de cette institution? — Comment les bureaux de bienfaisance sont-ils administrés? — Donnez quelques détails sur les principales associations charitables et sur le but qu'elles se proposent.

154. Par qui et dans quelles circonstances a été fondé le premier asile pour les aveugles? — Quel est le but de l'institution des jeunes aveugles? — A quelle époque a été fondé le premier établissement de ce genre? — A qui est due la pensée d'améliorer le sort des jeunes aveugles?

155. Quel fut, pendant longtemps, le sort des enfants pauvres sourds-muets? — Quel homme s'est dévoué à l'éducation de ces infortunés? — Dites les travaux et le noble désintéressement de l'abbé de l'Épée. — Par qui son œuvre a-t-elle été continuée?

156. Par qui a été fondé l'hospice des enfants trouvés? — Quel était le sort de ces enfants avant saint Vincent de Paul? — Dites ce que fit ce saint prêtre pour recueillir ces petites créatures abandonnées. — Racontez comment il leur assura un asile et des secours permanents.

157. Qu'est-ce que les colonies agricoles? — Ont-elles été fondées toutes dans le même but? — A quel régime sont soumis les jeunes colons? — Quelle éducation reçoivent-ils? — Quels sont leurs travaux? — Que fait le gouvernement pour les enfants vagabonds ou condamnés par la justice?

158. Dans quel but ont été établies les salles d'asile? — Quels furent les premiers essais de cette institution? — A quelle époque et par qui fut-elle propagée en France? — Dans quel but ont été établies les crèches? — A qui est due cette institution?

159. Qu'est-ce que l'économie? — En quoi consiste l'épargne? — Dans quel but ont été fondées les caisses d'épargne? — A quelle époque ont-elles été fondées en France? — Quel est le but de la fondation des caisses de retraite pour la vieillesse?

160. Qu'est-ce que les sociétés de prévoyance? — En quoi consiste l'organisation de ces sociétés de secours mutuels? — Quels sont les avantages qu'elles assurent aux associés? — Donnez quelques détails sur la société du Prince Impérial pour les prêts au travail.

TABLE DES MATIÈRES.

FIN.

www.ingramcontent.com/pod-product-compliance
Ingram Content Group UK Ltd.
Pitfield, Milton Keynes, MK11 3LW, UK
UKHW020303230726
13925UKWH00001B/194

9 782013 252409